KB235037

미국을 이해하는 창

하버드 통신

미국을 이해하는 창

하버드 통신

미국을 이해하는 창
하버드 통신

박선영 지음

A WINDOW OF
UNDERSTANDING
THE USA: HARVARD
CORRESPONDENCE

이담 Books

머리말

　‘어려움’이라는 또 다른 ‘축복의 시간’ 속에 있었을 때 나는 그 시간을 피하고 싶었다. 어차피 부딪혀야 되는 것이면 그 순간과 시간을 즐겼어야 함에도 불구하고 말처럼 쉽게 행동으로 옮겨지지 않았다. 나 자신을 추스르기도 쉽지 않았다. 갈등과 회한의 반복 속에서 시간을 허비하기보다는 미국에 나가 정진할 기회를 갖고 싶었지만 벌여 놓은 일들이 정리되지 않은 상황에서 꼼짝하기가 어려웠다.

　그러다 마침내 마음속에만 맴돌던 미국행을 실행할 수 있는 좋은 기회가 생겼다. 하버드 옌칭 연구소에서 1년간 연구할 수 있는 절호의 기회였다. 나는 오래전부터 이런 시간을 기다렸다. 그랬기 때문에 미국에서 생활하는 1년간의 시간은 너무도 소중했다. 이 축복의 시간을 더불어 향유하기 위해 여러 가지 어려움에도 불구하고 가족이 모두 미국에 가기로 결정하였다.

　온 가족이 함께하였기에 어떠한 일들도 즐겁게 받아들이며 미국에서의 시간을 충실하게 보내기 위해 다양한 노력을 기울였다. 연구를 심화시키기 위해 결정한 미국행이었기에 새로운 연구자료를 찾고 연구에 집중하는 것은 가장 중요한 일과였다. 매일같이 연구실에 나가서 일상적인 연구와 더불어 여러 학자와 교류도 하지만 필요한 자

료가 있을 만한 곳에는 열심히 발품을 팔았다.

다시 학생이 된 기분으로 강의도 수강했고 수많은 학술 세미나, 문화행사 등에도 부지런히 찾아다녔다. 가능하면 다양한 측면에서 미국이 어떠한 곳인지, 미국의 힘이 무엇인지 등을 분석하기 위해 노력하였다. 미국의 시스템은 어떻게 작동되며 사회구조는 어떠한지 등을 이해하는 것은 부상하는 중국과의 관계 속에서뿐만 아니라 세계를 조망하는 데도 도움이 되기 때문이다.

미국행이 결정되었을 때 『대경일보』에서 필자에게 매주 한 번씩 '하버드 통신'을 연재해 줄 것을 요청하였다. 처음에는 자신이 없었다. 글을 써 내려갈 수 있을 정도로 내가 느끼고 배우는 것이 많이 있을지 또 그런 시간적 여유가 있을지 등에 대해 여러 가지로 고민이 되었지만, 개인적인 경험을 독자들과 나누는 것도 서로에게 도움이 되지 않을까 하는 생각에 이르게 되어, 숙고 끝에 펜을 들었다.

가끔은 글을 쓴다는 것이 짐이 되었고 부담감이 있었다. 극히 개인적인 미국에서의 경험이 다른 사람에게 어떻게 비추어질지는 알 수 없었으나, 하버드나 미국의 분위기를 전달하는 것도 동시대의 역사적 의미가 있지 않을까 해서 용기를 내었다.

가능하면 내가 경험했던 다양한 면모를 통해 미국을 이해할 수 있도록 하는 것이 어느 면에서 보면 가장 진솔한 미국의 모습으로 여겨졌다. 책이나 자료를 통해 설명하는 미국보다 내가 경험한 미국의 살아 숨 쉬는 모습을 담을 수 있기 때문일 것이다.

이 책은 『대경일보』에 연재되었던 글을 주제별로 분류하고 마지막 장에 새롭게 미국에서의 가족여행을 더하여 한 권으로 묶었다. 주변에서 책으로 출판해 달라고 하는 재촉이 없었다면 나의 게으름으로 세상의 빛을 보지 못했을지도 모른다. 책으로 출판되어 더 많은 독자들과 자유롭게 만날 수 있도록 격려해 주신 모든 분들께 감사드린다.

글을 연재한 『대경일보』와 부족한 나에게 끊임없이 관심을 갖고 격려해 주신 한동대 박영근 교수님께 특별히 감사 드린다. 책의 완성도를 높이기 위해 다양하게 조언해 주시고 윤문해 주신 포스텍 김춘식 교수님과 마지막 장을 추가하도록 조언해 주신 한국산업기술대학교 최재선 교수님께도 감사 드린다.

내가 미국에서 정말 행복한 시간을 보낼 수 있었던 것은 예쁜 왕자들과 사랑하는 남편이 함께했기 때문에 가능했다. 모든 명예와 직장을 뒤로하고 어렵게 미국 동행을 결정한 남편께 감사의 마음을 드린다.

　나의 미국행을 축복해 주신 이상란 선교사님과 한국산업기술대학교 최재선 교수님, 포스텍의 송우진 교수님과 강병균 교수님께도 감사를 드린다. 이분들의 격려와 후원이 없었다면 내 고통의 터널이 더욱 어둡고 길었을지도 모른다. 언제 어디서나 긍정의 마음으로 생활하도록 이끌어 주었기에 이곳까지 올 수 있었다.

　더불어 부족하고 설익은 글을 기다리며 읽어주신 독자들께도 감사의 마음을 전한다. 그런 마음이 나에게 전해졌기에 가능하면 이 숙제를 마치기 위해 노력하였다. 비록 극히 개인적인 경험이지만 이 글을 통해 조금이라도 미국을 이해하는 계기가 된다면 영광으로 생각하겠다.

　어려운 출판계 현실에서 '대박'이 터질 가능성이 별로 없는 이 글을 흔쾌히 출판해 주신 한국학술정보(주)에도 감사의 마음을 전한다. 정교하게 사진을 편집하여 그럴듯한 책으로 독자들을 다시 만나게 될 수 있었던 것은 편집진의 노고 덕분이다.

2012년 11월 30일
지곡동 연구실에서 박선영

C O N T E N T S

미국살이 시작

My New Life in the USA

1. 보스턴으로

Moving to Boston

동아시아 연구와 관련하여 세계적으로 가장 큰 연구소라고 할 수 있는 하버드 옌칭 연구소는 동아시아를 연구하는 학자라면 가보고 싶어 하는 곳 중의 하나이다. 세계 대학 순위에서 최고의 대학이라 할 수 있는 하버드 대학에 있어서 그렇기도 하겠지만 무엇보다도 소장 자료가 풍부하기 때문이다.

하버드 옌칭 연구소는 이 연구소와 자매 관계가 있는 몇 개의 대학에 소속된 학자가 아니라면 방문교수로 신청조차 하기 힘들지만 전략적 질서 재편에 중요한 위치를 차지하는 만주에 관한 나의 연구계획서가 채택되어 좋은 환경에서 연구할 기회를 갖게 되었다. 세 번째 오는 미국이지만 매번 유서 깊은 보스턴을 찾게 되니 나와 이 도시는 특별한 관계가 있는 것은 아닐까?

영국에서 종교의 자유를 찾아 나선 청교도가 도착하여 뿌리내린 보스턴은 미국 역사가 시작된 곳이라 해도 과언이 아닌 매우 상징적인

● 보스턴 항구의 전경

도시이다. 또한 미국 독립전쟁의 발상지이기도 해서 미국의 역사를 이해하는 데 보스턴은 매우 중요한 지역이다.

원래 이번 여행은 우리 아이들에게 자연스럽게 역사 교육을 시키기 위해서라도 한국에서 영국을 들러 미국 보스턴으로 오려고 계획하였는데, 비행시간이 너무도 오래 걸려 캐나다 토론토를 거쳐 보스턴으로 바로 들어오는 것으로 변경하였다. 미국행 비행기를 타기 직전에 일본에서 한 달간 연구에 매달리다 정신없이 미국행 비행기를 타야만 했던 나의 스케줄도 영국을 들르기는 무리하게 느껴졌다.

토론토에서 미국행 비행기로 갈아타기 위해 세관을 통과하는 절차는 하나의 경험이었다. 캐나다나 미국이나 모두 영토가 넓은 국가이지만 토론토에서 미국으로 가기 위한 세관은 아주 협소했다. 굽이

굽이 돌아가면서 줄을 서게 만들어 놓은 곳을 통과하는 것만 1시간도 넘게 걸린 것 같다.

수많은 사람이 늘어서 있지만 2명의 공무원이 천천히 서류를 넘기고 있었다. 서류 검사도 간단하지 않아 한 명당 걸리는 시간도 만만치 않았다. 어느 미국인은 비행기 일정이 급박해서 먼저 환승구를 통과하고자 관리원에게 부탁하였지만 관리원은 모두가 기다리니 기다리라는 말만 하였다. 마음이 급해도 방법이 없는 미국인은 체념을 하고 있으면서도 불안한 모습이 역력하였다. 오히려 내가 마음이 불편하여 미국인에게 다시 가서 정확하게 사정을 말하고 먼저 통과하는 것이 어떠냐고 제안을 한 후에야 겨우 일을 마무리할 수 있었다.

미국이나 캐나다 하면 일반적으로 '합리적'이라는 단어를 먼저 생각하는데 '무엇이 진정한 합리인가' 하는 것을 새삼 고려하게 되었다. 'First come, first service'라고 하듯이 먼저 온 순서대로 환승구를 통과하는 것은 너무도 당연하고 합리적이다. 그것이 합리라고 한다면 매우 합리적이다. 그러나 비행기 출발 시간이 임박한 사람부터 먼저 보내는 것을 불합리한 것이라 할 수는 없을 것이다.

이윽고 내 순서가 되어 관리원과 대화를 나눌 수 있었다. 그녀는 환승구를 통과케 하는 곳에서 일하는 사람은 미국인들이고 자기는 캐나다인인데, 환승구와 관련된 온갖 불편함과 늦은 통과 절차에 대한 불평은 자기 몫이라고 하였다. 미국 측에서 공무원을 감축하여 통과 절차에 시간이 걸리는 것은 불가피한 일이고 그 공무원들도 10시간이 넘는 시간을 환승구에 앉아서 일해야 하는 상황이라고 귀띔해 주었다.

이러한 상황이 어느 면에서는 미국의 '오만'으로도 보였다. 환승구에 항상 많은 여행객이 몰리는 것은 아니겠지만 미국과 바로 인접해 있는 캐나다의 대도시 토론토라는 점에서 기본적으로 미국의 여러 지역으로 환승하는 여행객이 있는 것은 당연하다. 그렇다면 그러한 것들을 배려해서 공무원을 추가로 배치할 수도 있을 테지만 어쩔 수 없다는 태도만 내보이는 것은 어딘가 자연스럽게 보이지는 않았다.

토론토 환승구를 겨우 통과하여 미국행 비행기를 기다리는 것까지는 그런 대로 순조로웠다. 그러나 2시간도 남지 않은 비행시간을 남겨 두고 토론토에서 보스턴으로의 일정이 삐끗거렸다. 토론토와 보스턴의 날씨는 모두 쾌청하였지만 8월 1일 워싱턴과 필라델피아에 강한 비바람이 몰아쳐 토론토로 왔다가 다시 보스턴으로 가야 할 비행기가 필라델피아에 묶여 있었기 때문이다.

캐나다의 대도시인 토론토에서 에어캐나다(Air Canada)가 비상시에 대처할 비행기가 전혀 없어서 무작정 필라델피아의 날씨만 지켜보고 있는 상황이 신기해 보이면서도 돌발상황에서 대처 능력이 겨우 이 정도인가 하는 생각이 들었다. 에어캐나다 직원들은 자기들도 상황을 잘 모르고 어떠한 말도 정확하게 할 수 없기 때문에 그냥 기다리라고 하였다. 별 대책도 없이 비행기 탑승구만 2번을 바꾸고 4시간을 지체한 후에야 겨우 토론토를 출발할 수 있었고, 결국 다음 날 새벽 1시경에 보스턴에 도착하였다.

새롭게 건설되어 넓고 깔끔한 한국의 '인천공항'에서 여유 있게 비행기를 타고 토론토를 거쳐 미국 보스턴 공항에 도착한 우리 집 아이들의 반응은 시큰둥하였다. 긴 비행시간과 토론토에서의 대책 없는 기다림, 밤늦게 도착한 보스턴에서 크게 감흥이 있을 리야 만무할 것이다.

● 뮤지엄 패스로 갈 수 있는 보스턴에 있는 케네디 대통령 기념관

● 케네디 대통령 기념관 안에 있는 미국 대통령 문장

앞으로 미국을 잘 모르는 가족들과 함께 하버드 대학에서 어떠한 것을 얻게 될지 자못 궁금하다. 다양한 측면에서 소위 미국의 방법이나 미국의 힘을 깨달을 수 있는 1년이 되길 희망해 본다.

2. 보금자리를 찾아서
Searching for a House

나는 1년간 살 집을 결정하지 못한 채 가방 몇 개만 들고 보스턴에 도착하게 되었다. 준비한 것이라고는 도착한 다음 날 몇 군데의 집을 보기로 한 것이 전부였다. 하나하나의 집을 보는 것 그 자체가 미국을 새롭게 이해하는 방법이 된 것이다.

하버드 대학 근처에 있는 캠브리지 지역은 양극화가 심한 곳이라고 할 수 있다. 캠브리지는 유수한 대학의 교수들이 많이 거주하여 그 자녀들이 공부를 잘하기도 하지만, 경제적 여유가 별로 없어서 도심에 살고 있는 사람들의 자녀들이 많아 전체 평균은 하향된 지역이며 같은 학교를 다닌다고 하여도 수준별 수업에서 차이가 큰 곳이다.

미국 공립학교는 1~10등급으로 평가가 나뉘는데, 캠브리지 근처는 거의 2~3등급에 가까웠다. 미국에서는 경제적으로 여유 있는 사람들이 도시 외곽에 많이 살다 보니 하버드나 MIT(매사추세츠공과대학교, Massachusetts Institute of Technology)가 있는 캠브리지에서 일정 정도 거리가 멀어질수록 학교등급이 9~10으로 좋은 평가를 받았다.

도시 외곽은 가정 환경에 여유가 있기 때문에 자녀들 교육에 신경을 쓰게 되고, 부모들이 학교 커리큘럼에도 다양하게 참여하면서 좋은 학교를 만들기 위해 노력하기 때문일 것이다.

나로서는 연구하기 편리한 캠브리지 쪽에 거주하느냐 아니면 거주 환경이 좋고 자녀들이 다닐 학교의 평가 등급이 좋은 곳에 거주하느냐 하는 것은 고민해 보아야 할 사항이었다. 보스턴은 지하철이 있어서 도시 생활이 편리한 곳임에도 불구하고 굳이 외곽에 나가서 산다는 것 자체가 부담이 되었다. 한편으로는 여태까지 대도시에서만 살았는데, 넓은 미국에 와서도 대도시에서 복잡하게 산다는 것이 어딘가 미국의 다른 면모를 제대로 못 보는 것은 아닌가 하는 생각이 들었다.

이곳저곳을 둘러본 후, 가족들의 선택은 모두 렉싱턴이 좋다고 하였다. 주변 환경도 좋지만 집에서 걸어서 학교를 갈 수 있는 거리인데다 주변에 다양한 생활편의시설이 있어서 복잡한 도시를 나가지 않아도 여유로운 생활이 가능하기 때문이다.

하지만 학군이 좋아서 그런지 이 지역 근처에 집을 구하기 쉽지 않았다. 물론 자본주의 사회가 그렇듯이 돈만 있다면 집 구하는 것이 별로 어렵지 않을 것이다. 그러나 아껴서 지혜롭게 써야 하는 상황이므로 가능하면 집도 브로커를 끼지 않고 직접 찾아보려고 노력하였다.

집을 빌리거나 매매할 수 있는 인터넷 홈페이지에는 브로커를 활용하거나 개인이 직거래할 수 있는 것으로 구분되어 있었다. 나는 물론 개인이 직거래할 수 있는 것을 찾았지만 웬일인지 결과적으로는 브로커와 연결되었다. 브로커를 만났을 때 왜 이런 일이 있는 것이냐고 물었더니 그는 원래 그러면 안 되지만 편법들이 동원되고 있다고 하였다. 유명사이트에 이런 편법이 공공연하게 활용되는 것이 보기 좋지 않았다.

내가 찾은 집도 사이트에는 개인이 올린 것으로 되어 있으나 알고 보니 브로커와 연결된 곳이었다. 그러나 다행히도 그 집 주인의 친구가 브로커였기 때문에 브로커가 나와 집주인이 직접 대화할 수 있도록 배려해 주었다. 집주인은 미국에 거주하는 중국인이었다. 처음에는 영어로 하다가 나중에는 직접 중국어를 하면서 매월 임대료를 논의한 결과 10% 저렴한 가격으로 결정하고 대화를 마칠 수 있었다.

중국사를 연구하는 한국인인 나에게 잘해주는 것이 중국인으로서 국민외교를 하는 것이라고 말한 것이 그분의 마음을 움직이게 했던 것 같다. 내가 집주인의 중국 고향과 그의 출신 학교를 알아준 것도 저렴하게 집을 구하는 데 많은 도움이 되었다.

집은 구하였으나 가구를 채워 넣는 것이 문제였다. 식기류나 가구 등을 하나씩 사서 모으려면 그야말로 많은 시간이 소요되고 자칫 삶이 피로해지기 쉬운데, 이것조차도 전혀 문제가 되지 않았다. 주변의 선한 이웃분이 자신이 처분할 가구를 저렴하게 넘겨주었다. 나머지 몇 가지 부족한 가구는 이웃집 주인이 타인에게 집을 빌려 주면서 기존의 가구를 치우지 않으면 안 되는 상황이었기 때문에 그 가구를 우리에게 무상으로 대여해 주었다.

미국은 철저하게 자본주의라는 것이 곳곳에서 느껴진다. 무엇을 하나 더해도 더한 만큼의 돈이 들어가야 하고 그만큼에 대한 서비스를 받게 된다. 그러한 미국에서도 여전히 인간미 넘치는 배려와 도움을 얻을 수 있었던 것은 행운이라고 할 수 있다.

미국에 장기적으로 거주해 보지 않았던 내가 집도 준비하지 않은 채 가족과 함께 짐만 들고 보스턴에 도착하였으나 집과 차, 가구까지 모든 것을 1주일 사이에 전부 준비할 수 있었던 것은 그야말로 기적에 가까운 일이다.

미국살이가 처음인 사람이 자녀까지 대동하고 직접 주거지를 찾는 내 무모함에 집주인은 매우 놀라워했다. 사람이 사는 곳이면 어디나 진정성이 통할 것이라 믿는 내 소신이 확인됨 셈이다.

물론 많은 것들에 대해 잘 알아보고 조심해야겠지만 뜻과 꿈을 갖고 또 희망을 갖고 생활하다 보면 좋은 길이 열릴 수 있다는 것을 다시 한 번 체험하게 되었다.

3. 지진과 허리케인의 피해

Damage from Earthquake and Hurricane

생소한 장소를 가게 되면 그 전과는 다른 새로운 것을 경험하게 되는데, 나 또한 보스턴에서 아주 독특한 경험을 하였다.

지진의 안전지대라고 할 정도로 별다른 지진 전례가 없었던 미국 동부에, 미국 시간 2011년 8월 23일에 버지니아를 진앙지로 하는 5.8 규모의 지진이 발생하였다. 당시 내가 있었던 하버드 대학 연구실도 한동안 흔들렸다. 보스턴은 거의 진도 2 정도 규모의 여진이라고는 하나, 그래도 미국 동부에서 지진을 경험하는 것은 몇백 년 만에 처음 일어나는 일이어서 사람들은 가슴을 쓸어내려야 했다.

뒤이어 허리케인이 동부지역을 강타 후 북상하여 미국 동부지역이 전반적으로 긴장하였고, 보스턴도 예외가 아니었다. 허리케인의 북상으로 50여 명의 사상자가 발생했다고 하니 가볍게 생각할 만한 것은 아니었다. 지진에 이어 들이닥친 허리케인이라서 사람들이 많이 긴장하였다. 일본의 후쿠시마 쓰나미가 생각났기 때문에 더욱 신경이 쓰였을 것 같다. 특히 본격적으로 보스턴을 지나간다고 예상했던 8월 27일 오후부터 28일은 나에게 더욱더 특별한 날이었다.

28일 아침은 주일날이어서 비가 조금 내림에도 불구하고 미국 교회를 갔지만 거리는 한산하고 교회의 문은 굳게 닫혀 있었다. 허리케인의 위력으로 사람이 모이는 것이 위험하다고 판단한 주정부에서 문을 닫도록 권고했다는 것이다. 그러나 대형 슈퍼마켓은 버젓이 영업을 하는 것을 보고 조금 신기하게 느껴졌다. 생필품 공급을 위해 슈퍼마켓을 연 것은 불가피할 수도 있지만 안전을 위해 사람이 많이 모이는 곳은 문을 닫게 하고 거리에도 돌아다니지 말라고 했는데 대형 슈퍼마켓은 영업을 하는 것이 뭔가 논리적으로 맞는 것 같지는 않았다. 특히 기독교 신앙을 바탕으로 하는 미국에서 안전을 위해 주일날 교회의 문은 닫지만 슈퍼마켓은 영업을 하는 것에 어리둥절할 따름이었다.

잠시 비가 쏟아졌고 오후 1시가 지날 무렵 우리 집 옆으로 두 칸 건넌 집 앞의 마당에 있는 큰 나무가 쓰러지면서 건너편의 전신주를 건드려 전선이 끊어지는 사건이 발생하였다. 전선의 일부가 끊어지면서 전선에 불이 붙었는데 바로 우리 집 앞의 도로에서 발생하였다. 땅에 떨어진 고압선은 불꽃을 튀기면서 불이 붙었지만 달려온 안전 요원은 쓰러진 나무와 불이 붙은 전선 주변으로 사람이 다니지 못하도록 안전선을 만들어 놓은 다음에 바라만 보고 있었다.

왜 불을 끄지 않느냐고 하니 전기와 관련된 일이어서 전기회사의 전문가가 올 때까지 기다려야 된다고 하였다. 나는 긴급 상황이니 금방 전문가가 오려나 생각했지만 전기도 차단하지 않은 채 고압선은 계속 불타고 있었다. 워낙 강렬한 불빛이라 그런지 주변의 집들이 불타오르는 것처럼 번쩍번쩍하였다. 아이들은 영화에서나 볼 만한 광경이 우리 집 앞에서 벌어지자 2층에서 동영상을 촬영하였다. 1시간 이상을 촬영하고 있어도 불 끄는 작업반이 달려오지 않았고, 물끄러미 불만 쳐다보고 있어야 하는 상황이었다.

집 앞에서 고압선이 불꽃을 튀기고 있는 실제 상황이 벌어져서 집 밖을 나갈 수도 없고 그렇다고 다른 일을 하기에도 안정이 되지 않아 추이를 지켜보고 있는데, 경찰이 우리 집에 들어왔다. 당장 집을 비우고 떠나 있으라는 것이었다. 고압선이 도로 위에서 수 시간째 타면서 아스팔트를 녹였고 아스팔트 아래 매설된 고압가스를 건드려 폭발위험이 있다는 것이다. 이것은 보통 사건이 아니었다. 고압선이 불타고 있는 도로를 맞보고 있는 주변의 집에 소개령이 떨어진 것이다. 간단하게 옷을 챙겨 입고 있는 사이에도 경찰이 또 와서 지금 당장 떠나야 한다고 채근을 하였다.

부랴부랴 뛰쳐나온 우리는 몇 시간을 밖에서 헤매야 했다. 언제 무슨 일이 발생할지 몰라 이미 소방차도 대기한 상태였다. 처음에는 전기회사에서 전문요원이 와서 처리해야 한다 해서 기다렸는데 이제는 가스회사 전문요원이 달려와야 하기 때문에 기다려야 했다. 소방차는 혹시 불이 옆집으로 옮겨갈 것을 대비하여 출동한 채 상황을 지켜보고 있었다. 각기 자기 일의 책임 소재가 다르기 때문에 해당 전문인이 오지 않으면 누구도 손대지 않고 구경꾼이 되는 상태였다.

다행히 가스 폭발까지 이어지지 않고 불을 끌 수 있어서 저녁 9시가 되어서야 집에 들어왔다. 그때까지 전기가 복구되지 않아 집안뿐만 아니라 주변의 세상이 칠흑같이 어두웠다. 꿈인지 생시인지 알

수 없는 이상한 일을 그야말로 눈앞에서 본 것이지만 안전한 상황에서 미국의 시스템을 한꺼번에 보기에는 더없이 좋은 하루였다. 이 일만 해도 사건이 간단치 않았는데, 사건은 여기에서 끝나지 않았다.

저녁 10시 40분경 전기가 들어왔는데, 지하실에서 소리가 많이 나서 가보았더니 물바다가 되어 있었다. 무슨 영문인지 알 길이 없었다. 당장 이곳저곳에 전화했으나 늦은 밤에 응급처치조차 만만치 않았다. 대책이 없었던 나는 우리 집 앞에서 아직도 전선을 수리하고 있는 아저씨에게 부탁을 하여 최소한의 응급조치를 한 후에야 하루를 마칠 수 있었다.

그날 하루 일어난 일을 생각하면 아직도 정신이 멍멍하다. 하지만 위기 상황에서 미국인들이 어떻게 대처하는지를 직접 목격할 수 있어서 미국을 이해하는 데에 좋은 경험이 되었다. 이 정도면 더할 나위 없이 특별한 보스턴 경험이라고 해도 무방할 것 같다.

4. 신용사회에서의 책임
Moral Credibility in American Society

어느 나라를 가든 고국과는 다른 어떠한 제도나 상황이 있게 마련이다. 뭔가 새로운 것이 있다는 것은 다른 세상을 배울 수 있는 좋은 기회도 되지만 그 때문에 어려움에 처하게 되는 경우도 있다. 미국 사회에서는 보편적으로 쓰지만 한국에서는 별로 통용되지 않는 것이 '백지수표(checks)'일 것이다. 은행에서 개인 주소와 이름을 인쇄하여 만들어 주는 백지수표는 내가 필요한 만큼의 돈 액수를 적을 수 있고, 그것이 현금처럼 사용될 수 있다는 점에서 매우 편리한 제도이다.

현금을 사용하면 돈의 출처나 흐름이 분명하지 않을 수 있지만 백지수표를 쓰면 누가 언제 누구에게 얼마만큼의 돈을 준 것인지 확인되기 때문에 개인의 재정 관리를 하기에도 편리하고 또 분실위험이 있는 현금보다는 안전하여 많이 활용되는 것이다.

나는 이런 백지수표 사용이 익숙하지는 않지만 미국 사회에서 통용되고 있고 또 가끔 현금을 갖고 있지 않았을 때 손쉽게 사용할 수 있어서 한번 사용해 보기로 하였다. 백지수표는 사용이 편리한 대신 반드시 통장에 돈이 있어야 한다는 점에서 사용에 유의해야 하는 것이기도 하다.

나는 미국에서 일상생활은 주로 직불카드를 쓰기 때문에 항상 계좌에 일정 정도의 잔고가 있는 상태다. 어느 날 은행에서 현금을 계좌에 넣었으나 넣은 만큼의 현금이 바로 영수증에 표시되지 않아 왜 이런 일이 있느냐고 직원에게 물었더니 은행 직원이 직접 현금을 입금시키지 않고 고객이 기계를 통해 입금하는 경우 조금 시간이 걸리기 때문에 오후에는 기계에 넣었던 돈을 충분히 쓸 수 있을 것이라 말해 주었다.

며칠 후, 아이들이 다니는 초등학교와 중학교에서 급식비용을 내라고 통지서가 왔다. 아이들에게 현금을 주는 것보다 수납 대상자가 분명히 명시되어 있는 백지수표를 활용하는 것이 더 안전하다고 생각되어 각각 100달러씩 백지수표에 써 주었다.

그 후 어느 날 마트에서 직불카드가 승인이 되지 않는다고 하여 일시적인 현상이거니 생각하였다. 그런데 다른 곳에서도 몇 번 직불카드가 승인이 되지 않아 뭔가 문제가 있나 생각했지만 내 계좌에 충분한 잔액이 있었기 때문에 단순히 카드에 붙어 있는 자석에 문제가 있나 생각하고 은행에 가서 확인해 보려고 마음먹었다.

며칠 후 은행에 갔을 때, 나는 황당한 이야기를 들어야 했다. 처음에는 은행 직원도 아마 카드 자석에 문제가 있는 것 같다고 하면서 카드를 재발급해 주겠다고 하다가 몇 가지를 체크하면서 새로운 사실을 말해 주었다. 내 계좌에 돈이 없어서 9월 초에 써준 백지수표가 반납되었고 반납처리를 대행해준 은행이 2장의 수표에 대해 각 35달러씩 나에게 벌금을 책정했다는 것이다.

은행 계좌에 충분한 돈이 있었는데 왜 이런 일이 발생했는지에 대해 물어봤더니, 문제는 내가 기계를 통해 입금했던 현금이 당시 은행 직원이 말했던 것처럼 당일 오후에 바로 입금 처리되지 않고 2주가 지났던 그날에서야 입금되었던 것이다. 따라서 그동안 사용했던 직불카드가 되지 않았던 이유도 은행에 잔고가 없었기 때문이고 백지수표도 바로 현금화될 수 없었기 때문에 결국 백지수표를 남발한 사유로 벌금이 책정되었다는 것이다.

직불카드야 잔고가 없으면 쓰지 않으면 그만이지만 은행에 잔고가 없음에도 불구하고 백지수표를 남발한 것처럼 된 것에 대해서 벌금이 부과된 것이었다. 나는 내가 잘못한 것도 아니고 분명히 은행에 현금을 입금했지만 은행 업무처리 과정이 신속하지 못해 야기된 문제에 대해 왜 내가 은행에 벌금을 내야 하냐고 항변을 했더니 행정상 개인이 책임을 져야 한다는 것이다.

문제는 거기에서 끝나지 않았다. 오늘은 공립학교 급식담당자에게 연락이 왔다. 내가 9월 초에 써 주었던 수표가 반납 처리되자 은행이 공립학교 급식처에 수표당 각 25달러씩 벌금을 매겼는데, 그것이 내가 써준 수표이기 때문에 그 벌금을 내가 지불해야 한다는 것이다. 담당자는 형식상으로 공립학교 급식처가 벌금을 내는 것으로 되어 있지만 결국 그 벌금은 내가 대신 지불하라는 것이다.

나는 너무도 황당하고 어리둥절하여 멍해질 따름이었다. 내가 특별히 잘못한 것은 하나도 없는데 100달러짜리 수표를 써준 후 결과적으로 60달러를 벌금으로 물어야 하는 상황을 그대로 받아들일 수도 없고 그 벌금을 낸다는 것도 말이 안 된다는 생각이 들었다.

은행에 가서 다시 상의를 해야 할 것 같다. 내가 현금입출금기에 현금을 넣고 은행 직원에게 확인한 것은 분명한 사실이기 때문이다. 현금을 넣었던 기계는 바로 그 은행 안에 설치되어 있던 기계였다. 매일매일 현금을 처리하여 결산해야 하는 은행이 마땅히 당일 처리했어야 하는 것을 제대로 처리하지 않고 그토록 오랜 시간이 걸렸는데, 은행 자체의 책임은 없이 결과적으로 모든 것이 내 책임으로 처리된다는 것은 뭔가 정당한 것 같지는 않다.

이 사건을 통해 깨닫게 된 것은 신용사회에서 백지수표를 남발한 것은 신용을 저버리는 행위를 한 것이나 마찬가지이기 때문에 그에 대한 책임도 분명히 져야 한다는 것이다. 비록 작은 것이기는 하지만 이번 사건을 통해 신용사회에서의 책임이 무엇인지에 대해 다시금 생각해 볼 수 있는 좋은 계기가 되었다는 점에서 의미있는 경험이었다.

5. 질서의 이면에 숨겨진 벌금
Hidden Penalties Keeping the Social Order

넓은 면적에 상대적으로 인구밀도가 낮은 미국에서는 주로 자동차를 많이 이용하기 때문에 도로가 잘 정비되어 있다. 하버드 스퀘어를 구경하려는 수많은 인파가 분주하게 오가는 캠브리지도 질서가 유지되고 수천 명이 오가는 하버드 대학 구내도 인구에 비해 주차장이 여유 있어 보였다.

평상시 나는 지하철을 이용하여 학교를 다니기 때문에 교통체증이나 주차문제에 대해 크게 고려해 볼 동기가 없었다. 그러나 남편이 1주일 출장을 가는 일 때문에 불가피하게 자동차를 이용하게 되었다. 내가 하버드 대학에서 수업과 세미나에 참석하는 등의 학술활동을 하면서 아이들 하교 시간에 맞추어 귀가하기 위해서는 아무래도 자가용을 활용하는 것이 시간을 효과적으로 사용할 수 있다고 생각했기 때문이다.

내 연구실이 있는 밴서그 홀(Vanserg Hall) 앞에는 항상 주차장이 여유 있는 상태이지만 주차권을 발행하는 기계가 몇 군데 서 있다. 나는 처음으로 이곳에 주차를 하는 것이기 때문에 타인은 어떻게 했는지 둘러보았다. 이미 주차된 주변 차량에 기계로 발행한 주차 티켓을 놓아둔 것을 보지 못해 나는 신용사회에서 각자가 책임지고 신용을 지키나 보다 생각하고 주차권을 안전하게 내 지갑에 넣어 두었다.

집에 가려고 나와 보니 주차 위반 티켓과 더불어 벌금 35달러가 책정되어 있었다. 순간적으로 너무 놀랐지만 벌금 티켓에 이의가 있으면 제기하라고 명시되어 있어서 나는 상황을 설명하는 이의문과 발행해 둔 주차권을 주차관리 부서에 제출하였다. 관리부서에서 특별하게 나에게 연락을 하지 않으면 일이 처리된 것이라고 생각해도 된다고 해서 안심하였다.

그 다음 날 나는 다시 그곳에 주차하면서 이번에는 기계로 발행한 주차권을 차량 위에 잘 올려놓고 세미나에 참석하고 나와 보니 또 주차 위반 티켓이 발행되어 있었다. 그것도 주차권 바로 옆에 벌금 티켓이 놓여 있어 한편으로 화가 솟구쳤다. '어떻게 이런 일이 있지? 내가 주차권을 잘못된 위치에 놓았나? 아니면 주차관리 직원이 내가 놓아둔 주차권을 보지 못했나?' 이런저런 생각을 해 보아도 이해가 되지 않았다.

그 다음 날 다시 이의문을 작성하고 주차권과 벌금 티켓을 가지고 학교에 출근하면서도 또다시 주차 위반 티켓이 발행되지 않을까 걱정이 앞서서 차를 가지고 가기가 싫었다. 도대체 어떻게 해야 하는 것인가? 주변 차량을 살펴보니 어느 차량에 운전석 위쪽에 주차권을 놓아두어서 나도 그렇게 하면 되겠다 생각하고 똑같이 처리한 후 다시 연구실에 다녀왔다.

그런데 아뿔싸, 도대체 어떻게 된 일인가! 내 차 위에는 또다시 벌금 티켓이 발행되어 있었다. 나는 도저히 이 상황을 그대로 지나칠 수 없었다. 분명히 무엇인가 서로 통하지 않는 것이 있을 것 같아 그 것을 제대로 확인하기 위해 주차관리 부서에 갔다. 나는 왜 이런 일이 있는 것인지 그리고 내가 주차하는 것에 무엇이 문제인지 질문하였다.

주차관리부서 직원도 처음에는 잘 모르다가 아마도 주차 허가증이 필요한 것 같다고 말을 하였다. 그래서 나는 미터기에서 주차권을 발행하였는데 왜 나에게 주차 위반 티켓을 발행했느냐고 되물었더니 주차 허가증을 받은 사람들이 주차 사용 시간만큼 주차권을 발행해서 사용하기 때문에 나에게 주차 위반 티켓이 발행된 것 같다는 것이 직원의 설명이다.

거두절미하고 그러면 나에게도 주차 허가증을 발행해 달라고 하니 나는 임시 고용직이 아니기 때문에 주차허가증을 발행받을 자격이 없다고 하였다. 자세한 내용을 알아보았더니 내 연구실이 있는 빌딩 근처는 특정 사람들에게만 주차허가증이 발행되고 그 사람들만 비용을 지불하면서 주차할 수 있다는 것이다. 내가 굳이 주차장을 이용하려면 그곳이 아닌 조금 떨어진 대학의 다른 곳에 주차할 수 있으며 그 것도 사전에 허가증을 발행해야만 사용 가능하다는 것이다.

누구도 사전에 설명해 주지 않은 이런 시스템은 문제에 직접 부 딪혀보아야만 파악할 수 있는 것이었다. 하버드 대학의 주차상황이 좋지 않은 것을 알고 있는 구성원들은 대부분 차를 가지고 다니지 않는 것이 오히려 속 편한 것이라고 생각하고 살고 있었다. 대학 구내에서 본의 아니게 수차례 주차 위반 티켓을 받아 본 나는 이의문을 쓰고 주차관리 부서를 오가는 번거로움을 피하기 위해서라도 자가용을 사용하지 않는 것이 상책이라는 생각이 들었다. 벌금 고지서만 보아도 끔찍하다는 생각이 절로 들었다.

최근 필라델피아로 역사 여행을 갔을 때 야간 주행을 하다가 도로 방향을 살펴보느라 한적한 이면 도로가에 잠시 주차하였는데, 어느새 주차관리원이 와서 75달러나 하는 주차 위반 티켓을 발행해놓았다. 야밤에 관리원을 찾아 상황을 설명하느라 진땀을 흘려야 했지만 이유 불문하고 이미 발행한 티켓은 관리원 차원에서 처리하기 힘드니 시정부에 이의를 제기하라고 하였다.

워싱턴 시내에서 주차 위반 티켓이 부착된 타인의 차량을 보니 벌금이 100달러였다. 버스 주차 공간에 자가용을 주차했다는 것이 그 사유였다. 도로가에 자가용 주차가 가능한 곳이지만 그중 특정 공간 일부가 버스 주차 공간으로 사용된 곳으로 안내문을 자세히 읽지 않는 한 명확하게 파악할 방법은 없지만 어쨌든 그곳에 주차한 차량 한 대에만 100달러의 벌금이 부과되어 있었다.

미국의 주차 질서가 유지되는 이유는 물론 국민의 문화수준과 의식이 향상되어 자발적으로 불법주차를 하지 않는 것이겠지만, 그 저변에는 평화로운 질서 속에 감추어진 벌금이라는 칼날이 힘을 발휘하고 있었던 것이다. 벌금의 액수가 쉽게 지나칠 수 없을 정도로 부과되니 주차에 신경을 쓰지 않을 수가 없는 것이다.

주차 위반 티켓을 몇 번 받아보면 벌금이 무서워서라도 더 이상 주차 위반을 하지 않겠다고 다짐을 하게 되는 것 같다. 안전하게 주차

할 방법이 없다면 차를 가지고 다니지 말고 차를 가지고 다니려면 비용이 얼마가 들어도 정확한 곳에 주차하는 방법밖에 없다. 결국 위반한 사람에게 고액의 벌금을 부과하는 제도는 평화로운 질서를 유지하는 데 무한한 위력을 발휘하고 있는 셈이다.

6. 숨은 권리 찾아내기

Find Your Rights or Lose Them

나는 새삼스럽게 다시 유학생이 된 기분이다. 최고의 중국 전문가가 되려고 대만과 중국에서 석·박사를 할 때 중국의 다양한 면모를 파악하기 위해 열심히 뛰어다녔다. 중국에 비해 상대적으로 짧은 시간 일본에서 연구하였지만 일본 사회와 역사를 이해하기 위해서도 많은 노력이 필요하였다.

지금 미국에서 생활하면서 세계에서 가장 큰 영향력을 가진 미국이라는 국가의 시스템은 어떠한지 열심히 배우고 있는 중이다. 어느 곳에서도 마찬가지겠지만 능동적으로 살지 않으면 시간을 허비할 수 있고 자기 권리도 잠식당할 수 있다.

미국에서 수업이나 세미나를 꼼꼼히 챙기고 해야 할 연구를 수행하기도 벅차지만 또 시간을 쪼개서 미국의 문화를 파악하고 분석하는 일도 나를 바쁘게 만든다. '권리 위에 잠자는 자는 보호받지 못하'기 때문에 권리를 찾기 위해선 잠을 자지 않아야 한다는 사실이 나를 더욱 분주하게 만드는 것 같다.

일전에 은행에 저축된 돈이 바로 사용 가능한 상황이 되지 않은 상태에서 내 명의로 수표를 발행했다가 은행으로부터 벌금이 청구된 적이 있었다. 그 일을 통해 미국 금융 시스템을 파악했으니 수업료를 낸 셈이라고 여겨 보려고도 하였지만, 아무리 생각해도 수업료가 너무 비싸게 느껴졌다.

번거롭지만 은행이 발행한 수십 달러의 벌금 고지서 2장을 들고 해당 은행에 갔으나, 은행은 미국의 금융시스템이 그렇기 때문에 벌금을 낼 수밖에 없다는 말만 되풀이했다. 그런데 내가 수표를 발행했을 때 은행에 잔고가 없는 것처럼 표시된 것은 은행 잘못도 있는데 모든 것을 나의 실수로 처리해서 벌금을 내야 하는 것은 부당하다고 설득하였다. 설득 끝에 드디어 은행이 발행한 수십 불의 벌금 고지서를 무효로 한다는 결정을 받게 되었다.

하버드 대학에서 연속적으로 세 번이나 받았던 주차 위반 벌금 티켓도 나는 내 나름대로의 이유를 설명하면서 선처를 바라는 사유서를 작성하였다. 일반적으로 미국에서 발행된 벌금 티켓은 사유서를 써서 설명해 봐야 헛수고이기 때문에 그냥 정산하는 것이 마음 편하다는 여행안내서가 많이 있지만 그 말만 믿고 벌금을 내기는 뭔가 아쉬웠다.

미국 사회를 이해하는 방편으로 삼기 위해서라도 사유서를 들고 담당부서에 가서 상황을 설명하였다. 주차 담당자는 특별한 연락이 없으면 처리된 것으로 간주해도 된다고 하여 잊고 지냈다. 그런데 한 달쯤 지난 어느 날 주차부서에서 연락이 왔다. 이메일도 열어보기 전에 가슴이 덜컹하였다. 나는 다 잊고 지냈는데 이제야 다시 연락이 오다니, 미국의 행정이 상당히 '여유롭게' 돌아가는구나 생각되었다.

이메일 내용은 나에게 부과되었던 세 번의 주차 위반 벌금은 첫 번째 경고로 삼는 것으로 한다는 결정을 담은 내용이었다. 그 사건 후로 출퇴근

● 수리를 맡겼던 이 키보드를 찾아오기 위해 미국의 다양한 기관과 접촉을 하게 되었다

시 대중교통을 이용하지만 멋모르고 받았던 주차 위반 벌금 티켓은 나에게 경각심을 심어 주었다.

어느 날 고장 난 키보드를 얻을 수 있는 기회가 있었다. 잘 못 치는 피아노이지만 가끔 피아노가 그리울 때면 악기가 있었으면 하는 생각이 있었던 차에, 고장 난 키보드를 고치면 피아노를 칠 수 있지 않을까 하는 욕심에 오랜 전통이 있는 악기 매장에 수리를 의뢰하였다.

키보드의 무엇이 문제이며 수리비용이 어느 정도 드는지 확인하기 위해 공장에 보내야 하기 때문에 먼저 운송비를 내야 한다고 했다. 운송비를 내면 공장에서 확인한 후 수리비용을 알려주게 되고 그 비용이 내가 보기에 합당하면 수리를 요청할 수 있다는 것이다.

공장으로부터 연락을 받고 수리를 해 달라고 요청하였으나 그 후 특별한 연락이 없어서 2주쯤 되어 수리를 의뢰했던 악기상에 갔다. 어떻게 된 일인지 악기상은 텅 비어 있고 유리문에는 연락처도 없이 가게 문을 닫았다는 말만 적어 놓았다. 순간 너무 당황해서 멍하게 서 있었다. 원래 고장 났던 키보드니까 단념해버릴까? 미국에서 키보

드 없이 지내라는 신호로 생각하고 여기에서 그만둘까? 아니면 그래도 악기를 찾기 위해 노력해야 하나? 머리가 복잡해졌다.

미국 시스템도 모르는 상태에서 악기 찾기 위해 들여야 할 노력과 시간을 생각하니 귀찮게 여겨졌다. 일반 사람들에게 물어봐도 잘 모를 것이 뻔할 텐데 어떻게 하면 좋을까 생각하다 그래도 무슨 상황인지 파악해볼 필요가 있다고 여겨 관할 경찰서에 가서 상황을 설명했다.

그러나 지푸라기라도 잡아보려는 심정으로 경찰의 도움을 받으려고 했던 나의 마음은 철저히 뭉개졌다. 경찰은 이미 상점이 문을 닫았기 때문에 경찰로서 할 일은 없다고 했다. 형사사건도 아닌 민사사건에 경찰이 관여할 일이 아니라는 것이다. 기껏 한다는 말이 변호사를 사서 소송을 걸라는 것이었다. 고장 난 키보드를 찾겠다고 변호사를 사서 소송을 한다는 것 자체가 어불성설이지만 그것도 방법이라는 것이다.

또 다른 방법은 뉴스가 별로 없는 현대 사회에서 좋은 뉴스거리가 될 것이니까 방송국에 가서 사정을 알리든가 아니면 Massachusetts Attorney General Office(매사추세츠 공익 소비자센터 같은 역할을 하는 곳)에 연락해 보라고 하였다. 어느 방법이나 간단한 것이 없었다.

나는 시작한 김에 결국 소비자센터에 연락을 해서 경과를 설명했더니 자기들이 받을 만한 사건이라고 나한테 다시 인터넷상에서 사유서를 써서 신청하라고 하였다. 설명만 하면 그들이 처리해 줄 것이라고 생각했지만, 여기까지 왔는데 사유서를 안 쓸 수도 없고 결국 시키는 대로 신청하였다. 몇 주가 지나도 그 어느 곳에서도 연락이 없었다. 나는 점차 미국 생활에 익숙해져서 워낙 모든 결정에 시간이 걸리니까 잊고 지내다 보면 연락이 오겠지 생각하고 내 본업에 충실하고 있었다.

몇 주 후 악기사로부터 악기를 찾아가라는 연락을 받았다. 불가피하게 폐업을 하면서 수리 맡긴 악기에 대해 일일이 연락할 여유가 없었다는 것이 그의 변명이었다. 자기 권리 위에 잠자지 않으니까 시간과 노력이 들기는 하지만 좋은 결과들이 있구나 생각하였다. 비록 내가 마음은 조금 썼지만 결과적으로 악기도 찾았고 미국 시스템도 알게 되고 평상시에 내가 쓰지 않는 분야의 영어도 써야 함으로써 일거삼득(一擧三得)의 효과를 얻었다. 능동적으로 열심히 사는 것이 미국을 배울 수 있는 가장 좋은 길이 아닐까?

7. 필라델피아와 편지 전쟁

Letter War with the City of Philadelphia

현대 세계는 초강대국 미국의 영향력이 미치지 않는 곳이 없다고 할 수 있다. 미국의 적극적인 개입에 의해, 아니면 상대국의 요청에 의해 다양한 경로로 힘을 발휘하고 있기 때문일 것이다.

그렇다고 미국 스스로 많은 것들이 정비되어 있는 것은 아니다. 미국에서 70년대나 80년대에 유학을 했거나 아니면 직장을 다니면서 생활한 적이 있던 사람들은 현재의 미국을 보면서 많이 망가진 것 같다고 말하기도 한다.

미국은 교통질서에서도 또 사회 구석구석에서도 사람을 우선시하면서 합리적인 정책을 펼치고 있다는 생각을 갖게 한다. 그러나 모든 곳에서 합리적으로 철저하게 이루어지고 있는 것은 아니다. 그것은 어느 나라 할 것 없이 닮은 구석이 있는 요지경의 인간세상이기 때문일지도 모른다.

미국 사회에서 무슨 일을 해내는 과정을 보면 어안이 벙벙할 때가 한두 번이 아니다. 일 처리하는 능력이 부족하고 기본 자질에 문제가 있지 않나 하는 생각이 들 정도로 철저하지 못한 경우도 많이 있다. 심지어는 엄격하고 철저하기로 소문나 있는 입국심사에서도 다양한 실수를 한다. 그렇게 오랜 시간에 걸려 수많은 자료와 기록을 대조하고 사진과 지문을 찍고 신분조회를 하는데도 정작 입국 카드에 공식 도장을 찍지 않고 통과시킨 경우도 있다.

우리 식구 네 명 중 한 명의 자료에 도장을 찍지 않아 다른 행정 처리를 할 때 번거롭게 만든 경우도 있었다. 그런데 다른 학자의 경우, 아무런 입국 기록 도장이 없이 입국한 것으로 되어 있어 오히려 학교가 황당해하는 경우도 있었다. 해외에 다녀올 때도 입국 도시마다 달라 입국 카드 기록을 과거 그대로 쓰는 경우, 새롭게 다시 쓰게 만드는 경우 등 다양한 케이스가 있었다.

개인적인 경험이지만 공식적인 행정 시스템에 문제가 있는 경우도 있다. 필라델피아에 여행 갔다가 야밤에 내비게이션이 제대로 작동되지 않아 차를 한적한 이면 도로에 잠시 세우고 도로를 살펴본 적이 있었는데, 다녀온 사이에 주차 위반 티켓이 발행되어 있었다. 내가 다른 주에 거주하기 때문에 필라델피아 주차 위반 티켓은 그냥 버려도 된다고 당시 주변에 있던 미국인이 말해 주었지만 여전히 마음이 편치 않았다. 보스턴에 돌아온 이후 선처를 바라는 마음으로 당시 상황을 설명하는 편지를 필라델피아에 보냈다. 이로부터 편지 전쟁이 시작되었다.

자동차는 남편 명의로 되어 있지만 내가 편지를 보내다 보니 나한테 답장이 오는데, 문제는 남편한테도 여전히 시간 변화에 따라 벌금이 과중된 편지가 보내졌다. 나는 같은 주소와 같은 벌금 티켓에 대한 내용을 나와 남편이라는 서로 다른 이름으로 2가지 서로 다른 편지를 보내오면서 벌금을 과중하는 이유에 대해 질문하였다.

문제는 편지가 한 번 오갈 때마다 거의 한 달씩 걸리다 보니 이러한 문제를 파악하기까지도 상당한 시간이 걸렸다. 내가 처음에 편지를 보냈을 때 그곳에서 나의 사안에 대해 재검토 중이니까 소식을 기다리라는 답장을 보내왔다. 그러나 그 사이에 남편 명의로 벌금이 과중된 편지가 날아들었다. 나는 왜 이런 일이 발생한 것이냐고 질문하면 그 다음에는 모든 것이 정리되어서 나한테 정리된 내용의 편지가 올 줄 알았는데, 엇박자로 나와 남편 명의로 각기 다른 벌금 납부 요청이 발송되었다.

나는 티켓 발행 번호와 편지 공문 번호 등을 적시하면서 이러한 문제를 해결해 주기 바랐으나 시정은커녕 계속 똑같은 상황이 반복되면서 이제는 남편에게 과중된 벌금을 내지 않으면 차를 견인해 갈 것이며 견인비 등 모든 비용은 개인이 부담하라는 협박편지가 날아들었다.

보스턴 같으면 내가 당장이라도 직접 뛰어가서 현장에서 문제를 해결하겠지만 보스턴에서 10시간이나 운전해서 가야 하는 곳에 직접 가서 문제를 해결할 수도 없고 전화를 걸면 기계만 신나게 이야기하다가 말고, 결국 비용을 지불하든가 편지로 문제를 해결해야 하는데, 실질적인 문제를 해결하기도 전에 얼마 되지도 않는 벌금 문제로 논의하면서 차가 견인되는 사태까지 발생한다면 개인적으로도 번거로운 일이 너무 많으므로 일단 과중된 벌금 그 자체도 말도 안 된다고 생각했지만 지불하였다. 그리고 합리적이지 않은 행정 처리에 대해

● 필라델피아에 있는 자유의 종. ● 필라델피아 독립홀을 소개하는 표지판
깨어진 부분이 선명하게 보인다

이의를 제기하였다.

나와 남편의 명의로 각기 다른 내용의 편지를 보내온다는 것을 이해할 수가 없었다. 쉽게 말하면 남편 명의로는 시간 경과에 따른 과중된 벌금이 부과되고 나한테는 행정기관이 재고하는 동안 과중되지 않은 비용이 부과되었던 것이다. 나는 당연히 나한테 부과된 편지 내용을 따르면 되지만 문제는 남편에게 전달된 견인 협박 편지로 차가 견인되는 사태가 벌어지면 배보다 배꼽이 훨씬 크게 되어 보통 번거로운 것이 아니기 때문에 고민하지 않을 수 없었다. 어떻게 이렇게 대화가 안 되는 상황이 있는지 도저히 이해할 수 없었다.

몇 차례 편지를 보내면서 시스템상 문제가 많아 대화가 되지 않는다고 생각했지만 고쳐질 것이라고 생각하고 문제 제기했던 것이 결국은 문제의 핵심은 정리되지도 않은 채 과중된 벌금과 견인비용을 전부 지불하라는 협박으로 비용을 정산하고 나니 더욱 기분이 나빴다.

　　비록 작은 부분이라고 할지라도 시스템상 누수된 부분을 수정하지 않고 덮어 두면 그 구멍은 더 커지기 마련이다. 미국은 내부적인 시스템상에 어떠한 문제가 있는지를 충실히 챙길 필요가 있다. 구멍이 커지면 수리비용이 더 많이 들 수 있고 뚫린 구멍은 막기 어려운 사태로 확대될 수도 있기 때문이다.

8. 더불어 살아가기
Living Together

연구차 뉴욕의 컬럼비아 대학을 방문하였다. 이 대학에서 연구하기 위해서는 내가 언제 어떠한 자료를 어떻게 볼 것인지 미리 신청한 후 모든 것이 준비되었다는 통보를 받아야 그 일정에 맞게 연구할 수 있다. 이곳에만 소장된 특별문서여서 방문 연구가 불가피한 경우였다.

미국은 전반적으로 모든 일을 사전에 계획하고 준비해 두는 '예약시스템'을 기반으로 하고 있기에 사정을 잘 모르고 무작정 방문하면 낭패를 당하기 쉽다. 미국의 큰 대학 도서관은 장서가 너무 많아서 학교 외부의 서가에 보관하는 경우가 많으므로 도서를 열람하려고 해도 시간이 소요되는 경우가 있다.

컬럼비아 대학의 사서들이 친절하게 안내해 주어 내가 연구해야 할 것을 미리 신청해 두었기 때문에 연구도 순조롭게 진행되었다. 그중 특히 한국인 사서 한 분이 적극적으로 도와주어서 많은 도움을 받

● 영어 선생님이 핸드벨을 가르치고 ● 영어 선생님과 마지막 식사
　 있는 모습

을 수 있었다. 사서는 연구자들을 도와 효과적으로 자료를 찾을 수 있도록 안내하는 것이 그들의 책무이지만 대체로 물음에 대한 것만 대답을 할 뿐 연구에 필요할 어떤 자료에 대해 적극적으로 소개하는 경우는 많지 않다. 이는 그야말로 사서 개인의 지식의 넓이와 깊이 그리고 마음 씀씀이에 따라 달라질 수 있다.

　내가 특별히 시간을 내어 컬럼비아 대학을 방문한 것을 안 이 사서가 가능하면 다양한 자료에 대해 알려 주려고 노력하는 과정에서 새로운 자료도 접할 수 있게 되었다. 역사를 연구하려면 무엇보다 자료가 중요하다는 것을 잘 알고 있는 사서의 노력으로 나는 의외의 소득도 얻을 수 있었다.

　짧은 시간을 효과적으로 이용해야 하기 때문에 정신없이 자료에 빠져 있는데 갑자기 보스턴에 있는 남편으로부터 전화가 왔다. 교통사고가 났다는 것이다. 사고 자체는 심하지 않은데 일단 상황을 알리는 것이라고 하면서 전화를 끊었다. 현재 내가 뉴욕에 있는 상태에서 당장 보스턴에 달려갈 수도 없고 좋은 방법이 없나 생각하다가 잘 아는 미국인에게 전화를 했다.

그녀는 나의 막내아들에게 무료로 영어를 가르쳐 주는 선생님이시다. 처음에는 제2 외국어로 영어를 배우는 학생을 연구하는 차원에서 영어를 가르치기 시작하였으나 연구가 끝난 후에도 사명감을 갖고 열심히 봉사해 주시는 분이셨다. 나는 염치가 없지만 일단 이런 상황에서 무엇을 어떻게 하는 것이 좋을지 조언을 구할 필요가 있다고 생각되어 전화를 하였다.

그 선생님은 우리의 상황을 잘 알고 있어서 선뜻 교통사고 처리를 도와주겠다고 나섰다. 정차해 있던 남편의 차를 상대방이 운전 실수로 들이받아 양쪽 차가 조금 긁힌 정도의 경미한 사고였다. 그래도 차를 수리하지 않으면 안 되니까 이에 대한 처리와 절차를 밟아야만 하였다.

매우 번거로운 일이지만 그 선생님은 친히 나의 남편과 같이 보험회사에 가서 사고 접수를 처리하고 향후 절차도 자세히 알려 주어 우리가 안심할 수 있도록 도와주었다. 참으로 감사한 일이다.

국내에서의 생활도 마찬가지겠지만 머나먼 이국에서 자신이 잘 알지 못하는 일을 당했을 때 어떠한 일의 상황과 절차를 정확하게 알지 못하면 당황할 수도 있고 수많은 시간과 돈을 낭비해야 할 때가 종종 있다. 그러나 아름다운 이웃이 주변에 함께 있어 서로 도와줌으로써 아름다운 사회를 만들어 나갈 때는 어떠한 어려움도 극복해 나갈 수 있는 힘을 가질 수 있게 된다.

나 또한 미국에서 알게 모르게 다양한 도움을 받고 살아가고 있겠지만 이번 주는 특별히 아름다운 이웃과 더불어 살아가는 것이 얼마나 중요한 것인가를 새삼스럽게 깨달을 수 있는 기회가 되었다.

사회적인 동물인 인간은 혼자 살아가기 어렵다. 누군가로부터 도움을 받으며 또 자신도 누군가에게 도움을 베풀며 살아가고 있다. 그러나 급박하게 변하고 있는 현대 사회는 갈수록 이웃도 모르고 사회도 잊고 오로지 자신만을 바라보며 또 위하며 살아갈 때가 너무 많다.

지식으로서 알고 있는 더불어 살아가기가 아니라 실천하는 이웃으로 살아가기 위해서는 자기 주변의 상황을 살필 줄 아는 여유가 필요하다. 자신이 받아야 할 것은 기억하는데 줄 것은 기억하지 못하는 그런 삶이 아니라 줄 것은 반드시 기억해야 하지만 받을 것에 대해서는 크게 기대하지 않고 베풀려고 하는 마음자세가 필요하다.

이번 주는 내가 이웃의 도움을 많이 받았지만 나 또한 이웃에게 도움을 베푸는 삶을 살아 더불어 살아가는 아름다운 사회 만들기에 동참해야 할 것 같다.

Chapter 2

미국의 문화와 정체성

Culture and Identity of the USA

1. 두 사람, 하나의 이야기
Two People, One Story

미국의 역사는 두 사람의 싸움으로부터 하나의 이야기를 만들면
서 시작되었다. 아메리카 대륙에 거주하던 원주민(Native American)
의 평화로운 삶에 큰 변화가 생긴 것은 유럽 식민주의자들이 미국에
서 힘을 발휘하면서 새로운 역사를 써 나가게 된 것이 단초가 되었다.
이러한 역사가 매사추세츠 주에 고스란히 남아 있으므로 나는 그곳을
방문하여 미국이 자신의 역사를 어떻게 설명하는지 보고 싶었다.

메이플라워 2호를 타고 영국에서 매사추세츠 프로빈스타운
(Provincetown)에 도착한 영국인은 원주민이 없는 곳을 골라 평화롭
게 정착했다고 주장한다. 원주민과 평화롭게 교류하기 위해 다양한
노력을 했다는 것도 빼놓지 않고 설명한다. 영국을 출발하여 67일간
의 험난한 항해를 거쳐 처음 도착한 프로빈스타운은 해변으로 이어진
반도로 모래가 많은 곳이어서 현재는 유명한 휴양지로 소문난 곳이
다. 그러나 모래가 많은 토양 특성 때문에 개간하여 정착하기 어려워

● 프로빈스타운에 필그림이 처음 도착했던 곳을 기념하기 위해 '필그림 처음 도착 공원'을
만들어 두었다

5주 만에 바로 대륙으로 이어지는 플리머스(Plymoth)에 도착하여 본
격적인 개척의 장을 열었다.

프로빈스타운은 1620년 필그림(청교도)이 처음 도착한 곳으로
서 새 역사를 만든 필그림의 역사로 장식되어 있는 곳이라고 하여도
과언이 아니다. 이 지역의 중심에는 미국에서도 가장 큰 필그림 기념
탑이 있는데 이곳은 필그림 도착 당시의 역사를 확인해 볼 수 있는 자
료가 전시되어 있고, 기념탑에 올라가면 프로빈스타운이 한눈에 조망
된다. 우여곡절의 세월을 거친 이 기념탑은 1907년 루스벨트 대통령
이 직접 참석하여 기초석을 놓고 미국 전역에서 기부금을 모아 조성
된 것으로 유명하다.

　　이곳 지형은 영일만을 낀 포항의 지형과 유사한데, 영국인이 호미곶 같은 프로빈스타운에 처음 도착하였지만 해변으로 이루어져 개간하기 어려워서 육지로 이어지는 포항에 정착하여 본격적인 삶을 영위하게 된 것과 마찬가지라고 생각하면 이해하기 쉬울 것이다.

　　플리머스 플랜테이션이라고 하는 이곳은 현재 역사적인 관광지로 개발되어 있다. 영국인 타운이 보존되어 있고, 1620년대의 건축과 분위기를 유지하면서 당시 사람들의 생활을 재현하고 있었다. 그들이 입은 의상도 사람들의 모습도 17세기 영국인의 모습이어서 타임머신을 타고 온 듯한 느낌이 있는 곳이다.

　　단순히 박제된 박물관처럼 역사 사진들만을 전시한 곳이 아니라 실제 사람이 사는 것처럼 연출하고 있어서 궁금한 것을 그곳에 있는 사람에게 직접 질문하여 궁금증을 해결할 수 있어서 아주 좋았다. 그

● 1907년 루스벨트 대통령이 직접　● 필그림 기념탑에서 내려다본 프로빈스타운의 전경
　참석하여 기초석을 놓고 미국 전역
　에서 기부금을 모아 만든 미국에서
　가장 큰 필그림 기념탑

● 플리머스 플랜테이션에서는 17세기 영국인의 풍속과 복장으로 생활하는 모습을 볼 수 있다

● 플리머스 플랜테이션에서 미국 원주민의 생활 모습을 보여주고 있다. 옥수수 껍질로 인형을 만들면서 그들의 풍속에 대해 설명하고 있다

들은 박물관에 전시된 내용을 설명하는 사람처럼 행동하지 않고 실제 생활하면서 느낀 것, 아는 것을 설명하는 것처럼 행동하였기 때문에 역사를 체험하는 듯한 느낌이 들었다.

왐파노아그 마을(Wampanoag Homesite)이라는 원주민 지역은 실제 원주민이 당시의 모습으로 생활하는 실상을 보여 주었다. 한편으로는 원주민이 거의 옷을 입지 않은 당시의 복장으로 생활하는 모습에서 그들의 역사적 수난을 보는 것 같아 마음 아프기도 하였지만 실질적인 역사를 이해할 수 있도록 설계한 흔적을 볼 수 있어서 흥미를 더해 주는 곳이었다.

미국 원주민의 이동경로가 명확하게 밝혀지지는 않았지만 15,000년 전 빙하기에 수위가 낮아진 베링 해협을 건너 아시아에서 아메리카로 이동한 원주민에 대해 몽고나 한국 문화와의 유사성을 지적하는 학자들이 많다.

플리머스 플랜테이션에서 본 원주민의 놀이 문화 중 삶은 옥수

수 껍질을 적당히 찢고 묶어서 인형을 만드는 것이 있는데, 이런 놀이를 현대 한국에서 찾아보기는 어렵지만, 과거에는 한국에서도 옥수수 껍질로 인형을 만들어 노는 놀이가 있었다. 또한 사람들이 두 명씩 손을 잡고 쭉 늘어서서 터널을 만들고 적당히 돌다가 대문을 만들어 가두는 놀이나 한국의 은수저 같은 수저가 있는 것을 본 것은 매우 흥미로운 사실이었다.

물론 이와 유사한 놀이문화는 이곳저곳에서 발견할 수도 있기 때문에 이러한 몇 가지로 역사의 관련성을 설명하기는 어렵지만 유사 문화들이 있다는 것을 직접 확인한 것은 필자에게 전체적인 역사를 이해하는 데 도움이 되었다.

미국에 도착한 영국인은 비록 비어 있는 땅에 평화롭게 정착했다고 설명하지만 원주민은 영국인이 자신들의 거주지를 점령하고 심지어 전리품으로 원주민을 잡아 유럽으로 데려가 구경거리로 삼았을 뿐만 아니라 수많은 원주민을 살해했다고 주장하였다. 또한 알지도 못하는 이상한 전염병으로 수많은 부락이 몰살되기도 했다고 한다.

역사는 승리자가 자기 위주로 역사를 서술하는 경향이 있지만 적어도 플리머스 플랜테이션에서는 극도로 갈등이 있을 법한 원주민과 영국인의 싸움에서 양자의 주장을 더불어 보여주면서 미국의 역사가 어떻게 하나의 역사로 이루어져 가는지를 설명하려고 노력하였다. 부족한 부분이 많이 있지만 그래도 영국인에게 핍박당하는 원주민의 아픔과 고통을 드러내면서 미국 역사의 한 페이지를 서술하려고 했다는 점에서는 의미 있는 시작으로 보였다.

두 사람의 싸움으로 시작하여 '자유'를 상징하는 곳으로 성장한

● 메이플라호 2호를 타고 플리머스에 도착하여 정착한 영국인들의 마을 전경. 바다와 마을이 내려다보이는 위치에 전망대가 있다

미국의 역사는 세계 각국의 민족과 인종이 모여드는 다문화 국가로 정착해 가고 있다. 미국은 과거 유럽의 식민지에서 독립하여 현재는 세계를 이끌어 나가는 국가가 되었다.

두 사람의 싸움에서 하나의 역사를 만들어 가려고 노력했던 미국이 세계사에서 어떠한 역사를 만들어 갈지 세계가 주목하고 있다. 프로빈스타운이나 플리머스 플랜테이션은 미국이 국내에서뿐만 아니라 세계적으로 어떠한 역사를 만들어 나가고 있는지에 대한 성찰의 장소가 되어야 할 것이다.

2. 세계도시 뉴욕과 다양성

Diversity of New York City as the World's City

순수성이 강한 힘을 발휘할 때가 있다. 순수한 한국인으로서의 '단일민족론'이 그러한 것 중의 하나이다. 말 그 자체로의 단일민족은 있을 수 없지만 다른 나라에 비해 상대적으로 민족이 단일하다는 점에서, 단일민족을 힘으로 여겼고 또 힘으로 작용하기도 하였다.

상식적으로 알고 있듯이 미국은 다민족·다문화 사회이다. 유엔 본부도 미국에 있지만 미국 자체가 세계 각국의 민족이 모인 유엔이라고 해도 될 정도로 다양한 민족이 더불어 살고 있다. 그중에서도 뉴욕은 특별한 도시일 것이다.

세계 경제의 수도라고 할 정도로 뉴욕 월스트리트의 경제 지표 변화는 세계 경제를 뒤흔드는 핵폭탄 역할을 하는 곳이다. 따라서 세계 경제를 향해 도전장을 내려는 사람은 주저 없이 뉴욕의 월스트리트를 택하게 될 뿐만 아니라 평상시에 세계 경제에 관심을 별로 두지 않는 사람도 뉴욕의 월스트리트를 구경하고 싶어 한다.

● 뉴욕 월스트리트의 풍경. 오른쪽 성조기가 있는 곳이 증권거래소이다

어느 도시를 여행할 때 교통이 혼잡하여 오랜 시간 정체된 경험이 있다면 그 도시에 대한 인상이 나빠지기도 한다. 그러나 뉴욕의 관광가이드는 진정한 뉴욕 체험은 바로 뉴욕 맨해튼의 교통지옥이라고 자랑스럽게 설명한다. 시원스럽게 소통된 적이 거의 없다고 할 정도로 수많은 개인 승용차와 노란 택시들 거기에다 미국 국내에서 또 세계에서 몰려든 관광객을 태운 뚜껑 없는 이층 관광버스들의 뒤얽힘, 간간이 나타나 맨해튼을 뒤흔드는 앰뷸런스와 경찰차 사이렌 소리.

도로에서 각종 자동차의 뒤얽힘에 그치지 않고 거리마다 넘쳐나는 사람들. 쉽사리 쉴 만한 여유를 찾지 못할 곳 같은 뉴욕 맨해튼임에도 불구하고 뉴욕은 온갖 열정으로 넘쳐나는 곳이다. 각종 민족과 문화가 뒤섞이다 보면 다양한 오해와 갈등이 발생하기도 하지만 그렇기 때문에 뉴욕의 다양성을 사랑한다는 사람이 많은 곳이기도 하다.

9월 4일 '브라질 사람들의 날'이라는 축제가 맨해튼 중심에서 열렸다. 거리에는 온통 노란색과 초록색으로 브라질을 상징하는 옷을 입은 인파들로 넘쳐났고, 브라질 유행가에 맞추어 춤을 추며 흥겹게 즐기는 인파들 때문에 거리를 걸을 수가 없을 정도였다. 특정 부분을 보행자 거리로 만들어 넓은 거리에서는 브라질 콘서트가 진행되고 다양한 노점상들이 몰려들어 분위기를 한층 더 띄우고 있었다.

1822년 9월 7일 별다른 혁명전쟁을 거치지 않고 브라질의 독립을 선언한 것을 기념하기 위한 모임으로 브라질 출신이 많은 뉴욕에서 '브라질 사람들의 날'을 기념하는 행사를 한다고 한다. 이곳에 참석하기 위해 미국 각지에서 브라질 사람들이 몰려들었고, 보스턴에서 참가했다는 사람도 만나 보았다.

맨해튼 중심은 브라질 축제로 흥겨운 잔치가 벌어지고 있고, 맨해튼 아래쪽 차이나타운은 중국에 와 있는 느낌이 들 정도로 중국 상점들이 끊임없이 늘어져 있다. 브루클린에는 아침에도 저녁에도 항상 검은 옷을 입고 검은 모자를 쓰고 다니는 유대교

● 언제나 인파로 넘치는 타임스 스퀘어 광장

● 정통 유대교 신자들은 항상 검은 양장과 검은 모자를 쓰고 브루클린 지역을 활보하고 있다

신봉자들로 넘쳐 났다. 과거 세계의 힘이자 희망의 상징이었던 엠파이어스테이트 빌딩에는 뉴욕 전경을 바라보기 위해 전망대로 올라가려는 사람들의 기다림이 끝없이 이어졌다.

다소 협소해 보이는 타임스 스퀘어에는 항상 인파로 넘쳐 나고 그 인파 사이를 뚫고 거리의 예술사들이 각기 다양한 형태의 '예술 행위'를 하면서 용돈을 모으고 있었다. 따지고 보면 어느 것 하나 장삿속과 관련되지 않은 것이 없다고 할 정도로 지겹게 돈 냄새가 풍기는 곳이지만 그런 다양함이 공존하는 그 자체를 즐거운 눈으로 바라보려고 한다면 뉴욕은 재미있고 유쾌한 곳이다.

비키니만 입은 네이키드 카우 걸과 수영 팬티만 입은 네이키드 카우보이가 기타를 치면서 관광객의 눈길을 끄는 곳. 온갖 치장을 하고 멋진 패션을 자랑하는 사람과 적당히 청바지 입고 슬리퍼 신고 다니는 사람들이 공존하는 곳. 미니스커트를 입은 사람, 거리를 청소하고 다닐 정도로 긴 치마를 입은 사람, 그 어느 것도 하나의 유행이 일 변도적으로 주도하는 것처럼 보이지 않는 다양함이 자유롭게 뒤섞이 는 곳.

과거 총기와 살인, 마약 등으로 악명이 높았던 할렘이나 브루클 린 지역도 나름대로 안전한 곳으로 탈바꿈해 가고 있으며 새로운 주 거지로 각광을 받고 있었다. 새로운 뉴욕으로 변모를 거듭하기 위해 경찰들의 존재도 한몫을 하는데, 아무것도 하지 않고 서 있는 듯한 그 경찰들의 존재 그 자체가 치안과 안전을 유지하는 힘이 되고 있었다.

뉴욕에서는 어떠한 독특성에 사람들이 눈길을 주기는 하지만 그 것을 웃음으로 받아들이고 넘기며 즐기는 곳이었다. 뉴욕의 더러움, 악취 나는 자본주의, 외지인을 속이는 상술 등 그 어떠한 것도 유쾌한 것 은 아니지만 온갖 인간이 만들어 내는 군상 이 공존하면서 새로운 문화를 창출한다는 점 에서 뉴욕은 특별한 힘을 지니고 있었다.

뉴욕이 월스트리트나 엠파이어스테이 트 빌딩이 상징하는 콧대 높은 기세만 가졌 다면 이곳은 그렇게 흥미로운 곳이 아니었 을지도 모른다. 모든 것이 비싼 뉴욕은 비 현실적이고 비인간적인 면이 있으면서도 인간들의 온갖 군상이 자아내는 인간미에 서 나오는 다양성이 있기에 서민들이 거주 하고 즐길 수 있는 흥미로운 곳이 된 것 같 다. 즉 다양성의 공존을 힘으로 만들어 낼

● 뉴욕 맨해튼, 타임스 스퀘어 광장에서 네 이키드 카우보이가 기타를 치면서 관광 객의 시선을 끌고 있다

때 더욱 큰 힘이 된다는 평범한 사실을 깨닫게 한 것이 바로 뉴욕의 힘일 것이다.

다문화 속에서 다양성이 공존하고 또 그것을 받아들이는 것은 너무도 당연할지도 모르지만 단일 문화처럼 보이는 문화 속에서 다양성을 어떻게 용인하고 꽃피울 것이냐 하는 것은 해결해 나가야 할 하나의 과제일 것이다. 어쩌면 각기 갖고 있는 문화를 어떻게 효과적으로 국제화할 것이냐와 맥을 같이할지도 모르겠다.

3. 체험하는 우표박물관

Experiential Stamp Museum

짧은 시간 내에 특정 자료를 보기 위해서는 박물관을 관람하는 것이 상당히 효과적인 방법 중의 하나이다. 박물관은 관련 분야의 지식을 총동원하여 일반관람객이 이해하기 쉽게 전시한 공간이기 때문이다.

나는 시간이 허락한다면 가능한 한 아이들에게 많은 것을 보여 주기 위해 주말에는 박물관, 과학관, 미술관 등을 찾아 다녔다.

미국의 여러 박물관들을 다니면서 이곳의 박물관은 박제된 것이 아니라 살아 있는 것 같다는 생각을 하였다. 단순히 눈으로 관람하고 지나쳐 가는 것이 아니라 곳곳마다 직접 손으로 만져 보고 확인할 수 있는 다양한 활동거리가 있으며 안내자들이 배치되어 있어서 언제라도 궁금한 것이 있으면 바로 질문하여 의문을 해결할 수 있기 때문이다.

어린이 박물관은 어린이들이 물놀이, 흙놀이 등을 할 수 있도록

● 균형과 관련된 실험을 직접 해 볼 수 있도록 만든 데스크

준비되어 있고 건축에 관심 있는 아이들이 놀 수 있도록 블록 쌓기, 자기 방 꾸미기 등의 활동이 준비되어 있으며 컴퓨터 프로그램을 통해 다양한 색채를 배열해 보고 또 방의 위치나 건물의 구조 등을 재배치하여 자신만의 집을 꾸밀 수가 있다.

과학박물관은 커다란 기구들을 직접 만져 보고 실험하여 그 결과를 확인할 수 있고 기후 변화나 지형 변화 등도 간단한 조작을 통해 구체적인 지식을 얻을 수 있도록 설계하였다. 다양한 도구들을 만져 보고 또 느끼는 동안 시간이 얼마나 흘렀는지 알 수 없을 정도로 빠져들게 만들어 놓았다.

한번은 지역 대학에 속해 있는 우표박물관을 관람하였다. 아름다운 곳에 위치해 있는 이 박물관은 규모가 매우 작았다. 지나쳐 가는 수준으로 관람한다면 몇 분이 걸리지 않을 정도로 매우 작은 박물관이었다. 반신반의하는 마음으로 박물관에 들어섰는데, 관리자가 우리에게 처음 방문하였는지 어떻게 활동을 즐기는지에 대해서 아느냐고 질문하기에 처음 방문하였으니 자세하게 안내해 달라고 요청하였다.

관리자는 아이들에게 종이 한 장씩을 나누어 주면서 한 장 가득 적혀 있는 내용을 모두 잘 찾아내면 선물을 준다고 하였다. 그 종이에는 "링컨 대통령이 있는 푸른색 우표에 게티스버그 연설문이 같이 적혀 있는 엽서 찾기" 등으로 각 줄마다 찾아내서 표시해야 하는 임무 수행으로 가득하였다.

이 박물관은 단순히 새로 발행된 깨끗한 우표만을 모아서 전시한 것이 아니라 각국으로부터 우송된 편지에 붙어 있는 우표를 그대로 활용하였는데 어느 부분은 역사적인 의미를 담은 전시공간이었고, 어느 부분은 이미 지구상에 존재하지 않는 나라의 우표를 모아서 전

● 필자의 아들이 무엇이든 시도하기 프로그램으로 블록을 활용한 다양한 모양 만들기를 시도하고 있다

● 이사벨라 스튜어트 가드너 박물관에는 중세 시대 교회와 관련된 작품이 많이 전시되어 있다

시해 두기도 하였다.

한국 우표도 한 장 있었는데 나름대로 세계 각국의 우표에 이야기를 담아 전시하려고 노력한 흔적이 역력하였다. 아이들이 좋아하는 '해리포터'의 등장인물과 관련된 우표나 '오즈의 마법사'라는 동화 속의 내용을 우표로 만든 것도 전시하여 흥미를 북돋아 주었다.

선물을 받기 위해서라도 우표 하나하나를 자세히 보지 않을 수 없고 또 자세히 보아야 수많은 우표 가운데 종이에 적힌 임무를 해결할 수 있기 때문에 차분하게 우표를 관람할 수 있었다. 조금 시간을 들이다 보면 나름대로 답을 찾아내는 방법을 발견하게 되고 그 순서에 따라 찾다 보면 어느새 임무를 완수할 수 있게 된다.

임무를 완성하면 어떤 선물을 받게 될까 궁금해 하는 아이들은 주어진 질문을 통해 열심히 정답이 되는 우표를 찾은 후 선물을 받았는데 이는 특별 제작된 기념우표와 편지 봉투가 함께 있는 것이었다.

안내자는 선물을 받아 든 아이들을 이끌고 또 다른 활동을 할 수 있는 방으로 안내하였다. 과거에 사용했던 실제 우체국 소인이 찍힌 역사적인 우표가 가득하였고, 그 우표를 활용하여 다양한 놀이를 할 수 있도록 준비해 둔 곳이었다. 우표를 활용하여 그림도 그릴 수 있고 색칠도 할 수 있어서 아이들은 평상시에 노는 것과 다른 새로운 놀이에 빠져 시간을 보낼 수 있었다.

그 옆에는 우표 도서관도 있는데 세계 각국의 우표 역사를 한눈에 바라볼 수 있는 책들이 구비되어 있었다. 한국 우표사와 관련된 책도 있었는데, 우표가 처음으로 발행되기 시작한 것부터 현재까지의 역사가 담긴 책이었다.

이 작은 박물관에 오기 전까지는 큰 박물관, 유명한 박물관을 주로 다녔고, 그런 곳은 규모 자체가 크기 때문에 실질적인 활동에 일일이 참여하기보다는 무엇이 전시되어 있는가를 보는 데도 급급할 정도로 부지런히 다녀야 하였다.

그런데 이 작은 우표 박물관은 규모가 작은 것을 고려하여 나름대로 현실에 맞는 활동을 부여함으로써 작지만 의미 있는 박물관으로 구성하였다. 비록 간단한 활동이지만 이 박물관에 전시된 우표를 통해 우표사를 이해할 수 있도록 만들었을 뿐만 아니라 아이들이 임무를 완성하면 받을 수 있는 선물은 외부에서 돈 주고 살 수 없는 이곳만의 독특한 것이었다.

이를 통해 나는 무엇이 살아 있는 박물관인가 하는 것을 다시 고려하게 되었다. 손으로 직접 만지고 실험해 보며 관리자에게 질문해 보는 것도 살아 있는 것이다. 우표박물관같이 동적인 활동을 만들기 쉽지 않은 정적인 박물관에서 임무를 완성하면 그 박물관만의 독특하고 성의 있는 선물을 주어서 우표에 대한 아이들의 호기심을 이끌어 내고 집중해서 관찰하도록 한 것은 창의적이었다.

전시된 작은 우표 중에서 필요한 것을 찾아내야 하기 때문에 부모들이 안내자 역할을 하게 되는데, 그러면서 자연스럽게 아이들과 서로 대화하는 가족을 보면서 이런 것이 오히려 작지만 강한 힘을 발휘할 수 있는 일거양득의 살아 있는 박물관이 아닐까 생각해 보았다.

● 필라델피아에 있는 미술관. 렘브란트 특별전이 열리고 있었다

● 뉴욕의 메트로폴리탄 박물관 내부

4. '보스턴 레스토랑 위크' 활용하기
Making the Best Use of Boston Restaurant Week

보스턴은 미국에서도 가장 손꼽히는 교육도시이다. 하버드와 MIT가 있어서 미국뿐만 아니라 전 세계적으로도 각종 유학생과 일반 관광객들이 방문하고 있고 그 외에도 수많은 대학들이 이곳에 자리 잡고 있다. 따라서 보스턴은 미국을 탄생시킨 중요한 도시로 오래된 도시임과 동시에 젊은이들로 넘쳐나는 가장 젊은 도시 중의 하나이다.

보스턴에서 즐길 수 있는 것 중 역사도시로서 또 교육도시로서의 다양한 면모나 찰스 강에서의 요트 및 카약 타기 등등은 잘 알려져 있는 것이다. 그 밖에 우리를 즐겁게 하는 것이 있는데, 바로 보스턴 레스토랑 위크이다. 이것은 1년에 두 번 기회가 있는데, 한 번은 가을 그리고 또 한 번은 봄에 찾아온다.

보스턴 레스토랑 위크는 저렴한 가격에 고품격의 식사를 즐길 수 있도록 고안된 것이다. 각기 2주 정도 행사를 하는데 주말을 제외한 주중에 혜택이 있는 것이어서 이 기간을 활용하려면 평상시에 가족 행사 등을 미리 준비해 두어야 한다. 일반적으로는 분주한 삶을 살기 때문에 특별히 시간을 내어 외식을 한다는 것이 쉽지 않고 또 좀 더 저렴하게 식사하기 위해 특정 시간을 맞춘다는 것은 번거로운 일이기도 하다.

그래도 이 시간을 잘 활용한다면 평상시의 1/2이나 1/3 가격으로 맛있는 식사를 즐길 수 있어서 쳇바퀴 도는 듯한 생활에 조금의 양념과 멋을 드리울 수 있다. 물론 모든 레스토랑이 이 행사에 참여하는 것은 아니지만 대체적으로는 나름대로 유명한 각종 레스토랑이 참여한다. 인터넷 등을 통해 보스턴 최고의 식당이라는 검색어를 치면 관련 자료가 쏟아져 나온다.

지난 가을에도 이와 같은 행사가 있었지만 나는 이를 크게 활용하지 못하고 지나갔다. 그런데 이번 봄까지 활용을 못 한다면 뭔가 보스턴의 음식 문화 체험을 제대로 못 하는 것은 아닌가 하는 생각에 이 행사의 마지막 날에 특별 가족 식사를 계획하였다. 왜냐하면 가을이 오는 길목에는 내가 한국으로 귀국할 예정이기 때문이다.

유명한 레스토랑이어서 그런지 저녁 식사를 5시부터 예약하도록 되어 있고 나머지 시간은 예약조차 불가능하였다. 식사를 하기 위해 부산떠는 것 같은 느낌도 없지 않지만 이것 또한 보스턴의 체험이며 미국의 레스토랑 문화를 익힐 수 있는 계기가 되기 때문에 시간에 맞추어 레스토랑에 갔다.

시내 중심에 1700년대에 건축된 오랜 성채를 레스토랑으로 사용하고 있어서 오랜만에 시내 나들이를 겸할 수 있었다. 평상시에 시내에 나올 일이 별로 없어서 보스턴 시내를 거의 걸어 보지 못했는데 이 기회에 시내를 걸어 보는 것도 새삼스러웠다.

특별한 계획이 없는 날에는 대체적으로 도시락을 싸서 출근하고 주말에는 주로 집에서 식사를 하기 때문에 레스토랑 갈 기회가 많지 않았다. 보스턴은 대도시여서 물가가 나름 비싸기 때문에 온 가족이 하는 외식을 결정하기가 쉽지 않다.

이런 레스토랑에서 준비되는 모든 메뉴를 저렴한 가격에 먹을 수 있는 것은 물론 아니다. 보스턴 레스토랑 위크에 맞추어 준비된 특별 메뉴만 저렴하게 먹을 수 있다. 어쨌든 그곳에서 준비된 특별 메뉴는 그 레스토랑에서 자신 있게 내어놓을 수 있는 메뉴이기도 하기 때문에 나는 주저 없이 특별 메뉴를 시켰다.

코스에 따라 나오는 각종 요리는 신선도와 맛을 더한 것 같아서 입도 즐겁고 눈도 즐거워서 마음 또한 즐거웠다. 오랜만에 온 가족이 웃음꽃 피우며 외식을 할 생각을 한 것도 또 실질적으로 외식을 하게 된 것도 보스턴 레스토랑 위크 때문에 가능하였다. 이런 행사가 없었다면 한 끼 저녁 식사를 위해 평일 5시에 분주하게 움직이기가 어려웠을 것이다.

어떻게 보면 특별할 것도 없는 행사일 수도 있고 평상시에도 각종 레스토랑별로 저렴한 특별 메뉴를 선보이기도 하는데, 왜 이런 행사가 특별하게 느껴졌을까? 이런 행사를 통해 우리 같은 사람들에게 조그마한 기쁨을 주는 데에 그치는 것이 아니라 보스턴의 문화행사로서 자리매김하는 것을 보면서 이런 것도 새로운 문화를 창출하는 데 좋은 아이디어가 될 수 있을 것으로 보였기 때문이다.

비록 이런 아이디어가 상업성을 띤 자본주의를 대변하는 것에 그칠 수도 있겠지만, 나름대로 보스턴의 문화를 설명하고, 또한 함께 즐길 수 있는 기회를 제공한다는 점에서 의의가 있다. 레스토랑에서 주는 것을 다 먹지 못하고 포장해서 들고 나오면서 그 식당에서만 파는 스테이크 소스까지 구매하였다. 내친 김에 건물 전체의 내부를 보고 싶어서 레스토랑 구경이 가능하냐고 물었더니 흔쾌히 구경하라고 해서 전체를 둘러보았다. 고풍스러운 건물 분위기에 맞게 나름대로 작은 박물관 형태로 꾸며 놓은 모습도 마음에 들었다.

먹는 것, 입는 것, 자는 것, 일하는 것, 즉 우리의 일상적인 삶에서 어느 것 하나 중요하지 않은 것이 없지만 이 모든 것을 한꺼번에 만족시키기는 쉽지 않다. 그렇지만 생활의 활력소가 될 만한 것들에 대한 고려가 필요하고 그것이 바로 삶의 여유와 직결되지 않을까?

바쁘고 힘든 일상이지만 작은 것으로부터 행복을 느끼고 찾는 것이 삶의 질을 높이는 데 도움이 되지 않을까 생각한다.

5. 렉싱턴의 '애국자의 날'과 보스턴 마라톤

Patriot's Day in Lexington and the Boston Marathon

4월 16일은 '애국자의 날'로 미국 매사추세츠 주의 공휴일로 지정되어 있다. 미국의 독립전쟁이 1775년 4월 매사추세츠 렉싱턴에서부터 시작되었기 때문에 내가 살고 있는 렉싱턴은 이날을 그 어떠한 날보다도 특별한 날로 기념하고 있다.

오전 7시 30분부터 시작된 가두행진은 렉싱턴에 거주하고 있는 어린이에서부터 최고령자까지 참석하여 분위기를 살렸다. 18세기 당시의 복장을 차려입은 병사들, 아이들 그리고 부인들의 행진을 보노라니 타임머신을 타고 18세기로 날아간 것 같은 느낌이 들었다. 이들과 더불어 가두행렬에 참석한 공립학교 중고등학교 밴드부는 이른 아침인데도 멋지게 차려입고 나와 연주에 여념이 없었다.

마침 큰아들이 트럼본을 연주하며 가두행진을 하기 때문에 나도 아침 일찍부터 나가 전체 일정에 참여하였다.

● '애국자의 날'을 기념하기 위해 준비하고 있는 대원들의 모습

● '애국자의 날에' 렉싱턴 중학교 밴드부가 퍼레이드를 펼치고 있는 장면

렉싱턴 공동묘지에서 출발하여 처음으로 독립전쟁의 총성이 울렸던 전쟁터까지 도착하여 기념행사를 하는 모습은 크게 웅장하거나 화려하지 않았지만 차분하게 진행되었다.

기도로 시작하여 기도로 마친 이 기념행사는 미국이 기독교 신앙을 바탕으로 그들의 문화를 지켜 나가려 하는 모습을 여실히 보여주었다. 90세가 넘도록 렉싱턴에 살고 있는 최고령의 할아버지는 여전히 건강한 모습으로 단상에 올라 감사의 말씀을 전하는데 렉싱턴의 역사를 그대로 보여주는 것 같았다.

이 기념행사는 렉싱턴에서 시작된 독립전쟁을 통해 미국이 자유의 나라가 되었음을 강조하면서 자연스럽게 애국사상을 고취하였다. 젊은 새싹들에게 장학금도 전달하고 연세 많은 어른들의 노고도 치하하는 기념식이 30여 분 진행되는 동안 야외임에도 불구하고 모두 경건하게 참여하는 모습이 보기 좋았다.

특별히 학생들에게 애국을 강조하지 않아도 애국자의 날을 통해 직접 가두행렬과 기념행사에 참여함으로써 자연스럽게 렉싱턴에 어떤 역사가 있는지 미국이 어떻게 탄생하였는지를 체득하게 하였다. 렉싱턴은 이날을 전후로 여러 가지 기념행사가 진행되지만 특별히 공휴일로 지정된 애국자의 날은 하루 종일 다양한 활동이 준비되어 있어 이 지역 주민의 축제로 자리 잡고 있었다.

보스턴 시내는 또 다른 축제로 들썩였다. 1897년 시작된 보스턴 마라톤 대회는 미국에서 가장 오래된 대회로 세계적으로도 유명하다. 2001년에 이봉주 선수가 이 대회에서 우승하여 한국의 온 국민이 기뻐했던 것을 생각하면 특별히 더 정감을 느끼지 않을 수 없는 대회이다.

보스턴 시내에 살고 있는 나의 미국인 친구 교수가 특별히 우리 가족을 점심에 초대해서 함께 식사를 나눈 후 마라톤 대회에 직접 참석한 또 다른 친구를 격려하기 위해 거리로 나가 보았다. 그동안 조금은 서늘했던 날씨는 오늘따라 매우 화창하여 모두의 기분을 즐겁게 만들었지만 오후 들면서 더워져 마라톤에 참가한 사람들에게는 매우 힘든 하루였을 것이다.

그러나 마라톤을 직접 뛰는 사람이 조금이라도 지쳐 보이면 길거리에 서서 응원하는 수많은 사람들이 박수를 치며 끝까지 뛸 수 있도록 격려하는 모습을 보면서 뛰는 자나 응원하는 자나 모두가 즐기는 축제라 여겨졌다. 햄버거 복장을 하거나 태권도복을 입고 뛰는 사람, 머리에 헬리콥터를 달고 뛰는 사람. 뛰는 것 그 자체는 버겁지만 최대한 즐기려는 사람들의 발상이 모두에게 미소를 선사하는 것 같았다.

보스턴에서 유명한 레드삭스 야구팀도 특별경기를 열어서 하루 종일 보스턴 곳곳에서 다양한 행사로 들썩이는 날이었다. 매사추세츠주의 공휴일에 역사적인 행사 이외에도 야구경기나 마라톤 등의 역사적인 경기를 진행하여 지역적인 축제이자 도시 전체의 축제로 만들어 나간 하루였다.

미국 독립전쟁의 시발점이 된 렉싱턴의 역사는 미국 전체 역사를 보더라도 매우 중요한 역사의 한 페이지를 장식하고 있다. 무엇보다도 먼저 그곳에 거주하는 지역 주민이 자기 지역의 역사를 최대한 활용하여 역사적 의미도 되새기면서 온 주민의 잔치로 만들어 신나게 하루를 보내는 것은 자연스럽게 교육적인 효과를 높이는 데도 의미 있게 보였다.

● 길가에는 보스턴 마라톤 대회에서 열심히 달리고 있는 사람들을 환호하는 응원의 열기가 뜨겁다

● 보스턴 마라톤 주자를 응원하기 위해 나온 아이들과 한 컷

● 미국 독립전쟁 발발 시 중요한 역할을 했던 민병대원의 동상. 매사추세츠 콩코드 노스 브리지에 있다

● 미국 독립전쟁 발발 시 중요한 역할을 했던 민병대원의 동상. 매사추세츠 콩코드 노스 브리지에 있다

6. 보스턴 팝스 오케스트라와 '미국의 비전'

Boston Pops Orchestra and 'Vision of America'

미국은 원주민과 더불어 다양한 국가에서 몰려온 이민자들로 형성된 다민족 국가이다. 따라서 다양한 민족과 문화를 어떻게 융합해 나갈지에 대해서는 끊임없이 고민하면서 새로운 문화를 창출해 나가야 한다. 워낙 다양한 민족이 모여 있으므로 가능한 한 대립을 지양하고 다원성 속에서 통합을 추구하면서 하나의 미국을 창출하기 위해 노력하고 있다.

오케스트라가 연주하는 음악을 통해 애국심이나 국가에 대한 자긍심을 불러일으키는 것이 가능할까? 세계적인 오케스트라가 무슨 곡을 연주한다고 하면 지휘자의 지휘에 맞추어 아름다운 선율을 연출해 내는 것에 집중하게 되므로 눈이나 귀가 즐거울 수는 있지만 자신의 문화에 대해 혹은 국가에 대한 애국심이 넘쳐날 것 같지는 않다.

1885년 창립되어 올해로 127년 역사를 자랑하는 보스턴 심포니 팝스 오케스트라는 '미국의 오케스트라'로 불리는 가장 유명한 악단이다. 연주의 횟수나 실력 등에서 지도자적 역할을 하기 때문일 것이다. 가능한 한 미국 최고의 것을 찾아보려고 노력하고 있는 나는 '미국의 비전'이라는 제목으로 개최되는 연주회에 참가했다.

아담하면서도 우아한 심포니 홀에서는 팝스 오케스트라라는 이름에 걸맞게 대중적인 노래와 선율이 울려 퍼졌다. 그러나 단순히 무대에서 오케스트라의 연주와 특정 가수의 노래만 있는 것이 아니라, 웅장하고 아름다운 그랜드캐니언을 승마로 돌아보는 영상과 더불어 음악을 연주하여 또 다른 세계로 빠져들게 만드는 것이 색다르게 여겨졌다.

음악에 맞추어 분수가 춤을 추도록 설계된 것처럼, 음악과 더불어 다양한 광선이 춤을 추도록 계획되어 다채롭게 예술을 수용할 수 있도록 고안되었다. 이러한 종합예술은 무대에서 오케스트라의 아름다운 선율에만 집중하게 되는 고전적인 연주와는 또 다른 차원의 고민이 있어야 연출 가능한 것이었다.

이뿐만 아니라 미국 전역의 아름다운 모습을 촬영한 영상과 미국을 은근히 돋보이게 하는 방백, 그에 어울리게 창작된 음악과의 조화는 자연스럽게 아름다운 미국, 자부심을 가질 수 있는 미국이라는 인상을 주기에 충분하도록 기획되어 있었다. 영상과 방백 그리고 음악과의 조화 속에서 미국이 추구하는 가치, 그리고 추구해야 할 가치 등을 충분히 녹여 내고 있는 것을 보고 내심 감탄하였다. 게다가 구경만 하는 청중들이 아니라 무대에 있는 합창단과 같이 공연에 참여하여 노래를 부를 수 있도록 하였다. 그 노래는 미국인이면 보편적으로 부를 수 있는 것으로 메들리로 엮어 신나게 합창할 수 있게 하였는데, 노래의 내용은 아름다운 미국에 대한 찬양과 자부심을 드러내는 것이었다.

● 나바호(Najavo) 부족이 사는 모뉴먼트 밸리(Monument valley)의 모습. 보스턴 팝스 오케스트라가 연주하는 동안 미국의 다양한 아름다운 자연경관을 배경으로 삼아서 미국이 문화적으로 얼마나 아름답고 다양한 곳인가를 드러내는 데 집중하였다

'미국의 비전'을 공연하였을 때 많이 활용되었던 그랜드캐니언 모습.
사우스 림(South Rim)에서 촬영한 것이다

　　권위적인 정치체제에서 볼 수 있는 쥐어 짜낸 애국심의 고취나 정권 찬양이 아니라 부드럽고 즐길 수 있는 분위기 속에서 자연스럽게 미국이 얼마나 축복받은 곳인지 또 얼마나 좋은 가치관을 지켜 나가고 있는지를 보여주었다. 공연을 관람한 사람이라면 자연스럽게 그 내용에 공감이 갈 정도로 세련되게 연출되었다.

　　이는 또 다른 차원에서 즐길 수 있었던 뉴욕의 '스파이더 맨' 뮤지컬을 연상케 하였다. 화려한 무대 장치, 움직이는 4차원의 무대에서 연극하는 배우, 화려한 광선, 이와 절묘하게 어우러지는 음악, 게다가 실제로 스파이더맨이 하늘을 날아다니는 것처럼 고안한 각종 장치를 보면서 그야말로 첨단기술을 동원하여 아름답게 조화를 이룬 것이 한 편의 드라마를 보는 것처럼 정교하였다.

　　시간이 어떻게 흐르는지 모르게 빠르게 전개되는 스토리를 따라가다 보면 어느새 2시간이 지나가 버린다. 이런 것을 한번 감상하고 나면 화려함과 다채로움에 다시 관람하고 싶은 욕구가 들도록 만드는 것이 또 다른 측면에서 고차원의 자본주의일지도 모른다.

　　사람으로 하여금 돈을 쓰게 만들지만 그 돈이 아깝지 않다는 생각이 들도록 정교하게 준비되어 있을 뿐만 아니라 다음에는 어떠한 것이 기획될지 궁금해지도록 만들기도 한다. 문화적인 소비욕구를 자극하게 만드는 것이다.

　　소비자에게는 거침없이 지갑을 열어 문화적 소비를 하도록 자극을 주고 창작자에게는 밤을 새워서라도 끊임없이 소비자가 좋아하고 즐길 만한 새로운 것을 만들어 내도록 지원하고 독려하는 것이다.

　　'스파이더 맨' 같은 뮤지컬이든 보스턴 팝스 오케스트라의 공연

● 뉴욕 브로드웨이 극장에서 공연한 '스파이더 맨'

이든 이것이 무대에 올려지기까지는 수많은 사람들의 노고가 필요하다. 그 노고는 분명히 새로운 것을 창조케 만들어서 새로운 음악과 영상 그리고 다차원의 과학기술이 동원되었다. 과학과 인문 그리고 예술이 종합적으로 어우러져야 하므로 끊임없이 창작 의욕을 불러일으켜 문화 예술인들이 대우받을 수 있는 환경을 조성하고 있었다.

미국은 청바지 문화, 패스트 문화가 대변하듯이 편하고 빠르고 값싸 보이는 문화가 눈에 많이 띄지만 그 이면에는 인간의 창조성을 한껏 불러일으켜 새로운 문화를 창조해 나가는 데 혈안이 되어 있다.

자연스럽게 미국을 사랑하고 미국 문화를 즐길 수 있도록 설계된 무대 예술을 접하면서 과거에는 별로 생각지 못했던 미국의 문화적 힘이 느껴졌다.

7. 건축물로 찾는 유럽 문화
European Culture Reflected in American Architecture

● 뉴포트에 있는 마블 하우스 표지판. 1892년에
건축된 것을 명시하고 있다

미국에 문화가 있을까? 유럽과 비교하여 상대적으로 역사가 짧은 미국은 서양의 전통적인 문화를 간직하고 있다기보다는 다양한 문화가 모여 새로운 현대 문화가 창출된다고 생각할 것이다.

하지만 유럽에서 관광지로 유명하게 된 화려한 궁전에서나 볼 수 있는 다양한 역사적 유산들은 일반적으로 미국의 박물관에서 만날 수 있다. 소위 유명한 화가와 장인들 작품의 상당수는 미국의 대표적인 박물관에 소장되어 있다. 그러나 그것만이 미국이 유럽 문화를 보존하고 발양하는 통로는 아니다. 소위 경제적으로 성공한 사람들이 지은 대저택의 각 방에서 각종 문화

● 브리커스 저택의 외관

가 살아 꿈틀거리는 것을 만나면 새삼스레 경이롭게 여겨질 것이다.

매사추세츠 주에서 멀지 않은 로드아일랜드 주에 뉴포트라는 곳이 있다. 아름다운 항구를 둘러싸고 거대한 여름별장이 늘어선 곳으로 유명한데, 바다를 낀 천혜의 자연조건에 어울리게 언덕 위에 각종 모양의 그림 같은 저택이 많이 있다. 그곳에서 일상생활을 영위하는 사람도 있지만 여름에만 사용하는 별장도 많이 있다.

이러한 별장 중 가장 크고 유명한 브리커스(The Breakers)는 19세기 미국 밴더빌트(Vanderbilt) 가의 사회적·경제적 권력의 상징이다. 밴더빌트 가의 부는 기선과 철도사업으로 축적되었다.

● 일명 여름별장이라 불리는 브리커스의 그레이트 홀 전경

● 메도우 브룩 저택의 전경

70개의 방이 있는 이 저택은 이태리 르네상스 스타일로 건축하였는데, 다국적 예술가들의 노력에 의해 완성되었다. 화려한 별장에서는 다양한 형태로 수많은 파티가 개최되었고 케네디 전 미국 대통령도 이곳에서 열리는 파티에 참석했다고 한다.

유럽에서 미국으로 이민 온 사람들은 돈을 벌면 거대한 저택을 지어 과거 유럽 문화를 다양한 형태로 복제하여 자기 집 안에서 감상하였다. 유럽의 건축물을 실제로 해체하여 옮겨 오는 경우도 있고 필요한 장식만을 주문 제작하여 운수해 오기도 하였다. 천장은 바람에 날리는 듯한 하늘을 묘사하여 그려 넣고 야외의 뜰은 16세기의 대저택을 모델로 삼아 설계하였다.

비록 과거에 유럽에서 찬란하게 꽃피웠던 문화를 모방한 것이기는 하지만 그대로 베낀 것은 아니다. 유럽의 풍격을 따르면서도 예술가들을 동원하여 자신만의 색채를 새롭게 창조하도록 하였다. 따라서 모든 가구나 벽지 등이 특정 저택에 맞게 설계되고 고안되어 장식되었기 때문에 방 하나하나가 문화적으로 보존 가치가 있는 예술품들로 가득 차 있다.

18세기 프랑스식 내부 디자인의 신고전주의 스타일을 표현한 방도 있고, 영국식, 스페인식, 이태리식 등 방마다 다른 분위기와 색채를 가미하여 꾸며 놓기도 하였다. 로코코, 바로크 양식 등을 활용한 것도 있지만 극도의 사치와 멋을 부린 양식을 피해 가능하면 단순미를 강조한 양식까지 다채로운 양식을 한꺼번에 감상할 수 있는 기회를 제공하였다.

미국에서 네 번째로 큰 문화재 저택은 미시건 주 로체스터 힐 부

근에 110개의 방이 있는 '메도우 브룩(Meadow Brook)'이다. 자동차 닷지(Dodge)회사의 미망인이 지은 저택으로 뉴포트의 여름별장과는 달리 계속 생활했던 곳이어서 집 안의 장식 등이 우아하면서도 차분한 느낌을 주었다.

집 안 전체에 울려 퍼질 수 있는 거대한 파이프 오르간이 연주될 수 있게 설계된 것은 기본이고 세계 각국에서 여행을 통해 모아들인 진귀한 문화 예술품이 구석구석 전시되어 있어 전체적인 느낌이 소품의 내용들을 포함하여 건축을 설계한 듯이 절묘하게 조화를 이루고 있었다.

미국의 대저택을 방문하는 것은 유럽의 다양한 문화가 일상생활 속에서 어떻게 활용되고 소비되었는지를 공부하기에 더없이 좋은 조건을 제공한다. 이러한 저택은 여름별장이 많은 뉴포트뿐만 아니라 미국 곳곳에 남겨져 있다는 점에서 그들이 보존하고 또 새롭게 창출한 문화의 정도를 가늠해 볼 수 있겠다.

이러한 저택이 남겨져서 일반인들에게 공개될 수 있는 이유는 후손들이 경제적 여유가 없기 때문이다. 거대한 저택을 유지하기 위해서는 일상 경비가 수없이 지출되어야 하는데 현대 생활을 하는 후손

● 메도우 브룩의 안내문

들이 웬만한 부를 창출하지 않고서는 집을 유지하는 것조차 힘들기 때문이다. 또한 소유자가 유언 등을 통해 사회에 기부하는 것을 동의했기 때문이기도 하다. 무엇보다 중요한 것은 역사 문화적 가치를 소중하게 여긴 단체들이 이런 문화를 원형대로 보존하고 유지하기 위해 힘쓴 덕분이다.

수많은 세월이 지나면서 벽지 등이 상하기도 하지만 보존과학기술을 통해 원래의 상태로 보존하기 위해 안간힘을 쏟고 있다. 단순히 깨끗한 새로운 벽지로 교체하면 간단한 일인 것처럼 보이지만 그 당시 예술가가 남긴 문양과 색채를 보존하기 위해 할 수 있는 모든 노력을 하고 있는 것이다. 여기에서 그들은 왜 돈과 시간을 더 많이 들이면서도 옛것을 보존하려고 하는지 생각해 볼 여지가 있다.

미국의 대저택을 통해 확인해 볼 수 있는 것은 다양한 시대를 넘나드는 유럽의 문화를 재해석할 수 있을 뿐만 아니라 새로운 미국 문화 창출에도 기여하고 있다는 점이다. 다양한 시간과 공간의 문화를 한 저택에 담아 단순한 저택의 의미를 넘어 새로운 문화를 창출하는 매개체로서 역할을 하고 있는 점에 유의할 필요가 있다.

8. LA와 샌프란시스코의 창조적 역발상

Creative Inverse Concepts of LA and San Francisco

요즘 창조적 발상이 중요하다는 말을 많이 한다. 그러나 무엇을 어떻게 하는 것이 창조적 발상인지에 대해 구체적으로 제시도 못 한 채 창조성만 강조된다. 창조적인 발상을 할 수 있는 어떠한 장치도 교육도 환경도 충분히 준비되어 있지 않지만 필요에 따라 창조적인 생각을 강요당하기도 한다.

잘 알고 있는 바와 같이 미국 주요 대도시는 낮에는 일하는 인파로 북적거리지만 퇴근 이후에는 사람들이 썰물처럼 도심 외곽으로 빠져나가 버리고 도심에는 형편이 어려운 사람이 사는 경우가 많다. 물론 어느 도시냐에 따라서도 차이가 있고 또 도심 어느 지역이냐에 따라서도 상당한 차이가 있어서 일반화하여 설명하기에는 한계가 있을 것이다.

● 샌프란시스코 심포니 홀 내부 전경

● 샌프란시스코 심포니 홀에서 내려다본 샌프란시스코 시청 전경

한국인이 많이 모여 있는 로스앤젤레스(Los Angeles)도 한때는 도심의 주택가가 거의 버려져 창고로 사용될 정도로 황폐했던 시기가 있었다. 그러나 창조적 발상이 새롭게 전문 인력들을 도심으로 끌어들이는 계기를 만들고 있는 것 같다.

우리는 일반적으로 집에 대한 고정관념이 있다. 아파트는 어떠해야 하고, 개인 주택은 어떠해야 하고 등등 각기 갖고 있는 여러 가지 생각이 있다. 가끔은 단조로운 일상생활에서 벗어나기 위해 유명한 휴양지를 찾아 새로운 삶을 찾아보기도 한다.

뭔가 멋들어지고 여유로운 것은 휴양지에 가서야 만날 수 있고 도시에 있는 집은 휴양지와는 다른 모습을 가진 경우가 대부분이다. 그러나 도심에 있는 아파트를 휴양지처럼 꾸밀 수 있을까? 도심의 부동산 가격 등을 생각하면 조금이라도 효과적이고 경제적인 집을 지어야지 휴양지처럼 뭔가 여유롭게 집을 짓는다는 것은 낭비처럼 생각되기 때문에 일반적으로는 상상하기 쉽지 않다.

하지만 로스앤젤레스 도심에 건설된 아파트를 보고 나는 생각을 달리하게 되었다. 외관만 보면 일반 아파트보다 좀 더 깔끔한 정도로 보이지만 아파트에 들어서면 세계적으로 유명한 휴양지의 고급 호텔에 들어선 느낌이다. 호텔같이 긴 복도로 연결되어 있으면서 젊은 도시적 감각을 담은 세련된 디자인은 나도 이런 곳에 살고 싶다는 생각을 하게 만들었다.

아파트 단지마다 갖춘 깔끔한 수영장과 온천탕은 거주자의 건강을 고려한 것이겠지만 도서관, 농구장, 회의실, 손님방, 헬스클럽장 등의 규모나 시설을 보면 흉내나 생색을 낸 정도가 아니라 상당한 수

준의 호텔 같은 느낌을 주었다. 고도의 기술을 동원한 디자인이 곁들여져 쓸모없이 보이는 공간도 안락한 휴식처로 변모시켜서 그 안에 있으면 완전히 새로운 세상에 들어온 것 같은 느낌을 주었다. 공간마다 다른 느낌을 주면서도 전체적인 통일성도 있는 세련된 곳이어서 내가 어디에 있는지가 헷갈릴 정도였다.

나는 샌프란시스코를 방문하였을 때 세계적인 명성이 있는 샌프란시스코 필하모니 오케스트라 연주를 꼭 듣고 싶었다. 샌프란시스코 필하모니 오케스트라는 가족 음악회라는 이름으로 연주회를 개최하여 아이들도 참석할 수 있는 가족 잔치를 마련하였다. 지휘자가 먼저 음악역사에서 중요한 음악을 잠시 소개한 후 그 음악을 연주하는 형태를 취하였다. 음악의 역사는 '음악가들의 미친 발상이 만든 역사'라고 소개하면서 어떻게 시대마다 음악의 색채가 달라지고 새로운 시도가 있어왔는지에 대해서 설명하였다. 베토벤의 운명교향곡이 당시에는 얼마나 새로운 시도였는지에 대해서도 설명한 후 연주하였는데, 순간 눈물이 솟구쳐 나올 정도로 감동적이었다.

마지막으로 지휘자가 시도한 것은 처음으로 연주되는 새로운 곡이었다. 그 곡은 컴퓨터 음향까지 동원하여 연주한 것으로 새로운 시대에 맞는 또 하나의 미친 발상이었는지도 모른다. 지휘자는 음악에 따라 춤을 추고 싶은 사람은 춤을 추고 단순하게 반복되는 음은 따라 할 수도 있으며 신이 나면 언제든지 박수도 치게 하였다. 청중들은 지휘자가 춤을 추라고 해서 추는 것이 아니라 음악을 듣고 있다 보면 어느새 어깨도 들썩들썩하게 되고 벌떡 일어나서 춤을 추면서 신나게 박수도 치게 되었다.

무대와 청중이 같이 어우러져 즐기는 모습은 전통적인 고전 음악 연주 및 분위기와는 너무도 대조되는 것이었다. 처음 연주되는 곡이어서 곡 자체를 아는 사람은 없었겠지만 새로운 발상과 시도에 모두들 신이 나서 그 시간을 즐길 수 있었다.

어쩌면 창조적 발상은 이러한 것일지도 모른다. 새로운 아이디어가 있다면 그것을 시도할 수 있게 환경을 조성하고 그것을 실현할 수 있도록 적극적으로 격려하는 것이 중요할 것이다. 과거의 생각에 매어 있고 그것이 사회적으로 환경적으로 강요된다면 어떠한 시도도 해내기 어려울 것이다.

미국이 세계를 주도하는 데는 새로운 발상 자체가 사회적으로 무시되지 않고 시도해 볼 수 있는 공간과 여지가 있기 때문일지도 모른다. 수많은 구속과 속박으로 새로운 생각을 시도해 보지 못하는 분위기만 바뀌어도 솟구쳐 오르는 인간의 창조성이 다채롭게 개발될 수 있을 것이다.

창조적 역발상과 그를 실현해 보는 용기 그리고 이러한 시도를 받아들이는 사회적 분위기가 있다면 삶은 지금보다도 훨씬 무지갯빛이 될지도 모른다.

9. 브레인 파워와 디즈니랜드의 과학
Brain Power and Science of Disneyland

이 세상에 아이들이 생각하는 천국이 있다면 디즈니랜드일 것이다. 동화 속의 아름다운 세계가 내 손안에 잡힐 뿐만 아니라 각종 최첨단 놀이기구까지 곁들여 있어서 하루 종일 부지런히 다니면서 놀아도 다 놀기 어려울 정도이기 때문이다.

월트 디즈니가 만든 동화 속의 세계는 색채와 과학을 곁들인 아름다움을 선사해서 어린이뿐만 아니라 어른들도 좋아하는 사람이 많이 있다. 일상에서 벗어나 동화 속의 세계로 들어간 듯한 느낌은 잠시라도 현실을 잊는 데 도움이 되기 때문일지도 모른다.

디즈니랜드는 항상 동화나 놀이동산에 머물러 있는 것은 아니다. 플로리다 올랜도에 있는 디즈니랜드는 테마파크만 해도 여러 개인데다 워터 파크도 몇 개나 되어 이런 곳을 좋아하는 사람은 며칠씩 시간을 내어 즐기는 곳이기도 하다.

● 올랜도 디즈니월드 에프코트(Epcot)에 있는 시설 전체지도. 호수 주변에는 각국을 대표하는 문화재 건축물에 그 나라를 소거하고 즐길 수 있도록 배치 되어 있다

● 올랜도 디즈니월드 에프코트(Epcot) 센터의 심볼 전경

에프코트(Epcot)이라고 이름하는 곳은 주로 지구와 미래 세계에 초점을 맞춘 곳이다. 과학에 관심 있는 우리 아이들에게 어떻게 지구와 미래 세계가 표현되었는지 보고 느끼게 하기 위해 이곳을 선택해 보았다. 개인적으로 도쿄의 디즈니랜드나 로스앤젤레스의 유니버설 스튜디오 등을 가 본 경험이 있어서 아름다운 동화 속보다는 좀 더 과학적인 것이 많은 곳을 가서 무엇이 어떻게 다른지 비교해 보고 싶기도 했기 때문이다.

이곳을 돌아본 후 나는 놀이를 통해 효과적으로 교육을 시키는 것이 무엇인지 다시 생각해 보게 되었다. 내가 보기에도 그 내용이 상당히 교육적이었다. 인류의 각종 에너지는 고갈되어도 영원히 고갈되지 않는 것이 있다면 '브레인 파워'라고 하면서 인간의 생각하는 힘이 얼마나 중요한지 강조하였다. 또 인간의 생각이 끊임없이 새로운 에너지를 생성하는 것에 대해서도 설명하였다.

● 에프코트 내 과학 놀이 전
시장은 다양하게 게임을
즐기면서 과학을 이해할
수 있도록 하였다

● 에프코트 내 자동차 경주
시뮬레이션 기계를 통해
속도의 위력을 경험할 수
있다

이러한 것을 딱딱하게 설명만 한다면 아이들이 관심 있게 보지 않을 수도 있다. 그러나 각종 첨단 과학을 동원하여 화면 구성에 다양성을 줄 뿐만 아니라 단순하게 화면에서 나오는 내용을 보는 것을 넘어 이야기 전개와 더불어 같이 밀림 여행을 하면서 잠시나마 에너지를 느끼게 만들었다. 나는 그 자리에 가만히 앉아 있지만 내부의 화면구성이 고정된 것이 아니어서 전후좌우로 내용이 넘나들다가 좌석이 움직이기 시작하면 밀림 여행이 전개되는 것이다. 정말로 밀림처럼 구성되어 있는 여행을 마칠 즈음이면 인간의 생각하는 힘이 얼마나 중요한 것인가를 느끼게 해 준다.

'거북이 이야기'를 하는 곳에서는 정말로 거북이가 사람들과 이야기를 한다. 물론 진짜 살아 있는 거북이가 말하는 것이 아니라 만화로 그려진 거북이가 춤을 추면서 화면을 통해 사람들과 이야기를 나누는 것이다.

일반적으로는 동영상 만화를 만들어 방송하는 것으로 생각할 수 있지만 그 동영상 만화에 나오는 거북이는 그곳에서 관람하고 있는 사람들과 직접적으로 대화하기 때문에 첨단 과학기술의 신비를 느끼게 된다. 예를 들어 그 시간 그 장소에서 관람하는 사람에게 직접 질문을 받고 그 질문에 대답을 해 주기도 하여서 실질적인 사람들이 화면에 있는 거북이와 대화를 하는 형태를 취한다.

그 대화가 화면을 통해 이루어지는데, 화면의 거북이와 그것을 바라보는 사람이 직접 대화한다는 점에서 모든 사람들이 신기해하며 그 이야기를 즐기게 된다. 과학 기술이 얼마나 빠르고 정교하게 발전하고 있는가를 볼 수 있었다.

우주왕복선으로 화성을 다녀오게 하는 기구를 탑승하는 곳은 항상 사람들로 북적거린다. 우주왕복선을 타기 위한 기본적인 교육을 받은 후 탑승하면 각자에게 역할이 주어지고 상황에 맞게 각자가 임무를 수행해야 한다. 물론 간단하게 버튼을 누르는 것이지만 시의적절하게 자기의 역할을 해야 하기 때문에 긴장하게 된다.

거대한 기구에 오르면 실제로 우주왕복선이 발사되는 것 같은 카운트다운과 더불어 하늘로 발사되는데, 우주선을 타면 어떤 기분이 드는지에 대해서 느껴 볼 수 있었다. 탑승 후 각종 장치나 움직임 때문에 어지러움이 느껴지기도 하지만 하늘 높이 날아오르면서 펼쳐지는 아름다운 별들의 잔치를 보면 탄성이 절로 나온다. 화성에 안전하게 도착하기 위해서는 착륙준비를 해야 하는데, 예기치 않은 사고가 발생하기도 하기 때문에 최종적으로 착륙이 확인되기까지는 가슴을 졸이게 된다.

이곳은 자유롭게 놀면서도 아이들이 첨단 과학에 관심을 갖게 만들었을 뿐만 아니라 어떤 원리로 저런 것을 만들었을까 하는 것이 궁금해지기도 하여서 아이들에게 호기심을 유발시키는 데도 도움이 되었다.

실컷 놀기만 했는데, 과학공부도 되고 수학공부도 되고 영어, 국어, 역사 공부도 되는 것이 있다면 학생들의 삶이 훨씬 자유롭고 즐거울 텐데. 놀아도 공부되는 것은 없을까? 그런 시대를 앞당기기 위해서는 역시 인간의 '생각하는 힘'에 기대어야 할 것이다.

하버드 스케치

Harvard Overview

1. 하버드 야드 점령 시위

The Harvard Yard Occupy Movement

하버드 대학의 메모리얼 홀(Memorial hall)은 특별 기념식이나 대규모 강의가 이루어지는 곳이다. 아름답고 웅장한 장식의 메모리얼 홀은 하버드 대학 중심에 위치하면서 건물 자체로도 상징적인 역할을 하는 곳이어서 관광객이 길을 찾아가는 표지로도 유용하게 활용하고 있다.

이곳에서 개최되는 마이클 샌델(Michael J. Sandel)교수의 '정의란 무엇인가'라는 강의는 어려운 철학을 강의하면서도 대형 강의가 이루어질 정도로 인기가 있다. 이 강의는 한국에서도 교육방송을 통해 방영되어 한국인에게도 익숙할 것이다. '정의란 무엇인가' 강의가 방영되고 또 책으로 출판되면서 한국의 각계각층에서 새삼스럽게 과연 정의가 무엇인지에 대해 고민해 보는 분위기가 형성되기도 하였다.

철학적 정의로서의 정의는 시대에 따라 조금씩 차이가 있었다. 아리스토텔레스가 말하는 정의, 임마누엘 칸트의 정의, 존 롤스의 정의 등 각기 모두 정의를 외치지만 정의의 무늬와 색채는 조금씩 달랐다.

정의가 공리나 행복을 극대화하는 것인지, 즉 최대 다수의 최대 행복을 추구하는 것인지 아니면 선택의 자유를 존중하는 것인지 그것도 아니면 미덕을 키우고 공동선을 고민하는 것인지, 혹은 마이클 샌델처럼 좋은 삶의 의미를 함께 고민하고 사회 속에서 자연스럽게 생기기 마련인 이견을 기꺼이 받아들이는 문화를 만드는 것인지. 이 시대의 정의는 과연 무엇일까?

최근 하버드 대학에서 강의로서의 정의의 외침이 아니라 실질적인 행동으로서의 정의를 구하는 외침이 터져 나오기 시작했다.

● 하버드 동상 앞에 늘어선 '하버드 야드 점령' 시위대 텐트

● 1%를 위한 하버드가 아니라 99%를 위한 하버드를 염원하는 피켓이 텐트 앞에 놓여 있다

지난주부터 하버드 야드를 '점령'하고 정의를 부르짖는 행동이 구체화되었다.

하버드 대학의 관리원들은 하버드 야드를 통과하는 사람들의 동향을 살피느라 정신이 없다. 아마도 그들은 한편으로는 하버드인들의 '점령' 시위를 '보호'하면서 또 다른 한편으로는 하버드에서 정의의 외침이 터져 나오는 것에 대해 외부인들이 아는 것을 막기 위해 자유롭게 통과하던 하버드 야드를 철저히 통제하고 있는지도 모른다. 어느 누구도 하버드 구성원이라는 것을 증명하지 못하면 하버드 야드를 통과할 수 없도록 통제하고 있다.

나는 내가 하버드 구성원임을 증명하기 전에 무슨 일이 있는데 갑자기 이런 식의 통제를 하느냐고 질문해 보아도 그에 대한 대답은 하지 않은 채 하버드 구성원이라는 증명을 요구당할 뿐이었다.

하버드 대학은 입학만 하면 모든 것이 보장될 것 같고, 또 미래를 보장받을 만한 능력이 있는 사람들이 많이 들어오기 때문에 나름대로 귀족적인 대학으로 유명한 곳이다. 이러한 대학에서 정의를 외치는 '점령' 시위가 계속되고 있다. 그들은 하버드가 1%를 위한 대학이 아니라 99%를 위한 대학이기를 원하고 있다. 또한 하버드 대학의 점령 시위가 다른 고등교육기관에도 영향을 미치기를 원하고 있다.

이들은 하버드 대학에서 발생하고 있는 수많은 비정의를 개선하자고 주장하는데, 대략 다음과 같은 것들이다. 우선 180:1 비율의 격차가 나는 노동자의 임금 구조를 문제 삼고 있다. 또한 하버드 노동자의 비효율적인 배분 문제나 하버드가 사적으로 투자하는 호텔이나 리조트의 문제, 비노동조합 이민 노동자의 노동력 착취 문제, 그

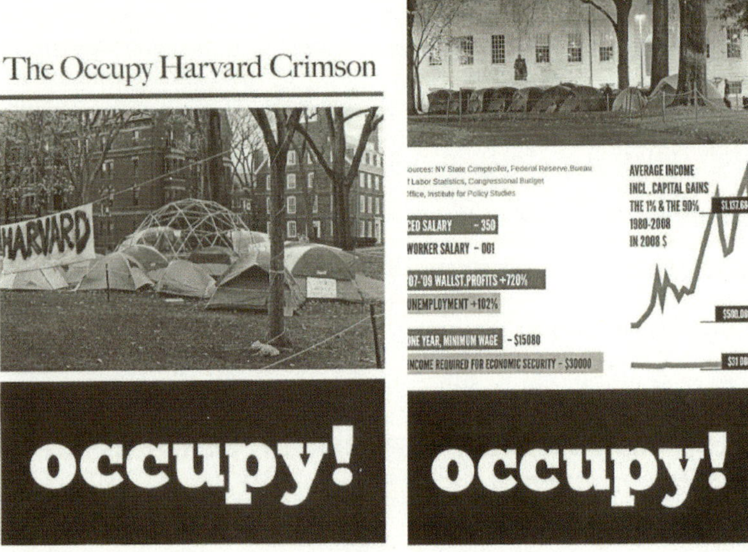

● 'Occupy Harvard'에서 공식적으로 제작하여 배포한 유인물

리고 학생이나 구성원들로부터 나오는 목소리를 배제하고 재정적 투명성이 없는 등의 문제를 제기하고 있다.

이들은 하버드 대학에서 벌어지고 있는 각종 비정의를 개선시킬 것을 요청할 뿐만 아니라 보스턴 지역에서 이루어지고 있는 '점령' 시위도 강력하게 지지하고 있다. 하버드 대학뿐만 아니라 다른 대학 학생들이 재정적 빚에 허덕이는 경제적 부담이나 비효율적인 재정운용을 개선할 것을 요구하고 있다. 이들은 보스턴이나 그 외 미국 지역에서 이루어지고 있는 공평성을 요구하는 외침을 강력히 지지하면서 '99%를 위한 하버드가 되기를 주장'하고 있다.

하버드 '점령' 시위대는 하버드의 99%를 위해 효과적인 노동 개선이 이루어져야 하고 재정 투명성이 보장되어야 하며, 감추어진 하버드의 투자상, 즉 떳떳하지 못한 투자상을 밝혀야 한다고 주장하고 있다. 또한 99%의 재정적 빚에 허덕이는 학생들의 짐을 덜어 주어야 하고 하버드의 학생과 교수들의 다양성이 더욱 확보되어야 한다고 주장하고 있다. 그리고 하버드가 학문적으로도 다양한 기회를 제공하여 사회 경제적 불균형을 개선하고 하버드 입학 절차에서 특권을 누렸던 유산들을 종식시켜야 한다고 주장하고 있다. 관례적으로 이어져 내려오던 하버드의 잘못된 유산을 청산하여 하버드 내의 1%를 위해 99%가 존재하는 것이 아니라 하버드의 99%가 자유로움을 누릴 수 있게 하기 위해 비정의와 비효율이 개선되어야 한다고 요구하고 있다.

미국의 '점령' 시위는 뉴욕의 '월스트리트 점령' 이래로 전국적으로 확산되고 있다. 이러한 시위는 단순히 직업을 갖지 못한 실업자의 외침에 그치지 않고 좀 더 나은 미국을 위해, 좀 더 나은 하버드를 만들기 위해 노력하는 몸부림의 일부가 되었다. 비정의가 활개치던 곳에서 정의가 숨 쉬는 곳으로 바뀌어 나가기를 원하는 것이다.

'점령' 시위 그 자체가 문제를 해결하지는 못하겠지만 그동안 1%의 기득권이 모든 부와 권한을 잠식하던 것에서 99%를 배려하는 사회로 변화시켜 나가는 반성의 기회로 삼거나 쌓인 현안을 슬기롭게 풀어 나가는 데 도움이 되는 새로운 정책을 구상하는 계기로 나간다면, 이 시위는 미국을 변화시켜 나가는 데 도움이 될 것이다.

사회 전체적으로 보면 1%의 기득권 안에서 안주하고 있을 것 같은 하버드에서 깨어 있는 지성이 모여 99%를 위한 생산적인 움직임

● 하버드 야드 점령 시위 텐트

● 99%를 위한 하버드를 만들고 싶은 시위대의 염원이 담겨 있다

이 있어야 한다고 주장하는 하버드 야드의 '점령' 시위는 현재 평화적으로 이루어지고 있다. '우리는 정의를 원한다'고 주장하는 하버드 야드의 '점령'이 375세를 맞이한 하버드 대학을 변화시키고 더 나아가 미국을 변화시키는 역사적 기점이 될 수 있기를 기원해 본다.

2. '진실' 다큐멘터리와 하버드

Documentary of 'VERITAS' and Harvard

하버드 대학에 대해 다양한 측면에서 성찰이 요구되고 있다. 하버드 야드의 '점령' 시위는 여전히 계속되고 있다. '점령' 시위를 주도하는 학생들은 하버드 측이 하버드 구성원 이외에 하버드 야드를 자유롭게 드나들지 못하도록 철저하게 통제하는 것을 두고 'ID Gate'라 부르며 캠브리지 지역 주민들과 더불어 문제 해결을 위해 노력하고 있다. 'ID Gate'는 하버드 야드의 문(Gate)을 통과할 때 하버드 구성원임을 증명(ID)하도록 요구된 것을 빗대어 만든 말이다.

하버드 야드를 드나들 때마다 예외 없이 하버드 구성원임을 입증토록 하는 것은 하버드 구성원들에게도 매우 번거롭고 불편할 뿐만 아니라 하버드 야드를 자유롭게 드나들던 주민들에게도 불편을 야기하는 문제인 것은 확실하다. 이런 상황임에도 불구하고 하버드 구성원이 아닌 고급 공무원이 하버드 야드에 나타나는 것에 대해 야유가 터져 나오기도 한다.

● 하버드 대학 어디에서나 쉽게 볼 수 있는 VERITAS 문구. 대학 졸업식을 앞두고 장식을 걸어둔 것이다

　'점령' 시위를 주도하고 있는 학생들은 수백 년의 하버드 역사 속에서 하버드 야드를 철저히 통제하여 외부와의 단절을 시도한 적은 없다고 강력하게 학교 측을 비난하고 있다. 학생들은 하버드 야드에 텐트를 치고 활동을 유지하고 있는데, 학교 측은 과거처럼 무력 진압을 하여 불필요한 불상사가 나면 오히려 외부로부터 주목을 받고 더 압박을 받게 되므로 추세를 관망하고 있는 상태이다.

　하버드가 특권 계층의 대학이 아니라 전체를 위한 대학이 되어야 한다는 성찰과 더불어 고등교육이 지향해야 할 바가 무엇인지에 대한 화두를 던져 주는 또 다른 목소리가 터져 나왔다. 그것이 바로 하버드를 겨냥해 다큐멘터리로 제작한 〈VERITA$〉의 상영과 토론이다. VERITA$에 '$'를 넣은 것은 하버드와 돈의 관계를 말하고 싶은 의도일 것이다.

'VERITAS'는 라틴어로 진리, 진실을 뜻하는데 하버드 대학의 상징으로 하버드 대학 건물 곳곳에서 쉽게 찾을 수 있는 글자이다. 하버드 대학이 진리와 진실을 추구하는 상아탑이라는 점에서 하버드는 학문의 자유와 진실 추구에 대한 열정이 있어야 한다. 그러나 하버드의 실상은 과연 어떠한가?

미국 동부지역 핵심 관광지 중의 하나는 하버드 대학일 것이다. 사시사철 분주하지만 특히 여름방학이면 아침 일찍부터 한국뿐만 아니라 중국 관광객 그리고 여러 지역에서 온 세계 관광객까지 끊임없이 밀려드는데, 그들 모두가 반드시 가는 곳이 있다면 하버드 야드 한쪽에 앉아 있는 하버드 동상이다.

● 1636년에 설립된 것을 명시한 하버드 대학 티셔츠

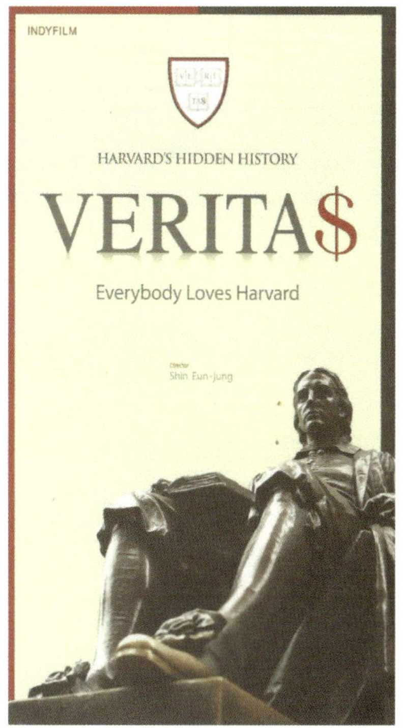

● 하버드대학의 문제점을 지적한 '베리타스 〈VERITA$〉'의 다큐멘터리 안내 책자

● 졸업식을 앞두고 다양한 하버드 깃발로 단장된 하버드 야드 모습

하버드 동상은 왼쪽 발만 금색으로 빛나는데 이 발을 만지면 하버드 대학에 진학할 수 있다는 속설 때문에 관광객은 앞다투어 그의 발을 만진다. 특히 자식을 하버드 대학에 진학시키려 하거나 아니면 자신이 대학 입학을 희망하는 학생은 몇 번이라도 하버드의 발을 만지면서 기원을 한다. 이렇듯 모든 사람이 하버드를 사랑한다.

하버드 대학은 미국에서 설립된 최초의 대학으로 현 오바마 대통령을 포함하여 8명의 미국 대통령을 배출했을 뿐만 아니라 반기문 유엔사무총장 및 멕시코 대통령 등 유엔을 비롯하여 세계 여러 정치가들이 하버드 대학과 관련이 있어서 하버드 대학은 단순히 미국을 움직일 뿐만 아니라 세계를 움직인다고 해도 과언이 아니다.

　　미국 정치에서 하버드 출신은 역대 대통령 내각에 많이 포진되지만 특히 하버드 출신 대통령이 백악관에 들어가면 하버드 출신 요인은 각계에서 힘을 발휘하게 된다. 이들이 제안하거나 주도했던 수많은 정책들이 세계사적으로 재앙을 남긴 경우가 많다. 수많은 전쟁도 마찬가지이지만 미국에서 추진하고 있는 다양한 정책이 모두 의미 있는 결론을 내는 것은 아니다.

　　그럼에도 불구하고 이 정책을 추진했던 사람들 누구도 그 결과에 대해서 책임을 지는 경우는 없다. 그들은 한때 최고 권력을 휘두르며 온갖 국내외 정책을 폈지만 그 결과는 국민이 또 세계가 책임을 져야 할 뿐이다.

　　제2차 세계대전 이후에는 하버드 대학 내에서 각종 지역학 연구

● 하버드 야드 주변에 있는 학생 식당 전경

가 활성화되었는데, 지역학 연구는 CIA 등과 밀접하게 관련을 가지며 유지·발전되어 왔다. 지역학 연구를 통해 세계 유수한 인재를 끌어들여 하버드의 연결망을 구축하게 되므로 결과적으로 하버드 대학의 지역학 연구소는 미국 국익을 위해 세계적 인적 네트워크를 만드는 데 힘을 다하고 있는 셈이다.

하버드 출신은 권력만을 좇는 것은 아니다. 이에 따른 돈도 무시할 수 없다. 260억 달러의 기부금은 그 안을 들여다보면 하나의 작은 국가라 해도 과언이 아니다. 하버드는 세계적으로도 교황청, 빌게이츠 재단에 이어 3번째로 돈이 많은 비영리조직이다. 의회 로비스트들, 대학 기부금을 운용하는 금융기관 그리고 펀드매니저 등 알게 모르게 하버드와 연관되어 있다.

예일 대학을 거울삼아 하버드 대학도 대학 기부금을 헤지펀드 등에 투자하면서 거액의 수익금을 창출하였고, 수익금을 창출한 펀드매니저들의 보너스도 기하급수적으로 상승하였다. 그러나 2008년 미국 금융위기 때는 하버드 대학 기부금의 30%를 상실하게 되었는데, 이에 대한 책임은 누가 지는가?

투자한 펀드가 이익을 창출하면 펀드매니저들은 고액의 보너스를 받지만 그 반대인 마이너스 경우에 대해서는 누구도 책임을 지지 않는다. 단지 전반적인 미국 경제 위기로 모든 것을 덮어 버리기 때문에 하버드 재정상 나타난 문제에 대해서도 모든 사람이 자유롭다.

"하버드 대학은 면세혜택을 누리기 위해 강의를 지속할 뿐 본질은 거대 금융 주식회사이자 부동산 투자회사이다." "하버드 대학은 대학이라기보다 기업에 가깝고 지적 자유를 누리는 상아탑이라기보

Unforgettable statements of Harvard leaders :

"When I think of the British Empire as our inheritance I think simply of the natural right of succession. That ultimate succession is inevitable."
Edwin F. Gay | First Dean of Harvard Business School

"...the most desirable target would be a vital war plant employing a large number of workers and closely surrounded by workers' houses."
James B. Conant | Harvard President (1933-1953), suggesting a target for the nuclear bombs for Japan

"A university which does not try to develop a maximal degree to interest, cooperation and understanding between its staff members and those of the National Defense forces is not doing its full job."
McGeorge Bundy | Dean of the Faculty at Harvard

"...the area study programs developed in American universities in the years after the war were manned, directed or stimulated by graduates of the OSS."
McGeorge Bundy | Dean of the Faculty at Harvard

"democracy...can very easily become a threat to itself in the United States. Political authority is never strong here, and it is particularly weak during a period of intense commitment to democratic and egalitarian ideals."
Samuel P. Huntington | Harvard Political Scientist

There is "different availability of aptitude at the high end..."
Lawrence H. Summers | Harvard President (2001-2006)

Harvard is :

"It's an organ of the American ruling class whose mission is to do the intellectual labor that class needs."
Richard Levins | Professor at Harvard Medical School

"Others have said that Harvard is a giant financial stock market and real estate investment firm that happens to have classes on the side so that it can keep its tax-exempt status."
John Trumpbour | Research Director at Harvard Law School

"Kind of standard joke is that Harvard is a place where they train to run the World. MIT is a place to train to make the world work."
Noam Chomsky | Emeritus Professor at MIT

"Harvard has prestige. That is probably the single thing which brings back to mind the campaign of Harvard clerical workers when they tried to organize against poor working conditions. Their slogan was 'you can't eat prestige'."
Victor Wallis | Professor at Berklee College of Music

"When I think of Harvard, unfortunately, what I think of is a 26 billion dollar endowment. It's a small country."
Michael Ansara | Harvard College Class of 1968, Co-chair for SDS

"Harvard today is more a business than an university. It's more of an arm of the military than it is of intellectual freedom."
George Katsiaficas | Professor at Wentworth Institute of Technology

VERITA$

● 하버드를 비판하는 다양한 목소리를 인용한 유인물 페이지

다는 군대의 전투부대에 더 가깝다."

　이러한 비판은 돈과 권력으로 치장된 하버드가 지향하는 고등교육의 의미가 무엇인지에 대한 질문이기도 하여서, 이에 대한 성찰이 요구되고 있다. 이는 단지 하버드에만 국한된 것은 아닐 것이다. 각국의 많은 주요 대학들이 이러한 문제에서 자유롭기 어렵지만, 하버드의 영향력은 미국을 넘어 세계까지 미치기 때문에 더욱 중시될 필요가 있다. 하버드는 무엇을 지향하고 있는가?

3. 하버드의 푸(Pooh)

The Harvard Pooh Bear

하버드에는 여러 가지 풍경이 있다. 하버드 스퀘어 역은 하버드 야드와 인접해 있어서 항상 관광객이 많이 몰리는 곳이다. 가끔 거리의 악사들이 나와서 하버드 스퀘어의 분위기를 흥겹게 만들기도 하고 다양한 재주가 있는 학생들이 모여서 춤도 추고 노래도 하는 자유로운 공간이 되기도 한다. 공간 그 자체는 협소하지만 다양한 사람이 모이는 것만큼 다양한 활동이 있는 곳이라고 해도 될 것이다.

이곳은 자유롭게 모인 관광객이 하버드 대학 학생의 인도에 따라 하버드의 곳곳을 관람하는데 375년이 된 하버드 대학의 역사만큼이나 많은 이야기를 듣다 보면 어느새 한두 시간이 훌쩍 지나가 버린다.

하버드 야드를 벗어나서 법률대학원 도서관으로 가는 방향에 쉽게 지나쳐 버릴 수 있는 아주 작은 상징물이 하나 있다. 그것은 다름 아닌 푸(Pooh)의 집이다. 푸는 귀엽게 생긴 곰 캐릭터의 이름인데 어린아이들의 친구여서 많은 이들의 사랑을 받는다.

나는 푸의 집을 보는 순간 동경 디즈니랜드에서 푸의 집에 들어

● 지하철 하버드 역 주변은 항상 사람들로 붐비는 곳이다

● 하버드 스퀘어에 서서 하버드대학을 관광할 사람들을 기다리는 하버드 학생. 그가 입은
  티셔츠는 HARVARD 대신에 HAHVAHD라고 쓰여 있는데 이는 하버드생의 자부심을 드
  러내는 보스턴 특유의 발음이다

가 즐거운 시간을 보낸 경험이 있어서인지 환상적인 그의 모습이 어른거렸다.

하버드 푸의 집은 한 그루 나무 아래쪽에 만들어져 있는데, 원래 나무 밑동이 살짝 갈라져 있는 곳에 푸를 집어넣고 그곳에 나무로 만든 작은 문을 달아 두었다. 그리고 그 문 위에 'Pooh House'라고 쓰고 작은 난간을 달아서 비가 들이치는 것을 막도록 하였다.

나는 처음에는 무심코 지나쳤는데 어느 날 닫혀 있는 푸의 집이 궁금하였다. 문을 열어 보니 방긋 웃는 푸가 예쁘게 앉아 있었다. 순간 나는 너무 귀엽고 예쁜 푸의 모습에 감동하였다. 그리고 매번 그곳을 지나칠 때마다 푸가 잘 지내는지 궁금했다.

그런데 비가 많이 내리면 푸가 비에 젖을 수밖에 없을 텐데 누가 푸를 보호할까? 어느 날은 푸가 집 밖에 나와 앉아 있어서 흙투성이가 된 적도 있었다. 그런데 신기한 것은 햇볕이 내리쬐는 아름다운 날에는 푸가 말끔히 목욕을 하고 깨끗하고 개운한 모습으로 문밖에 앉아 있는 것이 아닌가? 항상 똑같은 푸는 아니었다. 어느 날은 조금 작은 푸, 또 어느 날은 조금 큰 푸가 번갈아 가면서 행인들을 보고 웃고 있다.

비록 작은 곰 인형이지만 누군가가 사랑으로 푸의 집을 만들어 주고 그를 보호해 주고 있는 것이다. 언제부터 하버드에 푸의 집이 있었는지 모르겠지만 십여 년 전에 하버드를 방문했던 사람들도 이 집을 보았다고 하는 것을 보면 푸는 하버드 역사에서 귀엽고 아름다운 한 페이지를 장식하고 있음이 분명하다.

얼마 전 미 동부지역에 상당한 눈이 내렸다. 우리 집 주변은 이 눈으로 인해 4일이나 정전이 되었고 정전으로 이 지역의 초 · 중 · 고

● 푸의 집은 내가 있었던 1년 사이에도 몇 번이나 바뀌었다. 그렇게 귀엽고 예쁜 푸의 집이 너무 자주 망가지자 누군가 푸의 집을 건드리지 말아 달라는 경고문을 위에 써 붙이기도 하였다. 어느 때는 푸의 집이 말끔히 수리되어 지붕과 푸의 집이라는 문패도 달아 주고 예쁜 문도 달아 주었다. 그러나 최근 푸의 집 주변 일대를 공사하면서 푸의 집은 다시 망가졌고 공사 중이라는 팻말이 붙었다가 마지막에는 나무 밑동만 남기고 푸의 집에 지붕을 만들어 주는 형태로 변화하였다. 내가 하버드를 떠나올 때 푸는 새로 단장된 집에서 휴식을 취하고 있었다[1]

등 학교도 이틀이나 휴업을 하였다. 이때의 어려움 때문일까? 최근 푸가 보이지 않는다. 푸의 집도 망가져 있다. 푸가 편안하게 쉬도록 달아 둔 문이 사라져 버렸다. 며칠째 푸의 집이 수리도 되지 않고 푸도 사라져 버려 나는 푸의 안위가 걱정됐다.

그전에는 날이 궂거나 좋거나 항상 푸가 그곳에 있고 푸가 더러워지면 잠시 후에 깨끗한 푸가 나타났는데, 왜 지금은 모든 것이 망가져 있고 푸는 보이지 않는 것일까? 나라도 푸의 집을 다시 고쳐 주어야 하나. 내가 연구실을 오가면서 반갑게 인사하던 친구가 보이지 않아 괜히 걱정이 앞선다.

최고의 최고를 좇아가는 사람들은 대체적으로 마음의 여유를 잘

---

1) https://blogs.law.harvard.edu/collegeadmissionsstudentblog/author/kemie/

갖지 못한다. 잠시라도 쉬면 다른 사람이 자기를 능가하게 되므로 스스로 뒤처진다는 느낌을 갖기 때문에 이런 경쟁심과 강박관념이 항상 마음을 분주하게 만들기 마련이다.

학생들은 수업을 따라가기 위해 읽어야 할 책이나 논문의 분량에 눌려 살기 때문에 학기를 어떻게 보내는지도 모르고 지내고 있다. 교수들은 수업을 준비해야 할 뿐만 아니라 의미 있는 논문도 끊임없이 써야 하고 세계 각국에서 몰려드는 학자들과 교류하느라 시간에 허덕이게 된다.

자기가 해야 할 일에 꽉 매여 있어서 눈앞에 무엇을 보아도 보이지 않거나 보지 못하고 지나치는 경우가 수두룩하다. 이런 상황에서 하버드 대학에 있는 이 귀여운 푸의 집은 내 마음을 따뜻하게 만드는 예쁜 상징물이다.

어느 날 저녁 푸가 너무 궁금해서 꼭 찾아보아야 할 것 같아서 그의 집으로 갔다. 와! 푸의 대문이 고쳐졌고, 도자기로 만든 작은 푸가 집에 앉아서 방긋 웃고 있었다. 푸의 집에는 크리스마스 장식까지 달려 있었다.

비록 춥고 어두운 겨울이라고 할지라도 푸를 다시 만나고 싶어 하는 구성원의 마음이 다시 푸의 집을 고친 것 같다. 나는 푸의 집이 망가지고 푸가 보이지 않자, 하버드 대학 한구석 한 그루 나무에 푸의 집이 있다는 사실이 내 마음을 따뜻하게 해주고 있음을 비로소 깨달았다.

다시는 푸가 수난을 당하지 않고 평안한 안식을 취할 수 있기를 염원해 본다. 푸의 미소는 오늘도 하루를 즐겁게 한다. 미물의 미소도 사람을 즐겁게 하는데 나도 활짝 미소 지으며 하루를 보내야겠다.

4. 하버드 대학의 수업

Classes at Harvard University

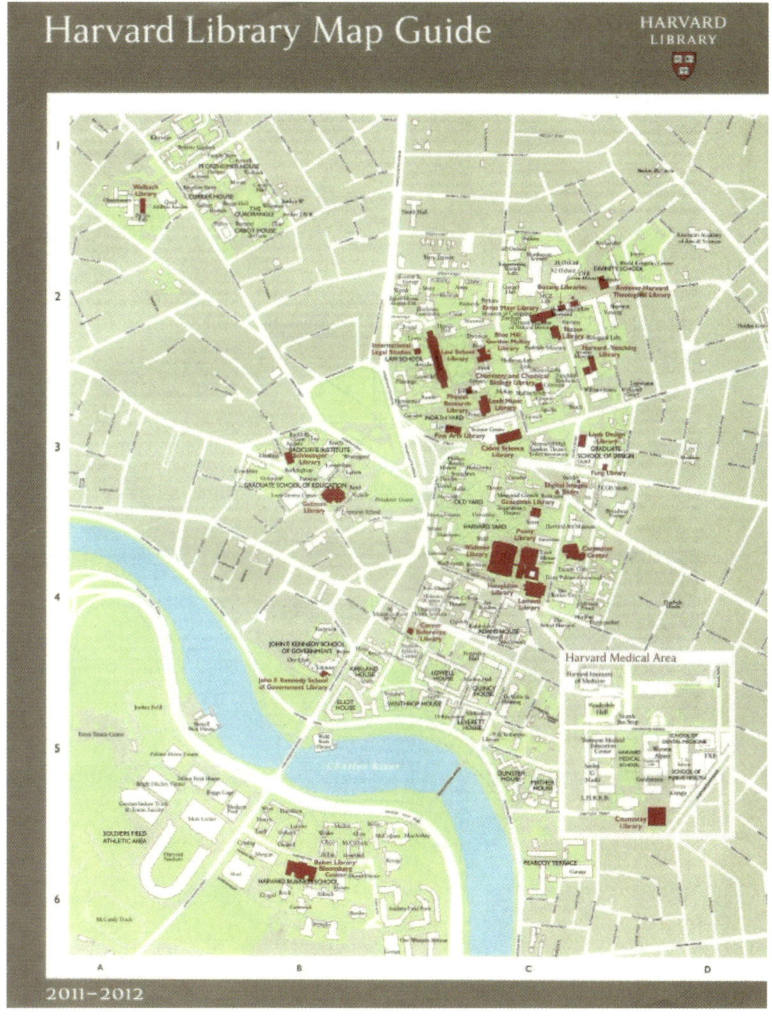

● 하버드 대학 내에 있는 다양한 도서관을 표시해 둔 지도

하버드 대학은 한 학기에 개설되는 수업만 해도 4,000여 개 강좌가 넘는다. 여기에다 각 학과 및 연구소 등에서 개최하는 특별 세미나 및 강연 등을 다 합치면 수도 없는 프로그램이 운용된다고 해도 과언이 아니다.

이렇게 많은 것들 중에 내가 원하는 것이 무엇이며 어떤 과목을 택하여 수강하고 참여할 것인가를 결정하는 것만 해도 시간과 마음을 들여 준비하지 않으면 안 된다.

나 스스로가 대학 강단에서 수업을 하는 사람이기 때문에 다른 교수들은 어떻게 강의를 하며 학생들과 교류하는가 하는 것은 항상 관심의 대상이다. 특히 이번 연도처럼 자유롭게 연구할 수 있는 시간에 다른 강의를 경청할 수 있는 것은 특별하게 주어진 기회이기 때문에 더욱더 이 시간을 잘 활용하고 싶은 생각이 있어서 다양한 수업에 참여하였다.

하버드 수업 중에 인상 깊은 것은 케네디 스쿨의 강의였다. 전문직에 종사하다가 다시 공부를 하는 사람이 많아서 그런지 수업 분위기가 매우 진지한 편이다. 또한 대체로 사회 지도층에 있는 사람이나 케네디 스쿨을 졸업한 후 정치 지도자로 역할을 하는 사람이 많아서 그런지 수업하는 자세도 사뭇 적극적이다.

수업하는 가운데 틈만 있으면 교수가 학생들에게 다양한 질문을 하게 되는데, 너무 많은 학생들이 자기 의견을 발표하려고 하여서 그 의견을 다 들을 수 없을 정도로 열심이었다. 학생들 의견을 듣다 보면 의견 그 자체가 특별한 것이 없음에도 불구하고 열심히 자기 의견을 표명하려고 노력하는 것을 보면서 그들 삶의 적극성을 볼 수 있었다.

어느 경우는 질문에 질문이 계속 이어져서 강의의 내용과는 조금 동떨어진 곳으로 가다가 다시 본류로 돌아오기도 하였다. 그런 경우 질문에 대한 대답을 일일이 할 겨를도 없이 질문은 질문으로 끝나고 다시 강의에 집중되기도 하였다.

이런 과정에 불만이 있는 학생이 손을 들고 바로 교수한테 공개적으로 수업에 대해 불만을 토로하였다. 한마디로 교수의 수업 스타일이 마음에 들지 않고 내용에 충실하지 않다는 것이다. 그러자 다른 학생들이 자기는 그렇게 생각하지 않는다고 적극적으로 의견을 표명하자 처음에 불만을 제기했던 학생은 자기가 잘못 생각했나 보다고 하면서 자기 생각을 정리하였다.

이런 상황에 처한 교수의 입장에서는 불쾌할 수도 있겠지만 별로 그런 기색도 없이 수업이 계속되었다. 왜냐하면 이곳에서는 다양한 사람들이 자기 의견을 다양하게 피력할 수 있고 그것조차도 존중되기 때문에 그런 것에 대해 일일이 개의할 필요도 별로 없기 때문일 것이다. 누구든 원하는 것이 있다면 언제든지 자기 의견을 기탄없이 피력하고 또 그것에 대해 서로 다른 의견을 교류하는 것이 아름답게 보였다.

나는 하버드 대학의 수업은 모두들 이렇게 활기찬가 보다하고 생각을 하였으나 역시 수업에 따라 상당히 다양한 풍경이 있었다. 대학원생들을 중심으로 하는 수업은 소규모 세미나 수업이 많기 때문에 교수가 열심히 강의한다기보다는 학생들이 준비한 것을 위주로 수업이 진행되는 경우도 있었다. 어느 수업은 교수가 논문을 쭉 읽어 주고 난 후에 관련 내용에 대해 질문을 하거나 토론하였다.

교수가 관련 분야 논문을 쭉 읽어 줄 것이면 차라리 그 논문을 학생들에게 미리 주어 읽어 오라고 하면 훨씬 더 효과적이지 않을까 생각하는데, 1시간 동안 읽어 주는 그 내용을 듣는 것만으로도 쉽지 않았다.

교수가 비록 수업을 주도하기는 하지만 모든 분야에 대해 자세하게 아는 것은 아니기 때문에 혹시라도 특정 주제와 관련하여 좀 더 자세히 아는 학생이 있으면 그 학생이 기존에 자기가 연구했던 것을 바탕으로 보충 설명하는 경우도 있었다.

이는 학문을 대하는 사람의 겸손함이기도 하고 서로가 각기 아는 분야에 대해 존중해 주는 것이기도 하여서 보기 좋았다. 비록 교수이지만 교수가 모든 것을 다 가르쳐야 하는 것은 아니고 교수도 학생들로부터 배우기도 한다. 학생들은 교수가 어떤 분야에 대해서 잘 모른다고 비난하고 무시하는 것이 아니라 자기가 좀 더 아는 분야가 있다면 깊이 있게 설명해 주면서 교수를 돕기도 한다는 점에서 상호 교류하는 관계가 의미 있어 보였다.

내가 가장 관심 있게 들었던 동아시아 관계사의 경우는 학부와 대학원생을 대상으로 전체적인 내용을 강의하는 개설적인 것이었다. 수강 학생들의 수준에 맞추어 파워포인트를 활용하여 충실하게 강의 내용을 전달하는 방식으로 이루어졌다.

상황에 따라 질의응답이 오고 가기는 하였지만 케네디 스쿨 강의 같은 분위기는 없었다. 수업 특성상 대학생이나 대학원생들이 개괄적으로 들어야 하는 수업이어서 내용 전달에 집중되었기 때문이다.

어디를 가나 교수의 특성에 따라 다양한 수업 방식이 있었다. 비

록 이곳도 강의 평가가 진행되고 그 강의 평가 결과에 따라 학생들의
수업 선택이 이루어지기도 하지만 그렇다고 해서 모두가 강의 평가
때문에 각자의 수업 방식을 변경하는 것 같아 보이지는 않았다. 다양
한 교수나 학생들이 있는 것만큼이나 다양한 수업이 공존하고 있고
중요한 것은 그 어떤 스타일의 수업도 서로에게 존중된다는 점이다.
그런 면에서 다양성은 깊이 있는 학문을 하는 데도 힘의 원천이 되지
않나 생각해 보았다.

5. 성적소수자와 레이디 가가
Sexual Minorities and Lady Gaga

사람들은 각기의 모양을 지니고 태어난다. 각각의 모습에 대해 존중받고 사랑받고 살 수 있으면 더없이 아름다운 세상이겠지만 이러저러한 이유로 그렇지 못할 때가 너무 많이 있다. 약하다는 이유로, 다르다는 이유로, 없다는 이유로, 소수라는 이유로 심지어는 못생겼다는 이유로도 차별을 받고 살 때가 있다.

상식적인 대화 속에서 이런 말이 나오면 누구나 말도 안 되는 소리라고 훈수를 두겠지만 실제 각자가 일상생활에서 그런 모습을 보일 때가 많다는 것은 누구도 부정하기 힘들 것이다.

"용감하고 좀 더 나은 세상을 만들겠다는 취지로 각자가 개인의 안전을 보장받도록 하며(safety), 자기표현을 할 수 있는 기술을 가르치고(skills), 지역 사회 속에서 영향력을 행사하는 문제 해결 방법을 제공하겠다(opportunity)"는 등의 목표를 갖고 '이 모양으로 태어난 재단'(Born This Way Foundation)이 탄생하였다.

- 오프라 윈프리가 뒷문으로 들어가자 사람들이 몰려들어 환호하고 있다

- 레이디 가가의 등장을 기다리는 군중들. 이들은 정식으로 입장을 하지 못하고 뒷문에 서서 그가 입장하는 모습이라도 보려고 기다리는 사람들이다

- 레이디 가가의 재단 발족식을 계기로 관련 운동가가 성소수자의 권리를 역설하고 있다

미국에서뿐만 아니라 세계적으로도 잘 알려져 있는 레이디 가가가 그녀의 어머니와 함께 시작한 이 재단의 공식 발족식이 2012년 2월 마지막 날인 29일 오후 4시에 하버드 대학 샌더스 시어터(Sanders Theatre)에서 열렸다. '오프라 윈프리 쇼'로 유명한 오프라도 참석한 이 행사에 대해 나는 아침에 출근하면서 전철 속에서 읽었던 신문을 통해 알게 되었다.

마침 이날 아침부터 나는 샌더스 시어터에 수업이 있었기 때문에 '이 모양으로 태어난' 재단의 행사를 위해 준비하는 분위기를 더욱 생생하게 체험할 수 있었다. 거대한 버스가 하나둘씩 늘어서기 시작하고 안전을 지키려는 경호원들의 움직임이 분주하였다. 게다가 평소에는 거의 내리지도 않던 눈이 점심 이후로 펑펑 쏟아지면서 새로운 분위기를 돋우고 있었다.

가가가 나타나는 현장에 참석하려는 사람들을 위해 학생과 일반인을 나누어 추첨을 하였고 신분이 분명히 증명되고 티켓이 있는 사람만 들어갈 수 있는 이 행사에 모든 사람들이 들어갈 수 없으므로 하버드 법대에서는 따로 장소를 정해 생방송 영상을 공개하기도 하였다.

'기괴한' 패션과 음악으로 사람들을 놀라게도 하고 즐겁게도 만드는 레이디 가가가 출연한다는 소식에 이를 주관하는 하버드 대학은 물론 보스턴 지역이 '들썩'거렸다. 특히 성적소수자로 차별을 받다가 점차 목소리를 내고 있는 게이나 레즈비언, 성전환자, 사회적 약자 등이 극심한 가뭄으로 메말라버린 들판에 단비 같은 소식인 듯 곳곳에서 모여들었다.

미국 전체를 보아도 하버드가 있는 캠브리지 지역이 성적소수자에게 우호적인 도시 3위를 차지할 정도로 나름 '성적소수자의 평등'을 찾아가려는 도시였기 때문에 더욱더 '이 모양으로 태어난' 재단 탄생에 관심을 갖는지도 모른다.

다음 주가 중간고사 기간인 하버드 대학 학생들도 평소 같으면 시험 준비에 매우 분주했겠지만 잠시 만사를 접어두고 레이디 가가 행사에 참여하기도 하였다. 행사가 시작되기 1시간 전부터 입장하기 시작한 관객이 객석을 가득 채웠고, 입장하지 못한 관객들은 레이디 가가나 오프라의 모습이라도 보기 위해 그들의 차량이 들어오는 길목에 서서 눈을 맞아 가며 기다렸다. '정의'를 외치는 피켓도 보였다.

그녀는 대중 스타답게 말도 조리 있게 잘하였고 자연스럽게 청중들의 박수와 웃음을 이끌어 냈다. 패널이나 객석에서 나온 질문에 대해서 그녀가 자신 있게 대답할 수 있는 것은 대답하고 사회적 약자들을 돕는 구체적인 방법에 대한 질문에 대해서는 패널로 참석한 심리학자에게 답을 떠넘기기도 하였다.

그러나 심리학자가 소위 말하는 일반적인 방법론, 예를 들면 학생들이나 선생님 그리고 부모들에 대한 교육을 강조하자, 그녀는 그 대답에 대해 자신은 동의하지 않는다고 하면서 그러한 방법으로는 문제를 해결하기 어렵다고 받아쳤다. 그녀는 일반적인 방법으로는 실질적인 문제를 해결하지 못하기 때문에 좀 더 직접적인 방법이어야 된다고 하면서 사회적 약자로서의 시간을 경험했던 학생에게 어떻게 문제를 해결했냐고 질문하면서 자신이 경험했던 방법을 설명해 보라고 요청하기도 하였다.

처음으로 가가와 동업한다는 그녀의 어머니가 나와서 재단 발

● '이 모양으로 태어난 재단' 발족식에서 만난 레이디 가가와 오프라 윈프리

족식에 협력한 여러 기관 등에 감사하며 좋은 프로그램으로 재단을 만들어 가겠다고 하니까 그녀는 옆에서 프로그램이라는 말은 싫다, 너무 학교 같은 냄새가 난다, 파티가 어떠냐고 하면서 사회적 약자를 위한 재단이라는 단어보다 하나의 운동(movement)으로 자리 잡아 나갔으면 좋겠다고 의견을 피력하기도 하였다.

위와 같은 취지를 갖고 기존에 활동하고 있는 단체들과는 어떻게 교류할 것이냐는 청중의 질문에 대해서 그녀는 어느 누구도 배제하지 않고 서로 협력하고 배우며 적극적으로 운동을 확산시켜 나가겠다고 하였다.

그녀는 자신이 어디를 가나 좀 더 나은 사회, 사랑하는 사회가 되었으면 좋겠다는 바람을 전하면서 와인 한 잔으로 목을 축이겠다는 말로 재단 발족식을 정리하였고 객석은 기립박수로 호응하였다.

좀 더 나은 세상을 만들고 서로 사랑하고 도와주는 사회를 만들어 나가야 한다는 취지에 반대할 사람은 별로 없을 것이다. 실제로 이를 어떻게 구체화하고 얼마나 효과적으로 많은 사람들의 호응을 이끌어 내면서 더불어 사는 사회로 만들 것이냐는 것은 레이디 가가뿐만 아니라 모든 사람들이 고민해야 하는 과제이기도 할 것이다.

6. 비키니 축제와 기숙사 소개식
Bikini Festival and Introduction to Dormitories

축제는 사람의 기분을 즐겁게 한다. 축제는 신이 난다. 축제는 다르다. 축제는 새로운 분위기를 만들어 가는 힘이 있다. 단조로운 인생사에서 뭔가 변화를 주는 요소는 다양하지만 그중에서도 모두가 즐길 수 있는 축제는 특별한 의미가 있을지도 모른다. 따라서 국가마다, 지방 자치제마다 또는 학교마다 나름의 독특한 축제를 마련하여 특별 기념행사를 벌이기도 한다.

아직 쌀쌀한 기운이 완전히 사라졌다고 말하기는 어려워서 여전히 겨울 외투와 장갑 등을 걸치고 있지만 쌀쌀함 속에 훈훈한 봄바람을 느끼면서 봄이 오는가를 느낄 수 있는 3월 초. 봄을 재촉하는 사람, 겨울을 좀 더 붙들려는 사람들의 옷차림 사이를 분주히 비켜 가면서 나는 하버드 야드를 들어섰다. 내가 수업을 가든 연구실을 가든 하버드 야드를 가로질러 가는 것이 평상시 다니는 길이기 때문이다.

하버드 야드를 들어서는 순간 눈이 휘둥그레졌다. 아침 8시라면

● 이른 아침부터 하버드 동상 앞에 몰려 있는 학생들

비교적 이른 시간이다. 그런데 하버드 동상을 중심으로 수백 명의 젊은 남녀들이 가득 서서 함성을 지르고 있고 그들의 옷차림이나 모양새가 일반적이지는 않았다. 평상시는 찾아볼 수 없는 모습이었다.

이런 정도로 학생들이 모여 있으면 경찰 등 안전요원들이 있을 것 같은데 그런 분위기와는 사뭇 달랐다. 비키니를 입은 남녀 학생들, 머리에 사슴뿔로 단장한 학생들, 풍선 등으로 분위기를 띄운 학생들, 피켓이나 커다란 이름표를 들고 서 있는 학생들, 연둣빛 비키니를 입은 남녀 학생들이 몇 명 모여들어 하버드 야드를 빙빙 돌면서 뛰기 시작하자 주위에서 함성과 박수가 터져 나왔다.

일전에 텐트를 치고 하버드를 점령한 것과는 완전히 다른 모습의 하버드 야드 '점령'이었다. 화기애애한 분위기에서 즐거워하고 있는 한 학생에게 누가 왜 이런 '멋진' 모임을 하면서 이렇게 신나게 함성을 지르고 있느냐고 한꺼번에 궁금함을 쏟아 내어 물었더니, 그녀는 기숙사 오픈 하우스를 기념하는 모임이라고 친절하게 설명해 주었다. 하버드 신입생들에게 어떤 기숙사에 살게 되는지를 알려 주는 특별 프로그램에 재학생들이 단체로 특별공연을 하는 것과 마찬가지인 행사였던 것이다. 그러나 그들의 특별 행사는 순서에 따라 공연을 하는 것이 아니었다. 재학생 수백 명이 우스꽝스러운 모습으로 또 즐거운 모습으로 단장을 하고 각기 자기들이 사용했던 기숙사를 멋지게 소개하면서 소위 '서프라이즈 파티'로 즐기는 것이었다.

● 당나귀 분장을 하고 열심히 뛰어다니는 학생 주변으로 많은 재학생들이 자신들의 기숙사를 상징하는 깃발을 흔들고 있다

● 신입 기숙사생들을 기다리는 재학생들

● 비키니만 입고 하버드 야드를 뛰어다니고
  있는 학생들

● 몇몇 학생들이 비키니를 입고 하버드 야드
  를 뛰어다니자 뒤돌아보며 환호하고 있는
  다른 학생들

이 시점은 하버드 대학이 중간고사를 마치고 일주일간 봄방학에
들어가기 직전으로서 학기를 시작해서 중간고사까지 열심히 달려온
학생들이 기숙사 오픈 하우스라는 기회를 빌려 또 하나의 축제로 즐
기는 것이었다. 이런 경우 그들에게 조금 쌀쌀한 날씨는 아무것도 아
니었다. 비키니를 입었어도 젊음이라는 것 하나만으로도 모든 것을
이길 수 있을 만한 체력과 광기가 있었다.

기말고사가 끝났을 때는 추운 겨울임에도 모든 것을 벗어 던지
고 아무것도 걸치지 않은 채 하버드 야드를 뛰어 돌아다니는 축하 행
사를 하기도 하는 이곳은 틈만 있으면 축제의 분위기를 만들어서 즐
기고 있다. 어쩌면 극도로 집중해서 열심히 생활해야 하는 이곳에서

틈만 있으면 소리 지르고 뛰어놀면서 스트레스를 해소하기 위해 고안해 낸 풍경일지도 모른다.

이런 모임이 있다는 소식을 전혀 듣지 못한 채 이른 아침부터 하버드 야드를 들어서면서 맞닥뜨린 축제는 나에게 신선하게 다가왔다. 왜냐하면 그것을 바라보는 나의 입술에 미소가 살포시 드리워졌기 때문이다. 눈살 찌푸리게 만들었다기보다도 젊음이 부러워졌기 때문일지도 모르겠다. 또한 기숙사 오픈 하우스라는 별로 재미없고 행정적인 일일 것만 같은 일을 연관성이 없어 보이는 듯한 차림새로 즐거운 축제 삼아 즐기는 것이 신선해 보였기 때문이기도 하다. 어쩌면 이런 기회를 빌려 집단 광기를 날려 버리는지도 모른다.

메모리얼 홀로 이어지는 식당 앞에서 어린이들이 노는 대형 미끄럼틀을 세워 두고 우스꽝스러운 모습을 한 선배들이 그것을 타면서 즐기고 있었다. 그들이 입은 불균형적인 옷차림을 보는 순간 입가에 저절이 웃음이 번져 나갔다.

내가 직접 그 모임을 주도하거나 참여하지도 않았지만, 단지 그곳을 지나쳐 가는 것만으로도 하루의 기분이 즐거워졌다. 기숙사 생활이 의무화되어 있는 하버드에서 특히 신입생들에게 주어진 하버드 야드의 기숙사 생활은 새로운 하버드생으로서의 시작을 의미 있고 신나게 만들려는 재학생들의 노력으로 배가되고 있는지도 모른다.

하버드에는 다양한 광기가 열정으로 표출되는 것 같다. 하버드 대학은 자본과 권력을 이용하여 학문적으로 우수한 성과를 창출하고 있고 좋은 시설과 프로그램으로 세계 유수의 인재를 끌어 모으고 있다. 이러한 것을 끊임없이 유지하고 발전시키기 위한 또 하나의 거대

기업의 이미지를 띠고 있기도 하다. 일반적인 대학에서는 보기 쉽지 않은 독특한 열정이 느껴지는 곳이다. 그러한 곳에서 느끼는 스트레스를 나름대로의 축제로 풀어내려 추위도 아랑곳하지 않고 하버드 야드를 알몸으로 뛰어다니거나, 단순하게 행정적으로 처리하고 끝낼 것 같은 기숙사 오픈 행사를 봄맞이 비키니 축제로 즐기면서 집단 광기를 발산하는 학생들.

이러한 열정이 악의를 품고 있다면 사람을 그리고 사회를 좀먹는 역할을 하겠지만, 적극적으로 활용하면서 긍정의 힘으로 이끌어가기 때문에 광기라기보다는 축제가 될 수 있는지도 모른다.

7. 하버드의 이웃 끌어안기

Embracing of 'Harvard Neighbors' : A Good Ambassador Program

하버드는 대학이 오래되고 명성이 있는 만큼 그 대학을 유지하고 발전시켜 나가는 데 많은 조직이 가동되고 있다. 그러한 조직을 움직여 나가는 데 수많은 자원봉사자들의 역할도 매우 중요하다.

하버드 대학에 자원봉사 단체로 '하버드 네이버'(Harvard Neighbor, 하버드 이웃)라는 소규모 조직이 있다. 기존 하버드인들이 새롭게 하버드 식구가 된 이웃에게 도움을 주고 더불어 의미 있는 생활을 하기 위해 조직하여 활동한 지 100년이 넘었다. 외국인이 새로운 환경에서 미국의 문화를 익히기 위해서는 다양한 사람들의 배려와 도움이 필요하기 때문일 것이다.

이곳에서 자원봉사를 하는 사람은 하버드의 교수이거나 직원 혹은 그 가족들로 구성되어 있다. 주로 퇴직한 교수들이 참여하지만 질적으로는 하버드 대학의 직원이나 교수 부인들이 참여하는 것이 많다.

하버드와 관계하는 모든 외국인은 자유롭게 참여할 수 있는데, 이곳에서 준비하는 프로그램이 상당히 다양하다. 하버드 네이버가 사용하는 사무실 갤러리에 매달 새로운 예술 작품을 전시하는데, 이곳에 전시하는 작품은 하버드와 관계된 사람이 신청할 수 있다.

중국이나 한국과 비교하여 일본은 상대적으로 유학생이 많지 않다. 그래도 소수의 일본인이 일본 문화 배우기, 일본어로 교류하기 등 프로그램을 만들어 끊임없이 미국에서 일본 문화를 전파하는 데 노력하고 있었다. 프랑스어나 이탈리아어로 토론하기 등의 모임도 갖는데, 이는 같은 문화 배경을 가진 사람들이나 이에 관심 있는 사람들이 모여서 서로 교류하는 시간을 가지면서 시간을 의미 있게 활용해 보려는 노력의 일환이다.

그 외에 가을에는 농장에 가서 호박 따기나 사과 따기 등의 행사도 하고, 음악당과 미술관 그리고 초콜릿 공장 등을 방문하기도 하면서 가능하면 다채로운 활동을 통해 서로가 서로를 이해하는 시간을 마련하려고 노력한다. 크리스마스가 가까울 때는 비교적 넓은 집에서 살고 있는 봉사자의 집을 개방하여 그들이 어떻게 크리스마스 장식을 하며 절기는 어떻게 보내는지 보여주기도 한다.

또한 새롭게 하버드 식구가 된 외국인들에게 다양한 문화생활을 경험케 하면서 영어를 가르쳐 주기도 한다. 영어의 경우는 문법을 배우는 것이 아니라 간단한 대화를 통해 미국 문화를 배우고 느낄 수 있도록 하여 자유로운 수업 분위기를 이끌어 나간다. 나는 수업과 연구에 바빠 이 모임에 자주 참석하지는 않았지만 틈나는 대로 참여하여 다양한 구성원들과 대화를 나누기도 하였다.

미국에서 미국 문화를 익히고 사람들과 교류하기 위해 가장 기초가 되어야 할 것이 언어이기 때문에 언어를 연마하는 것은 가장 기본적인 활동이 될 것이다. 여러 개 반으로 나누어 가능하면 소그룹으로 서로 대화하는 시간을 더 갖도록 하는 것이 목표이다.

봉사자 중 일부 유대인들은 때에 따라 유대인 절기에 맞는 활동을 열심히 소개하였다. 그들의 노력하는 모습을 보면서 어디서나 자신들의 정체성을 갖고 적극적으로 활동하기 때문에 전 세계에 흩어져서 괴롭힘을 당하면서 살았어도 꿋꿋하게 살아 나갈 수 있었구나 하는 것을 새삼스럽게 깨달을 수 있었다.

개인적으로 유대인의 역사에 대해 관심이 많은 나는 일부 유대인들과 깊이 있는 대화를 시도해 보았다. 그들에게 어떻게 수많은 어려움을 극복해 낼 수 있었느냐 질문했더니 역사적으로 항상 수많은 적들에 둘러싸여 있었기 때문에 적극적으로 자신의 정체성을 지키지 않을 수가 없었다고 대답하였다.

자신을 괴롭히는 적들 때문에 힘들게 살았지만 결국 그들 때문에 오히려 정체성을 더욱 확고히 하는 계기가 되었고 살아남기 위해서는 사회적으로 생활이 보장되는 직업을 찾기 위해 노력했다는 것이다. 그것이 그들이 교육을 중시하는 이유가 되고 그 결과 학문적으로나 사회적으로 중요한 위치에 유대인이 자리를 많이 차지할 수 있는 계기가 되었다는 것이다. 유대인이 어디를 가나 경제권을 잡는 이유도 그러한 배경에서 찾을 수 있을 것이다.

나는 하버드 네이버를 통해 21세기 이웃에 대해 생각해 보았다. 우리의 주변에는 나를 가능하면 도우려는 이웃도 있겠지만 나를 괴롭히는 이웃도 있을 것이다. 말처럼 쉬운 것은 아니겠지만 혹시라도 나를 괴롭히는 이웃이 있다면 이를 극복해 내기 위해 노력하면서 가능하면 내가 또 다른 차원에서 성장하는 계기로 삼아야 할 것이다. 그러기 위해서는 자신의 수양과 인내가 요구된다.

일반적으로 이웃과는 서로의 필요를 살피면서 모두가 즐기면서도 의미 있는 시간을 보내 인생이 행복해질 수 있도록 노력하는 것이 필요하다.

8. 하버드 졸업식과 하버드 동상
Harvard Graduation and the Statue of John Harvard

5월 하순부터 6월 초에는 미국 대부분의 대학이 졸업식을 거행하기 때문에 졸업식을 준비하느라 정신없이 바쁘다. 대부분 졸업식을 야외에서 진행하므로 학교 측에서는 야외에 학생들과 귀빈들이 앉을 자리를 일일이 마련해야 할 뿐만 아니라, 이들이 왔을 때 사용할 간이 식당들을 만드느라 정신이 없다.

하버드 야드에 가득 깔린 테이블과 의자를 통해 얼마나 많은 사람이 이 자리를 메울 수 있을지 가히 상상할 수 있었다. 정작 졸업식 당일에는 졸업식과 구체적으로 관계없는 사람은 하버드 야드에도 들어갈 수 없었다. 세계 각국에서 졸업식을 축하하기 위해 몰려든 가족들을 통해 학생들의 다양성을 실감할 수 있었다. 190여 개국에 하버드 졸업생이 있다고 하니 전 세계에 하버드 동문이 있다는 것을 확인할 수 있다.

학생과 하객들의 옷차림에서 벌써 하버드 야드를 들어갈 수 있는 사람인지가 가려질 정도로 말쑥하게 차려입고 나타난 그들의 모습에서 미소를 느낄 수 있었다. 375년의 역사를 가지고 있는 하버드 대학이지만 이번이 361번째 졸업식을 거행하는 것이라고 한다.

졸업식에는 단순히 이번에 하버드 대학을 졸업하는 학생들만 참여하는 것이 아니었다. 하버드 대학을 졸업했던 동문들이 학교를 다시 방문하는 기간이기도 하여서 백발의 노인들은 하버드 대학이 얼마나 변화·발전했는지를 확인하고 그리웠던 친구들을 만날 생각으로 다시 학교를 방문하여 기수별로 모여 있는 모습을 보면서 졸업식이 여러모로 의미 있고 엄숙하게 치러지는구나 생각하였다.

길고 지루하게 느껴질 수도 있는 졸업식이지만 모두들 자리를 지키고 앉아서 그 순간을 즐기는 것 같았다. 이들 졸업식은 단순히 졸업식 당일에 졸업식순이 이어지는 그 순간만을 의미하는 것은 아니었다. 며칠 동안 졸업식 행사가 이어졌고, 졸업식 이후에도 학생들이 생활했던 여러 기숙사와 강의동 등을 부모님에게 보여주는 행사를 하느라고 이곳저곳에서 분주하였다. 특히 이번 졸업식에서는 인기 코미디언의 유쾌한 멘트로 웃음을 끊이지 않게 하는 식순에서 자유가 느껴지기도 하였다.

졸업식을 시작하기 전에 방영된 하버드 역사 비디오에서는 일목요연하게 그들이 자랑하는 것이 무엇인지 분명하게 보여주었다. 미국 최초로 설립된 대학으로 세계 최고의 명성을 가진 대학이라는 점과 미국의 과거와 현재의 역사에서 여전히 중요한 역할을 많이 한다는 것을 강조하였다. 미국 독립선언서에 서명한 8명이 하버드 대학 출신이며 29명의 대통령과 주지사를 배출하였다. 노벨상 수상자를 54명

● 하버드 동상 앞에는 세계 각국에서 몰려온 관광객으로 항상 분주하다

배출했으며 39명이 퓰리처상을 수상하였다. 9명의 대법관 중 6명이 하버드 대학 출신이라는 것도 자랑거리였다.

더불어 MBA과정을 최초로 개설했을 뿐만 아니라 처음으로 학교 간 체육 게임 대항전을 마련한 것, 천연두를 치료한 것, 줄기세포를 연구해 낸 것, 새로운 형태의 컴퓨터를 발견해 낸 것 등등 여러 가지 가 그들의 자랑거리였다. 하버드 대학은 자랑거리가 많은 만큼 미국 사회를 위해 또 세계를 위해 해야 할 일이 많은 대학이다. 그들이 사회 적 정의를 어떻게 찾아가느냐에 따라 세계는 달라질 수 있을 것이다.

하버드 대학에서 가장 유명한 것이 있다면 하버드 야드에 있는 하 버드 동상으로 하버드 대학을 방문하는 누구라도 반드시 찾는 곳이다.

이 동상의 왼발을 만지면 하버드 대학에 입학한다는 속설도 있어서 세계 각국에서 몰려온 관광객이 동상의 발을 만지면서 사진을 찍어서 발만 금같이 빛나고 있다. 그러나 하버드 대학을 소개하는 학생은 이 발을 만졌다면 반드시 손을 씻어야 복이 있을 것이라고 말을 한다. 세계 각국에서 옮겨 온 바이러스에 중독되지 않으려면 손을 씻어야 한다는 것이다.

이곳은 하버드 대학을 상징하는 곳이지만 한편 '거짓말 자유의 동상'이라고 불리기도 한다. 존 하버드 동상에는 1638년 설립자라고 명시되어 있다. 그러나 하버드 대학은 1636년에 설립되었다. 그리고 존 하버드는 자기의 도서와 재산을 기부한 사람이지 이 대학의 최초 설립자가 아니다. 동상의 2가지 사실 자체가 거짓말이다. 더 나아가 이 동상은 하버드의 진짜 모습이 아니다. 존 하버드는 31살에 병사한 사람으로 그가 도서와 재산을 기부하자 대학 이름을 하버드로 명명하여 오늘에 이르게 되었다.

하버드가 과거에 남긴 사진도 없고, 하버드의 자식도 없어서 그의 후계자를 형상화할 수도 없었다고 한다. 화재로 하버드가 기증한 도서도 불타 버려 이 동상을 만들었을 때 하버드의 형상을 참고할 만한 것이 없어서 당시 하버드 대학 총장의 모습을 본뜬 것이라는 설도 있다.

그러나 이 모든 사실을 정확하게 알지 못하는 관광객은 그것이 하버드 대학의 설립자 동상으로 이해할 수밖에 없을 것이다. 하버드 대학은 진실을 추구하는 대학이라는 모토를 내걸고 있지만 하버드 야드에 세워진 명물 그 자체가 전부 거짓이라는 점에 의아하지 않을 수 없다.

‘거짓말 자유의 동상’을 하버드 야드 중심에 놓고 진실을 추구해 가고 있는 하버드 대학은 오늘도 세계적으로 중요한 일을 하면서 명성을 쌓아 가고 있다. 마치 모순과 역설이 가득한 이 세계를 희화한 것처럼 말이다.

9. 도시락 토론
Lunch Box Discussion

인생을 살아가면서 맛있는 것을 먹는다는 것은 더없는 즐거움 중의 하나이다. 거기에다 정신까지 반짝이게 만드는 토론이 깃든 식사라는 것은 언제나 학문 인생을 자극하게 된다. 어떠한 구속과 제한도 없이 자유롭게 의사를 개진할 수 있다는 것은 가치로 환산할 수 없는 무한의 자유이자 행복이기도 하다.

옌칭 연구소에는 동아시아 여러 국가에서 온 학자들이 있지만 그중에서도 중국에서 온 학자들이 많은 편이다. 중국어를 구사할 수 있는 외국 학자까지 포함한다면 중국과 관련된 주제를 토론하는 데는 더 많은 사람들이 참여할 수 있다.

옌칭 연구소에는 자유롭게 모여 토론을 할 수 있는 공간도 있고 요리를 해 먹을 수 있는 시설도 갖추어져 있어서 학기 중에는 많은 이들로 북적이게 된다. 특히 도시락을 싸 가지고 오는 학자들의 경우 자연스럽게 모여서 식사를 같이 하는 기회가 많다. 누가 언제 무엇을 먹자고 정하지는 않지만 연구하다가 자기 편한 시간에 나와 식사를 하면서 자연스럽게 더불어 다양한 주제에 대해 토론하게 되는 것이다.

아무래도 미국 생활에서 오는 경제적 부담을 고려하지 않을 수 없는 사람들을 중심으로 도시락을 싸오기 때문에 주로 중국학자들이 많고 나도 특별한 일이 없는 한 도시락을 싸가지고 다녔다. 도시락의 장점은 내가 필요한 시간에 간단하게 식사할 수 있어서 시간도 절약될 뿐만 아니라 불특정 다수와 교류하는 좋은 시간을 가질 수 있다는 것이다.

각자의 연구실에서 연구하다가 나와서 도시락을 먹으며 환담했던 수많은 시간은 잊기 어려운 추억이 될 것이다. 그중에서도 신나는 것은 날카로운 시선으로 중국을 포함한 동아시아 역사와 현실 그리고 미국에 대해 비판적인 토론을 하는 것이다. 이런 이야기를 하려고 모인 것은 아니지만 자연스럽게 각기 살아가는 모습을 나누다 보면 어느새 세계를 논하게 된다.

아무래도 중국학자들과 도시락 점심을 하는 경우가 많다 보니 동아시아를 포함하여 중국에 대한 비판이나 중미관계 또는 미국에 대한 논의를 하게 된다. 중국에서는 감히 비판하기 어려운 문제도 현재 미국에 있기 때문에 좀 더 자유롭게 논의할 수 있는 중국학자들은 중국 현실에 대한 절박한 비판도 서슴지 않고 하게 된다.

그러다 보면 중국공산당에 대한 비판을 하지 않을 수 없게 되고 마오쩌둥 등 중국의 지도자들과 중국의 현실과 미래를 논의하게 된다. 우리가 이곳에서 무슨 비판을 하든 무슨 고민과 대안을 제시해 본들 현실 정치에 반영되지 않는 이상 큰 의미는 없겠지만, 비판적인 정신이 살아 있는 학자들은 그 현상을 그대로 받아들이고 안주할 수 없기 때문에 끊임없이 고민하고 또 고민하게 되는 것이다.

인간은 각기 자신이 중시하는 가치가 있기 때문에 특정 주제에 대해 엇갈린 시각이 나올 수밖에 없다. 중국학자들 중에서도 애국주의 성향이 강한 학자들은 가능하면 외국인이 있는 경우에 중국에 대한 비판을 삼가려고 하고 중국 내부의 추악해 보이는 문제가 있다면 가능한 가리려고 하는 경우도 있다. 그러나 그런 문제일수록 드러내 놓고 중국의 환부를 도려내야 하지 않느냐는 차원에서 가능하면 많은 이들의 의견을 들으려고 노력하는 학자도 있다.

물론 이곳은 공식적인 외교의 장이 아니기 때문에 외교적인 발언을 하려고 노력할 필요도 없이 있는 그대로 서로의 의견을 나누는 것이 중요하다고 생각한다. 그러다 보면 어느새 소리를 한껏 드높여 격론하게 되기도 하고 워낙 비판의 명수들이 모인 곳이라서 비판을 통해 웃음을 자아내기 때문에 끊임없이 웃어 가면서 논쟁을 벌이는 경우가 많다.

이런 경우 중국어를 모르거나 그 논쟁에 끼기 어려운 학자들은 슬그머니 자리를 피할 수밖에 없다. 가끔은 뉴스에서 나온 각국의 사안에 대해 서로 다른 견해를 논의하다 보면 어느새 시간이 가는 줄도 모르게 시간이 흘러 버리게 되는 경우도 있다.

지금은 학기가 종료되고 공식적으로 여름방학에 들어간 상황이므로 학자들도 각기 다른 일정으로 어수선한데다 하나둘 짐을 챙겨 귀국 준비를 하고 있어서 도시락 토론도 잠시 휴식기이다.

비록 토론은 끝났다고 볼 수 있지만, 도시락을 먹으며 토론했던 그 주제들은 여전히 살아남아 있다. 그 주제는 또 다른 학자들에 의해 이어질 것이고 그 내용 또한 시대의 변화에 따라 변해갈 것이다.

주제도 형식도 없이 자유롭게 논의했던 도시락 토론은 그냥 떠들고 지나간 것이 아니라 각자의 마음에 살아남아 자신이 연구하는 주제에서 교육의 현장에서 또 현실 정치에서 투영되어 나갈 것이다.

도시락 토론은 자유에 자유를 더해 이성이 더욱 밝아지고 윤택해지는 시간이 아니었나 생각해 본다. 과거 중학교 시절에 몰래 먹던 '양은 도시락'은 아니지만 미국에서 도시락 먹던 시절이 무척이나 그리워질 것 같다.

10. 옌칭 연구소의 바닷가재 파티
Lobster Party at the Harvard Yenching Institute

● 바닷가재는 이 지역의 특산물로 주로 5월이 제철
이다

보스턴이 있는 뉴잉글랜드 지역에 유명한 특산물이 있다면 바닷가재라고 할 수 있다. 특히 5월이면 바닷가재의 철이라고 하여 일부러 대서양에 나가 바닷가재를 수확하는 관광을 하기도 한다. 2003년에 국제학술회의 참석차 하버드 대학에 왔을 때 바닷가재를 수확하는 배를 타고 나가 바닷가재를 직접 만져 본 경험도 있는 나는 바닷가재의 쫄깃한 맛을 좋아한다.

바닷가재를 먹기 위해서는 매우 복잡하고 번잡한 껍질 벗기기 과정을 거쳐야 하지만, 수고 끝에 먹는 쫄깃한 맛 때문에 그 모든 수고를 잊는지도 모른다.

● 2003년 하버드 대학에서 주관하는 국제회의에 참석하였을 때 바닷가재잡이에 참가하여 직접 들어 올린 바닷가재의 크기를 재어 봤다. 일정 크기를 넘지 않는 작은 바닷가재는 다시 바다로 돌려보내야 한다는 규정이 미국에서 엄격하게 적용되고 있다

● 일정 크기가 넘는 바닷가재는 운반하기 좋게 만들기 위한 처리 과정을 거쳐야 한다

물론 좋은 레스토랑에 가서 바닷가재를 먹는다면 전문 요리사들이 미리 껍질을 적당하게 처리해 두어서 간단하게 껍질을 벗기는 것만으로도 맛있는 살을 즐길 수 있다. 그러나 대부분은 바닷가재 껍질을 깰 수 있는 조그만 연장을 동원해서 본인이 하나씩 껍질을 없애면서 먹게 되는데, 그러한 번잡한 과정 자체가 바닷가재를 먹는 재미인지도 모른다.

하버드는 어느새 학기가 마감되어 여름방학에 들어갔다. 이곳 학기에 맞추어 하버드 옌칭 연구소도 종강 파티를 하였다. 특별하게 종강 파티라는 명목을 달지는 않았지만 그런저런 의미를 담아 바닷가재 파티를 열었다. 방학이어서 한적할 뿐만 아니라 일반인들이 출근하지 않는 토요일 점심시간이라 더욱더 여유가 있는 날이었다. 그동안 우중충했던 날씨까지 화창하게 변모하여 야외 파티를 하기에는 그야말로 적합한 날씨였다.

연구소 건물 뒤에 있는 넓은 잔디밭에 테이블을 펴고 각종 음료와 뉴잉글랜드 음식 및 바닷가재를 잔뜩 준비해 두고, 파티의 흥을 돋우기 위해 악단들까지 동원되었다. 아름다운 날씨에 모두가 편안한 마음으로 격식 없이 즐기는 파티는 학기 내내 뭔가 분주하게 수업하고 연구하던 전투적인 분위기에서 벗어나 조금은 한가로움을 즐길 수 있는 시간인 것 같아서 좋았다.

특별히 인사말이나 축사 등을 하면서 뭔가 행사를 진행하는 것 같은 분위기는 전혀 없고 시작을 알림도, 끝을 알림도 없이 정해진 시간에 자연스럽게 먹기 시작해서 본인의 사정에 맞게 자연스럽게 자리를 뜨면 해산이 되는 그러한 분위기였다.

이 파티에는 옌칭 연구소에 나와 있는 모든 학자들 및 그들의 가족, 관련 직원들도 참여하였고, 동아시아와 관련된 학과의 하버드 대학 교수들도 참여해서 식사하거나 담화하면서 서로 자연스럽게 대화하는 시간을 가졌다.

한마디로 연구소에서는 장소와 분위기를 마련해 주었고 그곳에서 무엇을 먹든 어떤 대화를 하든 그 분위기를 어떻게 즐기든 그것은 각기 개인에게 달려 있었다. 그래서

● 하버드 옌칭 연구소 소장 엘리자베스 페리 교수와 함께

자연스러운 분위기 속에서 그동안 열심히 살아왔던 노고에 대해 서로 격려하며 향후 각자의 연구 영역을 확장하는 시간으로 삼을 수 있었던 것 같다.

이러한 파티 분위기를 별로 좋아하지 않는지 간단히 식사만 하고 자리를 뜨는 사람도 있지만, 흥이 돌아 서로가 사진도 찍으면서 즐거웠던 한때를 기억하려고 노력하는 사람도 있었다.

바닷가재가 아무리 이곳의 특산물이라고 해도 가격이 싼 것은 아니기 때문에 자주 먹어 보지 못했던 우리 가족은 오랜만에 즐거운 시간을 보낼 수 있었다. 연구소 차원에서 온 가족이 참여하는 행사를 진행한다는 것은 쉬운 일이 아님에도 불구하고 이곳에서는 기회가 된다면 가족도 같이 참여하는 행사를 준비함으로써 서로가 자연스럽게 서로를 이해하는 데도 도움이 되도록 하였다.

특별한 의미를 담아 설명하지는 않았지만 각기 다른 나라로부터

● 옌칭 연구실을 함께 공유했던 동료들

미국에 와서 1년간 적응하며 생활하느라 쌓였을지도 모르는 다양한 스트레스를 날리는 기회로 삼으라고 온 가족이 참여하는 파티로 만들었는지도 모른다.

하버드 대학 교수도 이런 기회를 통해 그동안 별로 교류하지 못했던 다른 나라의 학자들과 교류하게 되고 옌칭 연구소에 와 있는 학자들도 자연스럽게 그들과 대화할 수 있는 기회를 가지면서 서로의 연구영역을 더 이해할 수 있는 계기가 되는 것 같다.

한국의 경우, 1년에 몇 번 개최하는 국내학회나 국제학회 등의 공식적인 기회 이외에 좀 더 편안한 분위기에서 평상시에 잘 접하지 못했던 학자들과 대화할 시간이 많지는 않다. 그러다 보니 학회 때 만나도 간단한 눈인사를 하는 정도에 그치거나 같이 공부했던 동기들과 안부인사하는 정도에 그치므로 자신의 연구를 소개하거나 그에 대한 의견을 들을 기회가 별로 없는 것이 현실이다.

물론 이곳에서도 하버드 옌칭 연구소처럼 자연스럽게 서로 만나 대화하도록 기회를 만드는 경우는 많지 않지만 어쨌든 바닷가재 파티를 통해 서로가 뜻깊고 즐거운 시간을 보낸 것만은 확실하다. 이곳에서 1년간 미국의 다양한 문화를 누리게 된 것은 내 인생을 풍성하게 만드는 데 중요한 역할을 하는 것 같다.

Chapter 4

하버드 대학과 동아시아

Harvard University and East Asia

1. 대만과 중국, 그리고 하버드
Taiwan, China and Harvard

세계 여러 나라들은 미국과의 관계를 중요시하는데, 특히 대선을 앞둔 정치인들은 자신의 가치를 극대화하기 위해 미국 방문이나 미국에서의 강연 등 미국에서의 활동을 염두에 두는 경우가 많다. 물론 정치적·경제적 현안에 대한 미국과의 정치적 협상도 간과할 수 없겠지만, 세계에서 가장 파워가 있는 국가 중의 하나라고 할 수 있는 미국과의 교류관계를 과시하려는 정치적인 의도도 있을 것이다.

2011년 9월 15일은 하버드 대학에서 대만 대선의 대리전이 벌어진 날이라고 해도 과언이 아니다. 하버드 케네디 스쿨에서 개최된 대만 국민당 대선 지휘자 킹푸총(金溥聰)의 "대만의 미래와 중국과의 관계"에 대한 강연과, 하버드 중국 연구 중심인 페어뱅크 센터 주최로 열린 민진당 당수 차이잉원(蔡英文)의 "새시대 대만의 정치적 도전과 선택 그리고 리더십"에 대한 강연이 시간차를 두고 같은 날 같은 대학에서 개최되었기 때문이다.

2012년 대만의 대선전을 앞두고 현 대만 총통 마잉지우(馬英九) 선거캠프에서 책임을 맡은 킹푸총은 대만 국민당은 중국과 풀기 쉬운 문제부터 협력하여 어려운 문제까지 협상해 나가려 한다고 주장하면서 대만의 야당인 민진당의 대중국관을 비판하였다. 대만 민진당은 향후 대만을 정치적으로 위험에 빠트릴 것이라고 하였다. 또한 민진당 당수인 차이잉원이 중국과의 관계에 대해 여러 차례 말을 바꾼 것을 지적하면서 중국과도 좋은 관계를 갖겠다고 하지만 그것이 가능한 일인가에 대해 의문을 품었다.

그의 말의 핵심을 종합하자면, 대만의 안정적인 미래를 위해 중국과의 관계가 중요하고 그런 역할을 잘할 수 있는 것이 바로 국민당이라는 것을 강조하였다. 그럼에도 불구하고 대만이 언젠가는 미국과 중국 중 어느 국가를 선택할 것이냐는 질문에는 강력한 파워에 끼어들지 않고 지혜롭게 처신하면서 대만 스스로의 길을 가겠다고 하였다.

즉 중국과의 통일 문제를 어떻게 풀어 나갈 것이냐는 문제에 대해서 대만의 주권을 희생하면서 중국과 타협하지 않겠다는 것을 분명히 하면서 정치적으로 어려운 문제는 시간이 해결할 것이라고 하였다. 다른 말로 하면, 대만의 안정적인 미래를 위해 중국과 좋은 교류 관계를 이어 가지만 대만의 주권을 넘겨주면서 중국과 통일하지는 않겠다고 한 것이다.

킹푸총은 주어진 주제 강연에 집중하기보다 대만 현 정권의 정치적 업적 나열과 야당에 대한 비판 등으로 정치적 색채가 강하게 풍겨 학구적으로 다가오지는 않았다. 뒤이어 열린 차이잉원의 강연은 주어진 주제에 집중하여 새로운 시대에 당면한 정치적 도전과 문제들 그리고 새로운 리더십이 어떻게 필요한지 부각하였다. 수많은 질문에도 자연스럽고 당당하게 자기의 의견을 발표함으로써 청중들의 공감을 얻어 수차례 박수를 받기도 하였다. 그는 중국과 미국 그리고 아시안 국가들과 안정적이며 평화로운 관계를 지속해 나가겠다고 하면서 중국과의 통일 문제는 대만인의 결정에 달렸다고 하였다.

대만 대선전은 단순히 대만만의 문제로 남지 않는다. 이는 항상 대만과 중국의 문제, 동북아시아의 평화, 태평양을 사이에 둔 미국과 중국의 문제를 넘어 세계평화의 중요한 지점이기도 하다.

중국은 전 세계를 향해 하나의 중국을 천명하면서 대만을 중국의 일부로 선언하지만 사실상 대만은 Republic of China, 즉 '중화민국'으로서 국명이 있고 대륙의 중국과는 다른 독자적인 정치체제가 있다. 1911년 신해혁명으로 탄생한 중화민국은 마침 올해 건국 100주년을 맞이하는 의미 있는 한 해이다.

하버드에서 격돌한 대만의 '예비' 대선전은 동아시아의 평화를 위해서도 관심을 가져야 하지만, 세계 질서의 변화 특히 미중 간의 갈등과 타협이 어떻게 이루어지느냐를 바라보는 데도 매우 중요한 관전 포인트가 되므로 관심 있게 볼 필요가 있다. 대만 민심의 정치적 방향추가 어디로 쏠리느냐에 따라 중국의 대대만, 대미국 정책이 변화할 수도 있고, 중국과 미국의 대대만 정책 및 중미관계가 변화할 수도 있기 때문이다.

따라서 대만의 대선전은 많은 미국인과 중국인의 관심을 자아냈고, 통일을 염원하는 대륙 출신 중국인들이나 대만의 정체성을 강조하는 대만인들은 각자 지지하는 당을 불문하고 대만과 대륙의 통일

여부 및 그런 정책에 대해 관심을 가질 수밖에 없다.

차이잉원의 강연은 미리 준비되었던 것에 반해 민진당의 정치적 입지가 확대되는 것을 반대하기 위해 급하게 하버드에 마련된 듯한 인상을 주는 국민당 킹푸총의 강연은 여당으로서 정치적 논란에 휩쓸리지 않으려고 정치적 발언에 신경을 쏟은 듯했다.

정치적 논란과 상관없이 단순히 강연 그 자체만 본다면, 차이잉원의 강연이 청중들에게 좋은 인상을 남겼고 새 시대의 지도자로서의 이미지를 더욱 분명히 했다고 볼 수 있다. 난처한 정치적 질문이나 개인적으로 모욕이 될 만한 질문에도 유머러스하게, 그러면서도 자신이 펼치고자 하는 소신을 분명히 밝힌 강연이었기 때문이다.

물론 마잉지우 총통이 직접 강연을 하였다면 양상이 조금 더 달랐을지도 모른다. 대선주자가 직접 자신의 의견을 피력하는 것과 대선 캠프 책임자라고 할지라도 남의 의견을 대신 말하는 것과의 차이는 분명히 있기 때문이다.

대만의 대선전이 남의 일처럼 느껴지지 않는 것은 양상은 다르지만 우리가 안고 있는 통일의 과제가 남아 있기 때문일지도 모르겠다.

2. 하버드 대학의 한국학 30년

30 Years of Koreanology at Harvard University

하버드 대학에 한국학이 탄생한 것은 1981년이다. 중국학을 중심으로 연구했던 하버드 옌칭 연구소는 1928년에 탄생하였고, 일본학을 연구하는 라이샤워 일본학 연구소는 1973년에 탄생하였다. 다른 동아시아 국가에 비하면 상대적으로 늦게 출발하였지만 이는 한국의 위상 변화와 더불어 탄생한 것이어서 의미 있는 것이다.

한국은 일본의 식민지배기를 넘어서자마자 전쟁과 분단국으로서 경제적 어려움과 싸워야 했다. 수많은 정치적·경제적·군사적 갈등을 딛고 1970년대 경제발전이 궤도에 올랐고, 1980년대에는 민주화를 이루었으며 1990년대는 좀 더 세계로 가까이 가면서 세계에서 위상을 드높여 나갔다. 이러한 한국에 대해 세계인의 기억 속에 여전히 일본의 식민지나 한국전쟁에서의 고난만 떠오른다면 제대로 한국을 인식했다고 할 수 없을 것이다.

따라서 한국에 대한 일반적인 이해를 넘어 학문적으로 한국학을 체계적이고 종합적으로 연구할 수 있는 기반을 하버드 대학 한국 연구소에서 마련했다는 것은 매우 의미 있는 일이다.

2011년 9월 29일은 하버드 대학 한국학 30주년을 맞이하는 기념행사가 있었다. 에즈라 보겔(Ezra F. Vogel) 교수는 비록 한국학 연구를 직접적으로 주도하지는 않았지만 1958년에 하버드에서 박사학위를 받은 후 현재까지 하버드 대학에서 동아시아 관련 학문을 가르치고 연구하는 교수로서 다양한 역사적 변화를 증언할 수 있는 산증인으로서 그동안 한국학에 어떠한 변화가 있는지에 대해 특강을 하였다.

유아에서 30세의 건장한 청년으로 자란 한국학 연구소는 그동안 많은 발전을 이루었다. 1981년부터 1993년까지 초대 한국학 연구소 소장을 역임했던 에드워드 바그너(Edward W. Wagner)로부터 시작하여 카터 에커트(Carter J. Eckert)와 데이비드 매캔(David R. McCann)을 거쳐 2011년부터 제4대 소장으로 김선주(Sun Joo Kim) 교수가 소장을 맡고 있다. 김선주 교수는 한국에서 태어나 대학 교육까지 받았던 한국인 출신 소장이라는 점에서도 의미가 있다.

에즈라 보겔 교수는 그동안 하버드 대학을 거쳐 간 수많은 유명 인사도 한국학 연구소와 무관하지 않다는 점에서 몇 명을 소개하였다. 고난의 시절을 보내야 했던 김대중 대통령이 하버드에 머물렀고, 반기문 유엔 사무총장, 이홍구 전 주미대사 등 한국 역사에 기록될 유명한 인물들이 거쳐 갔다.

현재 한국학 연구소는 여름프로그램을 만들어 한국과의 교류를 증진시키고 학생들의 한국어 능력을 배양시키는 데 노력하고 있다. 또 연구를 위해 한국을 방문하는 것을 지원하고 한국학 관련 자료를 체계화하는 데도 많은 관심을 기울이고 있다.

그러나 향후 하버드 대학에서 한국학이 체계적으로 발전하기 위해서는 몇 가지 사항이 더욱 고려되어야 할 것 같다.

한국학 연구소는 비록 역사와 문학 등 한국을 이해할 수 있는 기본적인 체계는 갖추었지만 한국학을 체계적이고 종합적으로 바라볼 수 있는 다양한 학문이 충분히 공존하는 것은 아니기 때문에 향후 학문적 다양성과 인원 확충에도 노력해야 할 것이다. 그리기 위해서는 하버드 대학 자체에서 교수 확충과 다양한 프로그램 운영을 위해 많은 노력을 기울여야겠지만, 한국뿐만 아니라 세계 각국에서 다양하게 성공한 분들의 적극적인 기부 또한 필요하다.

학문적 발전도 재정적 지원과 상당한 관계가 있기 때문이다. 하버드 대학에서 한국학 연구소가 발전할 수 있었던 것도 한국의 국제교류재단 등의 지원이 있었기 때문에 가능한 일이다. 어떠한 일을 추진하는 데 필요한 재정이 충분하다면 새로운 신진세력들을 키워 나가는 데도 적극적으로 도와줄 수 있고 또 수많은 연구자들이 연구에 전념하기에도 효과적일 것이다.

이러한 대학에서 한국의 다양한 면모를 연구하여 세계적으로 그 지식을 확산시킨다면 자연스럽게 세계 속에서 차지하는 한국의 위상도 달라질 것이다. 결국 학자들이 어떻게 한국을 체계화시키고 이론화시키느냐에 따라 역사 속에서 또 미래에 새로운 한국상이 형성될 것이다.

더불어 한국과의 교류뿐만 아니라 세계 각국에서 연구되는 한국학과의 연계성도 확대시켜 나가야 할 것이다. 한국학 학회나 국제 학술회의 등을 자주 개최하여 한국학과 관련된 구체적인 내용에 대해서도 관심을 가지지만 한국과 이웃 및 한국과 세계와의 관계에 대해서도 깊이 있는 연구가 진행되도록 수많은 지원을 아끼지 않아야 할 것이다.

한국학을 연구해 나가는 데 가장 중요한 것이 있다면 자료이다. 미국은 한국뿐만 아니라 세계 각국에 대한 다양한 자료를 수집하고 있고 끊임없이 중요한 정치적·외교적 자료를 생산하고 있기 때문에 이러한 자료에 대해 체계적으로 조사하고 소장하는 방법을 강구하는 것도 잊지 말아야 할 것이다. 결국 이러한 자료를 충분히 소장하고 있다면 이를 연구하기 위해서 하버드 대학 한국학 연구소를 방문하여 연구하려는 학자들이 끊이지 않을 수 있기 때문이다.

3. 북한 소식에 목마른 하버드

Thirst for North Korea News at Harvard

2011년 12월 17일 북한 김정일 국방위원장의 사망 소식은 한국은 물론이고 동아시아 더 나아가 세계가 관심을 갖고 각종 상황 변화를 예의주시하게 만들었다. 그날 이후 미국 방송에서도 관련 자료를 쏟아 내었고 여러 북한 전문가들이 방송에 출연하여 나름대로의 견해를 발표하였다.

워낙 북한의 상황에 대해 정보가 별로 없는데다 오랜 시간 동안 후계자 수업을 충실히 받았다고 보기 어려운 젊은 지도자 김정은 체제에 대해 어떻게 이해하는 것이 좋을지에 대해 많은 사람들이 관심을 갖는 것은 자연스러운 일일 것이다. 소위 신중한 북한 전문 연구자들은 정확하게 알고 있는 사실이 너무 적어 추론 정도밖에 할 수 없으므로 입을 다물고 있다. 그래도 북한의 변화를 이해하고자 하는 사람들의 성화 때문인지 봄 학기가 시작되자마자 하버드에서는 북한 사회를 이해하고자 하는 각종 세미나와 강연이 이어졌다.

● '북한의 계승: 하버드로부터의 전망'을 알리는 포스터

'두 개의 한국'이라는 과목을 강의하는 교수는 마침 북한의 김정일이 사망했기 때문에 봄 학기에 개설되는 이 과목에 수많은 학생들이 몰려 즐거운 비명을 지르고 있는 중이라고 '싱글벙글' 하였다.

그만큼 조금이라도 북한의 소식을 들을 수 있는 곳은 어디든지 사람들이 몰렸다. 2012년 1월 23일에는 '북한의 계승: 하버드로부터의 전망'이라는 주제로 하버드 대학에 근무하고 있는 관련 학자 3명이 발표를 하였다. 한국역사로 본 관점과, 러시아 및 중국 외교와 관련된 관점으로 북한의 향후 변화에 대해서 논의하였다.

누가 어떠한 논의를 해도 북한의 현실에 대한 정보가 충분하지 않은 상태에서 깊이 있는 논의를 진행하기는 한계가 있지만 뭔가를 좀 더 알아내기 위해 질문하려는 청중으로 넘쳐났다. 물론 시간이 충분치 못해 제대로 된 토론이 진행되지는 못했지만 북한을 이해하기 위해 몰려든 군중들을 보고 살짝 놀랐다. 강연장을 가득 메우고 그것도 모자라 바닥에 주저앉거나 서서 경청하는 사람도 상당수 있었기 때문이다.

1월 26일에는 하버드 케네디 스쿨에서 '북한 미래에 대한 2개의 귀중한 내적 전망'이라는 주제로 북한을 직접 경험하고 있는 평양과학기술대학 김진경 총장과 중국에서 북한 문제를 연구한 이승현 기자를 초대해 그들의 견해를 경청하는 시간을 가졌다.

이 강의를 경청하기 위해 또다시 수많은 사람들이 몰려들었는데, 조금이라도 북한 현실을 좀 더 이해해 보고자 하는 열의에 비해 북한의 현실을 충분히 설명해 주는 답은 없었다. 중국 전문가가 한반도 통일을 보는 견해와 새로 설립된 평양과기대에 능력 있는 교수들이 필요하다는 역설은 북한의 미래에 대한 전망과 관계가 없는 것은 아니겠지만, 사람들이 간지러워하는 곳을 적절하게 긁어 주었다고 보기는 어려울 것이다.

이러한 열기는 2월 2일 '김정일 사후: 한반도와 동아시아 안보'라는 주제로 이어져 갈 전망이다. 주한 미국대사를 역임(1997~2001)했을 뿐만 아니라 미국의 대북한정책 특별대표(2009~2011)를 역임한 스테판 보스워스(Stephen W. Bosworth) 터프츠대학 플레쳐(The Fletcher School of Law and Diplomacy) 원장의 강의는 그의 경력 때문에라도 마찬가지로 많은 사람들이 몰릴 것으로 예상된다.

그러나 그가 강연할 주제에서 이미 명확하게 볼 수 있듯이 북한에서 발생하고 있는 현실을 알기는 어려울 것이고 새로운 북한 정권과 아시아의 안보가 어떻게 관련 있는지를 전망하지 않을까 생각한다.

미국이 왜 이렇게 북한의 소식에 귀를 기울이는 것일까? 김정일 사후의 북한의 현실이 어떠한지 궁금하기도 하겠지만 궁극적으로는 그것이 동아시아 및 세계의 안전과 어떠한 관련이 있을 것인가에 대한 궁금증을 해소하기 위한 것일 수도 있다. 그러한 점에서 동아시아 안보를 논의하는 것은 미국의 대동아시아 정책을 수립하는 데도 매우 유용할 것이다.

물론 북한은 북핵 문제로 세계적으로 관심을 끌고 있는 곳이기도 하지만 세계적으로도 찾아보기 드물게 폐쇄된 사회이면서 김씨 왕조가 북한 수립으로부터 현재까지 3대를 걸쳐 이어져 내려오는 독특성 때문이기도 할 것이다.

북한의 문제는 단순히 한 국가의 변화를 설명할 뿐만 아니라 향후 동아시아 변동에도 큰 영향을 미칠 수 있고 특히 세계를 주도해 나가는 미국과 중국의 관계 및 역할 변화에도 영향을 미치는 요소가 있기 때문에 신경을 곤두세우지 않으면 안 되는 문제이기도 하다.

하버드 대학의 장점이 있다면 세계적으로 발생하는 특정 이슈에 대해 관심을 갖고 그 문제를 이해해 보고자 하는 각종 강연이나 세미나가 적절히 개최된다는 점이다. 그만큼 인적 자원도 다양하게 확보하고 있다. 물론 필요하다면 언제든지 다양한 전문가를 초청해서 특정 사안에 대해 관심을 기울일 수 있어서 현실적인 정치 감각을 살릴 수 있다. 이는 물론 자본력, 정치력, 명성 등이 뒷받침되기 때문에 가능한 것이다.

상황에 따라서는 강연이나 세미나가 원래 의도한 대로 충분한 정보와 관점을 피력하기에 한계가 있다 할지라도 특정 사안에 대해 적어도 논의할 수 있는 장을 마련한다는 점에서 발 빠른 대처를 하고 있다고 할 수 있다.

비록 약간의 정보라고 할지라도 동아시아 및 세계적인 외교정책의 변화에 영향을 미칠 수 있는 북한의 상황 및 동아시아 안보문제는 많은 사람들이 관심을 갖고 논의를 지속해 나가는 것만으로도 충분히 의미 있는 성과를 거두고 있는 것이 아닌가 생각해 본다.

4. 스테판 보스워스가 본 '김정일 사후'

'After Kim Jungil' by Stephen Bosworth

2012년 2월 2일 주한 미국 대사를 역임(1997~2001)한 스테판 보스워스는 하버드 대학에서 '김정일 사후: 한반도와 동아시아 안보'에 대해 강연하였다. 현재 터프츠 대학 플레쳐 원장인 그는 한반도 에너지 개발(KEDO) 책임자(1995~1997)였으며, 오바마 정부에서 특별 북한정책 미국대표(2009~2011)를 역임하여 한반도 정책을 깊이 있게 이해하는 전문가이다.

미국의 한반도 정책은 임명된 책임자에 따라 그 정책기조와 방향이 변화하기 때문에 항상 동일할 수는 없겠지만 보스워스 원장은 오랫동안 한반도와 관련된 일을 했을 뿐만 아니라 튀니지와 필리핀 대사를 역임하는 등 미국 외교에 종사하던 분이기 때문에 그가 말하는 한반도 정책이나 북한관은 나름대로 미국의 시각을 이해하는 데 도움이 된다.

그는 주어진 시간에 맞추어 자신의 논지를 간단하게 설명한 후 1시간 정도를 질의문답에 활용하여 가능한 한 많은 사람의 궁금증을 해소하는 데 노력하였다. 강연이 길고 형식적인 몇 개의 질문으로 허둥지둥 마무리하는 수많은 강연에 비해 훨씬 심도 있고 의미 있는 시간이었다. 그는 질문의 핵심도 잘 파악하면서 요령 있게 대답하여 외교관으로서의 재치와 노련미가 느껴졌다.

강연은 6자회담을 중심으로 북한문제를 논의하면서 한국의 역할이 과거에 비해 훨씬 중요하게 되었다는 것을 수차례 강조하였다. 특히 2012년은 북한을 포함하여 미국, 한국, 중국 등지에서 새로운 지도자가 등장하는 등의 변화가 있기 때문에 전략적 위험에 잘 대처해야 한다고 하였다.

그는 북한에 새로운 정권이 들어섰지만 어느 날 갑자기 쿠데타 등에 의해서 붕괴되었다고 해도 전혀 놀라운 일이 아니라고 하면서 그 내부에 많은 긴장이 있음을 강조하였다. 이러한 상황에서 해야 할 일은 적어도 2005년에 합의한 대로 6자회담이 운영될 수 있어야 하고, 한국이나 일본이 정치적으로 비핵화를 위해 노력해야 한다고 하였다. 상황의 안정화를 위해 양자, 삼자 또는 다자의 틀을 활용하여 문제해결을 위해 노력해야 하는데 그중에서도 한국의 전략이 중요함을 다시 강조하였다.

나는 한국이 어떠한 역할을 해야 하는지 왜 한국의 역할이 중요한지를 질문하였는데, 정치지리학적으로 한국은 중요한 역할을 하지 않으면 안 되는 위치라는 것을 강조하였다. 북한에서 문제가 발생했을 때 가장 직접적으로 영향을 받는 나라가 한국이기 때문에 한국의 대북한 전략이 매우 중요하다는 것을 재삼 강조한 것으로 보인다.

북한의 갑작스런 붕괴 이외에 좀 더 긍정적인 시나리오는 어떤 것이냐는 일본 총영사의 질문에 대해서는 평화적 정권 수립이라고 하면서 이는 오랜 시간이 걸릴 것임을 강조하였다. 이에 중국에 거주하고 있는 김정일의 첫째 아들 김정남과 중국의 대북한 영향력을 어떻게 바라보느냐에 대한 질문에 대해서는 영향력이 크지 않을 것으로 보았다. 왜냐하면 중국은 이미 북한의 식량지원 등에 대해서 충분히 영향력을 발휘하고 있으므로 김정남과 더불어 더 큰 영향력을 발휘하는 것은 쉽지 않을 것으로 전망하였다.

그래도 북한의 내부 변화에 따라 소위 김정은 체제에 대한 불만세력과 김정남과의 연관성, 이를 이용하려는 중국의 움직임이 영향을 미치지 않을까라는 질문에는 북한의 내부 상황을 충분히 이해하는 것은 아니지만 북한으로 돌아가기 어려운 김정남의 영향력을 크게 인정하기는 어렵다고 보았다. 그 이유로 북한이 김정은 체제를 정통으로 보고 지지하고 있음을 들었다.

북중관계에 이어 북러관계가 미국의 정책에 미치는 영향을 어떻게 보느냐에 대한 질문에는 1991년 이전의 상황과는 달라졌기 때문에 별로 영향을 미치지 못할 것으로 전망하였다. 즉 소련붕괴 이전과 이후의 상황이 달라져서 북러관계 변화가 북미나 미러관계에 미치는 영향이 적음을 시사하여 미국의 대동아시아 정책에서 러시아의 요소가 약화되었음을 보여주었다.

그에 덧붙여 러시아가 동아시아에 관심을 갖는 것은 시베리아와 만주, 북한 및 한국을 통과하는 천연가스 파이프라인 등 에너지 문제에 있는 것이지 정확하게 한반도 비핵화에 관심이 있는 것은 아니라고 보았다. 어떻게 보면 북한의 비핵화 문제를 위해 6자 회담의 당사자로 참여하고 있는 러시아의 속내를 훤히 들여다보고 있는지도 모른다.

한반도 문제를 논의할 때 가장 관심 있는 부분의 하나는 당연히 통일 문제인데 이를 어떻게 이해하는지에 대한 질문에 대해서는 한반도가 통일하는 데 가장 중요한 장애물은 상호 다른 정치체제임을 강조하며 북한이 계속 존재한다면 통일이 쉽지 않을 것이라고 하였다. 그렇다고 북한이 일순간에 붕괴하면 한국이 감당해야 할 통일 비용이 너무 크기 때문에 한국에서도 이를 받아들이기가 쉽지 않을 것으로 보았다.

북한이 김정일에서 김정은 체제로 평화적 이양을 한 것으로 보느냐에 대해서는 그렇지 않은 상황이 발생하기 이전까지는 그렇게 이해한다고 하였다. 그는 북한이 다양한 긴장 관계 속에서 김정은 체제로 전환했지만, 향후의 북한 변화에 따른 동아시아 안보에서 한국의 전략이 중요하다는 것을 재삼 강조하였다. 특히 이번 대선의 방향 및 한국의 변화가 미칠 영향의 크기를 고려하였다.

한반도 평화 체제 유지를 위해 한국이 무엇을 어떻게 해야 하는지에 대해서는 결국 한국 국민에게 달린 것으로 보인다. 미국은 한반도의 통일을 '지지'하겠지만 한반도 통일의 구체적인 방안은 당사자인 한국 스스로가 철저하게 고민하지 않으면 안 되는 과제로 남겨졌다.

5. 도널드 그레그의 '새로운 북미관계'

'Time to Plan for a New Chapter in USA Relations with North Korea'
by Donald Gregg

'북한'이라는 단어가 나오면 대부분 이해하기 힘든 나라라고 한다. 특히 김정은 체제로 들어서면서 과연 북한이 어떤 방향으로 어떻게 움직일까 궁금해 하는 사람들이 많아졌다. 폐쇄적인 사회인데다 3대째 세습되는 권력의 독특성과 더불어 스위스에서 교육받은 경험이 있는 20대라는 젊은 나이에 후계자로 올라선 지도자 김정은을 어떻게 이해하면 좋을지 몰라서이기도 하다. 또 북한의 변화가 동아시아 각국 및 미국 등지에 미칠 파장을 가장 우선적으로 고려하기 때문이기도 하다.

미국으로서는 6자회담의 성공적 결과 확보와 더불어 새로운 북미 관계의 형성이 가장 중요한 관심사인 것은 분명하다. 왜냐하면 6자회담에서 미국이 주도적인 역할을 함으로써 국제적 현안을 잘 정리해 나갔다는 인상을 세계에 심어 준다면 그만큼 세계적인 활동에서 미국의 역할뿐만 아니라 미국의 활동 무대도 확대될 수 있기 때문이다. 게다가 세계가 미지의 북한에 대해 의심의 눈초리를 거두지 못하고 있는데 미국과 새로운 관계를 형성하여 동아시아의 안정을 도모했다고 한다면 더욱더 미국의 주가가 올라갈 수 있기 때문이다.

이러한 것을 염두에 둔 케네디 스쿨은 2월 17일에 전 주한대사였던 도널드 그레그(Donald Gregg)를 모시고 '북미관계의 새로운 장을 설계해야 할 시간'이라는 주제로 강연회를 개최하였다.

그는 미국 CIA에 가장 영향력을 미치는 사람으로 알려져 있으며, 한국뿐만 아니라 일본, 버마, 베트남에서 외교관 생활을 하였다. 미국 국가안전국에서 고문을 역임하였고 은퇴한 후에는 몇 년간 한국 협회장을 맡기도 하였다.

동아시아뿐만 아니라 한국의 전문가로 인정받을 만한 그의 북한관은 일반적인 사람들처럼 냉소적이거나 비난 일색이 아니라 좀 더 건설적으로 이 시점에서 해야 할 일이 무엇인지에 초점을 맞추었다.

그는 한국과 관련된 수많은 일을 해 오면서 북한에 5번 다녀온 것이나 그 와중에 있었던 에피소드를 중심으로 이야기를 펼쳐 나갔다. 특히 북한 외무성 제1부상인 김계관과의 관계를 통해 대화했던 내용들을 설명하였다. 리비아의 카다피 대통령의 말로를 잘 알고 있었던 북한은 이 일이 발생한 후에 북한을 찾았던 도널드 그레그를 냉대하면서 "미국은 리비아를 다시 꿈꿀 생각은 하지 말라"라고 잘라 말했다고 한다.

북한은 미국이 리비아와 같은 전철로 북한을 압박하여 결과를 도출하려는 것으로 생각했던 것이다. 그렇다고 한다면 북한은 미국과의 교류를 재고할 생각으로 "우리는 당신들이 우리를 아는 것보다 몇

배는 자세히 당신들을 알고 있다"고 하면서 압박을 거부하는 태도를
분명히 했다고 하였다.

북한의 김정은이 후계자로 지정되기 이전에 도널드는 김정은을
미국에 초대하여 미국에 대한 경험을 갖게 하는 것이 좋겠다고 제안
하였다고 한다. 당시 그런 제안이 제대로 받아들여지지 않았고, 결국
김정은이 후계자가 되면서 미국은 김정은과 교류하지 않으면 안 되는
상황이 된 것이다.

그는 2012년 북한에 김정은 체제가 들어선 것과 더불어 한국, 중
국, 미국, 러시아도 정치적 변화가 있는 해이고, 자주 정권 변화가 있
는 일본도 정치적 변화의 가능성이 큰 상황에서 역사적으로 매우 드
문 획기적인 시대인 만큼, 새로운 시대를 개척해야 한다는 것을 강조
하였다. 그것은 물론 6자회담에서의 진전을 포함하는 것이었다.

2012년이라는 해가 아주 드물게 대만을 포함해서 동아시아뿐만
아니라 미국, 러시아까지 새로운 정치 지형을 만들 수 있는 해이므로
세계질서 변화에도 기여하는 정책들이 기반을 잡아야 한다는 것은 충
분히 공감할 만한 것이었다.

북한을 몇 차례 다녀오면서 북한의 현실을 직접 확인해 본 적이
있었던 어느 청중은 다음과 같이 "아무것도 없는 북한에게 핵은 북한
정권이 북한을 보호할 수 있는 최후의 보루처럼 여겨지는 것인데 미국
이 그것을 없애라고 강조한다면 북한으로서는 선뜻 받아들이기는 어
려울 것이다. 핵을 포기하면 다른 어떠한 것도 내세울 만한 것이 없고
또 대외교류에서도 제한을 받기 때문"이라고 전제하면서, "그 대신 북
한 내에서도 군부나 경제 책임자 사이에 알력이 있으므로 이를 저울

질한다면 북핵만으로 압박을 하지 않아도 새로운 결과물을 낼 수 있는데, 혹시 자본력으로 북한을 변화시켜 볼 생각을 하지는 않았는가? 서구 자본이 대대적으로 침투해 들어간다면 값싸고 질 좋은 노동력을 활용하면서 북한의 변화를 더욱 효과적으로 만들어 낼 수 있지 않겠는가?"라고 물었다.

도널드 그레그는 이러한 질문에 충분히 의미 있는 생각이라고 답하면서 그러한 생각을 포함해서 새로운 북미관계 모색이 2012년 이래 반드시 시행해야 할 과제라고 강조하였다.

남북이 대화하지 않으면 북미대화도 없다는 식의 태도를 취하던 미국도 새로운 시대에 맞는 새로운 북미관계를 개선하기 위해 노력하고 있다. 시대는 다각적으로 변하고 있으며 그것을 대하는 우리의 사고도 융통성이 있지 않으면 안 된다.

남이 태도를 바꾸니까 내가 태도를 바꾸는 것이 아니라 2012년의 시대상이 어떤 형태든 과거와는 다른 모습을 지닐 수 있기 때문에 새로운 시대상을 읽으면서 내가 취해야 할 태도와 정책이 무엇인지 고민하지 않으면 안 된다. 한반도 평화는 일차적으로 우리의 문제이기 때문이다.

6. 한국영화 상영과 '한류'
Show on Korean Documents and 'Han Stream'

　　21세기는 한국 문화가 세계적으로 알려지고 소비된 특별한 시대로 역사에 기억될지 모른다. 과거 역사 시대에 국가 간 문화 교류가 제한적일 때는 문화가 전파되는 곳도 제한적이었지만 인터넷이 발달하고 실시간으로 다른 세상의 소식이 전해지는 현대에는 문화의 확산도 일정 지역뿐만 아니라 전 지구적으로 확대되어 나가고 있다.

　　'한류'라고 하는 용어에서 확인해 볼 수 있듯이 한국의 문화가 다른 나라에서도 유행하거나 하나의 흐름을 형성하여 세계로 전파되고 있는 중이다. 거기에는 방송을 통한 드라마나 음악·예술 장르가 큰 힘을 발휘하고 있다. 또한 한국의 영화가 세계 주요한 영화제에서 수상하는 사례가 많아지면서 한국 영화의 힘을 발견한 사람들의 저변이 확대되어 나름대로 한국 문화가 조금씩 전파되고 있다.

　　영화는 분주한 일상에서 벗어나 쉬면서도 즐길 수 있는 것이어서 다른 어떠한 매체보다도 거부감이 적게 다양한 대중에게 다가가고

● 2012년 봄학기에 하버드 한국학연구소에서 상영되었던 일부 영화 포스터. 모두 다큐멘터리 필름으로 한국 사회가 안고 있는 문제점을 부각하고 분석하는 데 중점을 두었다

있는지도 모른다. 물론 역사적인 사건을 배경으로 하거나 삶의 철학까지도 포괄하는 묵직한 영화도 많이 있다. 영화를 보면서 고민하느라 오히려 영화가 끝나면 조금 쉬어야 할 느낌이 드는 작품도 많이 있다.

한국 문화를 알린다는 취지에서 시작된 하버드 한국학 연구소의 한국 관련 필름 상영은 영화를 사랑하는 사람들에게 한국을 알리는 도구로 활용되고 있다. 학기 중 1달에 2번 정도 상영되는 한국 관련 영화의 주제는 다양하다. 일반적으로 잘 알려져 있는 영화를 상영하기보다 주로 다큐멘터리로 제작된 영화를 상영하여 가능하면 '진실성'이 드러나도록 기획하고 있다. 주로 한국 사회 또는 해외의 한인 관련 다큐멘터리 영화를 상영하고 있다.

그중에는 북한과 관련된 다큐멘터리도 있고 재일조선인의 애환과 관련된 영화도 있다. 이런 다큐멘터리는 한국에서 많이 접해 보지 못했던 것이어서 한국인을 포함하여 해외에 거주하는 여러 한인분들의 삶을 이해하는 데도 많은 도움이 된다.

이 프로그램의 장점은 단순히 한국 영화를 상영하여 한국 문화를 세계로 알리는 것에 그치지 않는다는 것이다. 영화를 상영하는 동안 무료로 팝콘을 먹고 콜라를 마실 수 있도록 준비해 두어 좀 더 부드러운 분위기에서 영화를 관람케 하는데, 다른 중국 등지의 영화 프로그램에는 없는 한국 프로그램의 특징이다.

영화를 상영한 후에는 영화에 대한 비평과 질의응답이 이어진다. 해당 영화를 설명하거나 비평할 수 있는 전문가를 모셔서 간단히 영화에 대한 소개나 그의 의견을 들은 후 관람자 누구나 해당 영화에 대해 질의할 수 있도록 시간을 배려하고 있다. 이들의 질의응답을 듣고 있다 보면, 미국에 거주하는 많은 사람들이 한국의 문화나 역사에 대해 잘 모른다는 것을 확인할 수 있다. 한인 2세를 포함하여 미국에 사는 미국 사람들이 한국의 역사적 배경을 잘 모르기 때문에 다큐멘터리에 담고 있는 내용을 정확하게 파악하지 못하는 경우도 많다.

그렇지만 토론 시간을 통해 질의응답을 하면서 조금씩 한국 역사를 이해하는 모습을 보면서 이런 프로그램의 소중함을 알 수 있었다. 그들이 한국 문화를 잘 모름에도 불구하고 상업적인 영화도 아닌데 특별한 다큐멘터리에 관심을 갖고 영화를 관람한다는 것은 쉽지 않은 결정이다. 하버드 학생뿐만 아니라 누구나 관심이 있다면 참여할 수 있도록 개방되어 있는 이 프로그램은 많은 사람은 아니지만 20~30명 정도가 꾸준히 모여서 관람하면서 한국 문화를 이해해 나가고 있다.

이런 기회를 통해 미국에 한국 문화를 사랑하는 사람들의 저변을 확대시키고 한인 2세뿐만 아니라 각국의 유학생이나 미국 사람들에게 한국 문화를 알려 한국 문화가 세계인의 문화로 자리 잡는 데 기여하고 있다.

한국 영화는 한국학 연구소뿐만 아니라 하버드 대학 필름 아카이브에서도 종종 상영하고 있다. 특별 기획전을 만들어 한국 영화 발전에 크게 기여한 감독의 작품을 상영하기도 하고, 어느 경우는 감독이 직접 상영회에 참석하여 자신의 작품에 대해 설명하는 시간을 갖기도 한다.

이는 한국 문화가 나름대로 성장하여 인류 보편적으로 받아들이고 즐길 수 있는 수준으로 성장했다는 의미이기도 하다. 또 다른 한편으로는 이런 정도 구체적으로 각국의 문화가 하버드에서 소개되고 소비되고 있다는 점에서 하버드의 힘이 느껴지기도 하였다. 이곳의 학생들은 마음만 먹으면 주변에서 쉽게 세계를 이해할 수 있는 최고의 인적·물적 자원이 널려 있기 때문이다.

종종 한국어를 구사하는 외국인을 만나기도 하고 또 '한류'를 주제로 하버드에서 학위논문을 준비하는 서양인도 만날 수 있다는 것은 그만큼 한국 문화의 저변이 많이 확대되었다는 뜻일 것이다. 한국 문화가 세계인의 가슴속에 영향을 주기 위해서는 세계의 흐름과도 발맞추어야겠지만 한국이 갖는 독특한 문화와 사상을 깊이 있고 의미 있게 또 흥미롭게 풀어내는 지혜가 필요하다.

'한류'가 잠시 반짝이는 혜성이 되지 않고 의미 있는 시대적 현상으로까지 자리 잡아 갈 수 있도록 하기 위해서는 한국 역사와 문화 속에서 힘을 찾아 나가는 자신감이 필요하다. 그것은 단순히 아름다운 역사를 찬양하는 것이 아니라 있는 그대로의 절망과 아픔의 모습을 세련되고 진솔하게 담아내어 세계인의 공감을 사는 것이 중요할 것이다. 삶의 켜가 보이고 아픔의 농도가 짙게 드리워져 있는 중에도 희망을 찾아 나가는 사람들의 모습. 그것이 우리 자신도 잘 모르는 우리네의 진솔한 모습일지도 모른다.

7. 중국 보시라이 사건 세미나

Seminar on the Boxilai Incident in China

하버드 대학의 장점이 있다면 일반인들도 관심을 가질 만한 정치적 이슈가 발생하면 얼마 지나지 않아 관련 세미나가 개최된다는 것이다. 그것이 미국 내의 사건뿐만 아니라 국제적으로도 이슈가 될 만한 사건이라면 바로 준비가 된다는 점에서 시의적절하게 지적 욕구를 충족시켜 준다.

최근 중국에서 발생한 고위 공무원의 체포와 그에 이어지는 각종 추문에 대해서도 어김없이 세미나가 준비되었다. 평상시에도 중국 관련 세미나가 너무 많아 도저히 다 챙길 수가 없을 정도였기 때문에, 중국 내부에서 발생한 국제적 추문에 대해 당연히 그냥 무시하고 넘어갈 리가 없다.

근래에 중국에서 보시라이 충칭 당서기가 중국 당국에 연행되는 사건이 발생하였다. 정치국상무위원인데다 그의 부친 보이보가 중국 공산혁명의 중요한 인물이어서 '태자당'으로 분류되는 그는 충칭에서 공산혁명의 노래를 부르면서 '충칭 모델'로까지 불리는 '새로운 마오 쩌둥주의' 바람을 일으키고 있어서 중국 내에서도 상당히 유명한 사람이다.

그의 부인은 고위직 군인의 딸이고, 외동아들은 옥스퍼드 대학을 졸업하고 하버드 대학에서 석사를 하고 있던 중이어서 중국에서는 좋은 학벌에다 정치력·경제력 등 천하를 쥐고 있어 부러울 것이 없는 집안이었다.

그런 사안이다 보니 수많은 중국사람 및 중국을 연구하는 학자들의 관심을 끌었고 중국인들은 새로운 내막을 알 것이라 기대하지 않으면서도 중국 내에서 발생한 사건으로 중국의 방향이 어디로 가는지 궁금해 하며 연사의 한마디 한마디에 귀를 기울였다. 21세기는 중국의 시대라고 할 정도로 부상하고 있는 중국의 정치적 향방이 어떻게 될지 관심을 갖는 것은 어느 면에서는 자연스러운 현상일지도 모른다.

보시라이 사건은 그의 휘하에 있던 장리쥔이 청두의 미국 영사관에 도피하여 망명을 신청하면서 불거졌다. 중국의 고위직 관리가 미국 영사관에 가서 망명을 신청한 것만으로도 단순하게 처리하고 넘어가기 어려운 사건이다. 장리쥔은 그의 상사의 추문에 얽힌 증거 자료를 들고 갔지만 미국이 망명 처리에 소극적이자 스스로 미국 영사관을 걸어 나가 베이징 안전국과 연락하여 베이징으로 압송되었다는 사건의 줄거리는 도대체 무슨 일이 발생하였으며 중국은 어디로 가는지에 대해 많은 이들의 궁금증을 자아내었다.

과연 이 사건을 어떻게 이해해야 할까? 잘 아는 바와 같이 보시라이는 연행되었고 충칭 당서기뿐만 아니라 정치국 상무위원직까지 박탈당하였다. 그의 부인은 영국인 살해 사건과 연루되어 연행되었는데, 영국인 살인 사건을 둘러싼 치정과 돈 등 사건을 들출수록 생각지 못한 추문이 줄줄이 엮여 나오고 있다.

자신의 야망을 위해 온갖 미디어와 정치력을 활용했던 보시라이는 뼛속 깊이에서는 자본주의에 충실하면서도 표면적으로는 공산주의 이상을 부르짖는 '충칭 모델'이라는 흐름을 만들어 내려고 노력하였지만 수족의 반란과 자신의 부정부패, 부인의 살인 교사 혐의 등등으로 모든 것을 상실할지도 모르는 위기에 처했다.

이 사건에 대해 3가지 측면을 주목할 필요가 있다. 하나는 변화하는 중국에서 정치적 권력 남용, 경제적 부정부패 그리고 사회적 변화가 만들어 낸 사안이라는 점이다.

다른 하나는 현대 중국에서 장쩌민과 후진타오 정권으로 변화했을 때 부정부패와 연루시켜 제거되었던 베이징, 상하이의 권력자들과 비교해 볼 때, 비록 보시라이는 시진핑으로 정권이 교체되기 전에 일어난 사건이지만 중국에서 거대하고 중요한 도시인 충칭에서 사건이 발생한 것으로 보아 정권 교체 전후에 발생한 권력 청산 사건으로 볼 수 있다.

마지막으로는 현대 중국에서 마오쩌둥을 이용하여 권력을 잡아보려 했던 문화대혁명 사인방 세력과 같이 또다시 마오쩌둥을 이용하여 혁명가를 드높인 보시라이의 몰락은 매력적으로 보이는 마오주의가 성공하지 못하고 몰락하는 것을 보여주고 있다.

보시라이 사건은 거대한 중국의 권력 암투와 더불어 급속한 사회적·경제적 변화 속에서 정제되지 않은 남용이 표면에 드러난 사건인 것은 분명하다. 사회주의를 표방하는 중국공산당의 통제하에서 자본주의 사회보다 더 자본주의를 하고 있다는 평가를 받는 중국은 정치적·경제적 모순이 팽배하여 스스로도 어떻게 정리해야 좋을지 갈팡질팡하고 있다.

공산혁명을 주창하던 마오쩌둥 시대로 돌아가는 것은 분명 불가능하지만 사회주의를 표방하고 있어서 상대적으로 정치적·경제적 불평등에 시달리는 사람들을 현혹하는 기재로 마오주의는 종종 힘을 발휘하고 있는 상황이다.

권력 계승을 준비하고 있는 시진핑은 이러한 사건을 거울삼아 정치적·경제적 개혁을 단행하지 않으면 안 되는데, 개혁의 폭과 그 속도는 미래의 중국을 형성하는 데 중요한 기초가 될 것이다.

사회주의를 표방하지만 자본주의의 확대를 멈추기 어려운 중국의 현실은 어떤 형태로든 증폭되는 갈등을 완화하지 않으면 안 된다. 중국이 평화로운 권력 이양과 더불어 법제적 개혁을 성공시킬 수 있을까에 대해 세계가 주목하고 있다.

8. 뉴잉글랜드 특별 역사 강좌
Special History Lectures in New England

인간은 좀 더 행복하게 살기 위해 배우려고 애를 쓴다. 내가 어디에서 왔으며 어디로 가는지 알려고 하고 나의 정체성이 무엇이며 나는 어떠한 세계에서 살고 있는지를 궁금해 하기도 한다. 특히 해외로 이민 간 사람들의 경우, 생활하면 할수록 이곳 사람이기도 하고 저곳 사람이기도 한 장점을 누리기도 하지만 역설적으로 두 곳 중 어디에도 속하지 않는 것 같은 자신의 모습을 뒤늦게 발견하고는 당혹감을 느끼기도 한다.

외국에서 오래 살았거나 특히 외국에서 태어난 사람은 더욱 그러한 정체성 혼란으로 괴로워한 적이 있을 것이다. 그러나 젊어서는 내가 누구인지를 고민하기보다 눈앞에 닥친 현실이 급해서 하루하루를 살다 보면 어느새 시간은 흘렀고, 이윽고 나를 되돌아보았을 때는 이미 백발로 접어든 자신의 모습을 발견하게 된다. 이제 와서 내가 누구인가를 찾아보려고 하지만 선뜻 나에게 다가오는 것이 별로 없다는

쉽고 재미 있는 특별 역사 강좌

"동아시아 현안 어떻게 이해할 것인가?"
한인이라면 누구라도 참석 가능

(보스톤 = 보스톤코리아) 김현천 기자 = 일본 동해 표기, 동북아공정 등 동아시아를 둘러싸고 숨가쁜 외교전이 벌어지고 있는 가운데, 동아시아 문제를 쉽고 재미 있게 풀어보는 역사 강연이 보스톤 지역에서 개최된다.

오는 2월 5일 일요일부터 19일까지 3주간 렉싱턴에 위치한 성요한 교회에서 진행되는 이 강연은 하버드 옌칭 연구소에 방문 학자로 와 있는 박선영 교수(포항공대 인문사회학부)가 강사로 선다. 강연에는 한인 누구라도 참석할 수 있다.

박 교수는 "변두리로만 인식했던 만주가 다시 외교적 현안으로 떠 올랐고, 한반도 뿐만 아니라 동아시아 각국이 만주에 관심을 기울이고 있는 것이 지금의 현실" 이라며 "만주는 역사 속에서 어떠한 '변동의 핵' 이었으며 오늘날 우리에게 주는 의미는 무엇인지를 고민해 보는 것은 한반도와 중국 관계 뿐만 아니라 미국과 중국 및 동아시아 국가의 관계를 이해하는데도 도움이 될 것" 이라고 밝혔다.

강연은 2월 5일 '왜 만주인가', 12일 '간도, 왜 논란인가?', 19일 '백두산 대 장백산?' 으로 세 차례 진행된다.

박 교수는 '왜 만주인가?' 라는 제하로 진행되는 첫 강연에서 한, 중, 일, 러시아 어느 국가 차원에서 보아도 변방으로 여겨지는 만주가 학자들 사이에서 '갈등의 요람', '승리의 모루', '세계 위험 지대', '변동의 핵' 등으로 명명되는 점을 들며 만주가 현재와 미래에 어떠한 위치에 있으며 어떠한 역할을 할 것인가를 짚을 예정이다.

이어 12일 강연 "간도, 왜 논란인가?" 에서는 한중관계에 매우 중요한 논제로 부상된 간도가 갖는 역사적 의미, 간도 실존 여부, 간도로 인해 야기되는 한.중.일.미 관계, 동북아 공정 등에 대해 다룰 예정이다.

또한 1712년 백두산 정계비 설정, 1885년과 1887년의 한중외교 담판, 1909년 간도협약 등의 역사적 사실이 간도 문제와 관련하여 시사하는 의미 또한 설명하게 된다.

19일 마지막 강연 '백두산 대 장백산?' 에서는 백두산을 두고 중국이 장백산이라 명칭하며 자신의 영토라 주장하는 사안을 다룬다.

백두산을 둘러싼 갈등은 단순히 백두산 영유권을 주장하기 위한 것인 지, 만주지역 최고의 영산인 백두산은 간도문제와 어떻게 관련이 있으며 향후 북한의 정치적 변화와 어떤 연관성이 있는 지에 대해 설명할 예정이다.

▶일시: 2월5일 일요일, 12일 일요일, 19일 일요일 오후 1시 30분.

▶장소: 성요한교회 2층 세미나실, 2600 Massachusetts Avenue, Lexington, MA 02421 | Phone: (781) 861-7799.

hckim@bostonkorea.com

한인들 역사관심 "왜 만주인가?"

박선영 교수의 역사 강연 후 서일 역사문제연구회 회장이 질문을 하고 있는 모습

(보스톤 = 보스톤코리아) 김현천 기자 = 동북아 공정, 동해표기 등 역사를 둘러싼 외교전이 벌어지고 있는 21세기. 역사를 둘러싼 세계의 각축전의 의미를 짚어주는 속시원한 역사강연이 있었다.

지난 5일 일요일 오후 1시 30분, 렉싱턴에 위치한 성요한 교회 2층 세미나실에서 박선영 교수(포항공대 인문사회학부)의 역사 강연이 이루어 진 것.

박 교수는 이날 '만주' 의 중요성에 대해 짚었다. 변두리로만 인식했던 만주가 한반도뿐 아니라 일본, 러시아, 중국 모두의 관심을 끌고 있는 이유, 역사 속에서 어떠한 '변동의 핵' 이 었는지, 그리고 오늘날 우리에게 주는 의미는 무엇인지를 알기 쉽게 풀어준 것.

박 교수에 의하면 만주 지역은 한, 중, 일, 러시아 어느 국가 차원에서 보아도 변방으로 여겨지는 곳. 하지만 근현대사에서 보면 청일전쟁, 러일전쟁 등 중요한 전쟁은 만주와 관련이 있었다.

즉, 만주에서 발생한 변화는 단순히 중국 역사를 변화시킬 뿐만 아니라 동아시아의 변화, 더 나아가 세계사의 변화에도 중요한 역할을 하였으며, 이에 세계는 만주에 주목하고 또다시 역사 분쟁이 일고 있다는 것을 말했다.

만주는 전략적 요새이며 경제적 보고임과 동시에 교통의 요지라고 그 중요성을 말한 박 교수는 "현대를 살아가는 우리가 역사를 바로 알고 힘을 가져야 한다" 는 점 또한 짚어줬다.

이날 강연장에는 150여명의 지역 한인들이 모였으며, 강연 후 "동북공정에 대처하기 위한 우리의 자세는 어떤 것인가?" 등의 다양한 질문들을 쏟아내 역사 의식을 드러냈다.

일본 동경대학교 방문교수이자 하버드 옌칭 연구소 방문교수인 박 교수의 역사 강연은 오는 12일("간도, 왜 논란인가?")과 19일("백두산 대 장백산?") 두 차례 더 진행될 예정이다.

hckim@bostonkorea.com

● 2012년 1월 20일과 2월 10일 보스턴코리아 신문 紙에 실렸던 기사내용

것을 발견하면서 허무감을 느끼기도 한다.

그런 생활 가운데 나를 알기 위해서라도 역사에 관심을 갖는 사람들이 생기게 된다. 도대체 언제, 무엇이, 어떻게 발생한 것인지, 왜 이런 현상이 생기는 것인지 등등을 이해하기 위해서는 역사적 차원으로 접근하는 것이 나름대로 명쾌한 답을 얻는 데 도움이 되기 때문일

것이다.

나는 2011년 말부터 뉴잉글랜드 지역에서 특별 역사 강좌를 해주었으면 좋겠다는 강연 부탁을 받았다. 그러나 실력도 미천한데다가 조용히 연구하는 시간을 가지려는 나의 목적에 충실하기 위해 몇 번 사양을 하였다. 그러나 수차례 종용을 받으니 내가 비록 아는 것은 별로 없지만 듣고자 하는 사람들에게 알고 있는 바를 나누는 것은 의미 있는 시간이 되겠다는 생각이 들어 특별 역사 강좌를 수락하였다.

어떤 내용을 어떻게 강연하는 것이 효과적일까 고민에 고민을 더하였다. 미국에서 관심 있어 하는 중국문제를 논의할까 아니면 일본문제, 그것도 아니면 세부적인 주제를 정할까 등등 고심을 해 보다가 한반도의 과거 및 현재 그리고 미래와도 연관이 있으면서도 역사 속에서도 중요한 위치를 차지했던 만주와 관련된 강연을 하는 것이 가장 효과적이라는 생각을 하였다.

일반적인 중국이나 일본과 관련된 역사 강좌는 마음만 먹으면 주변에서 쉽게 찾을 수 있지만 만주와 관련된 강좌는 쉽게 찾아보기 어렵고 특히 한반도와 관련하여 설명하기는 더욱 쉽지 않을 것 같다는 생각에 그렇게 결정하였는데 모두들 그 주제를 환영해 주었다.

따라서 동아시아 현안을 어떻게 볼 것인가라는 대주제하에 '왜 만주인가', '간도 왜 논란인가', '백두산 대 장백산'이라는 주제로 2월 첫째 주부터 셋째 주까지 매주 하나의 주제를 중심으로 특별 역사 강좌를 하게 되었다. 각 주제와 동아시아 여러 국가가 관련되어 있다는 사실에 청중들은 신기해하였다.

'보스턴코리아'라는 지역 신문에 특별 역사 강좌를 한다는 광고도 나오고 또 신문에 기사도 실리면서 역사 문제에 관심을 갖던 사람들이 모여들어 좋은 토론의 시간을 가질 수 있었다. 미국에 이민 온 지 수십 년 된 분에서부터 부모 손에 이끌려 온 아이들까지 참석하여 강연을 경청하면서 그동안 궁금했던 많은 질문들을 쏟아내었다.

불행했던 한국사로 인해 분단 조국을 경험하고 있는 우리는 현실적으로 38선을 넘어가기에는 정치적으로 사회적으로 너무도 큰 부담이 있기에 우리의 인식마저도 38선하에 머물고 있는 것 같았다.

다변화된 세계는 과거 냉전 시대처럼 양분되어 있는 것이 아니라 제각기 살아남기 위해 다차원적인 외교 전쟁을 벌이고 있다. 특히 전략적으로 경제적으로 중요한 지역일 뿐만 아니라 교통의 요지인 만주에 대해서는 동아시아 제 국가 및 미국도 관심을 갖고 정책을 펼쳐나가고 있는데, 통일한국을 지향하는 한국은 여전히 38선을 넘지 못하는 인식의 한계 때문에 만주에 대해서는 '머나먼 당신' 같은 느낌을 갖고 있다.

현재 만주지역을 장악하고 있으면서도 동북공정이라는 학술 프로젝트를 통해 만주지역의 역사를 중국역사로 편입시키려는 노력을 아끼지 않았던 중국은 만주가 세계가 주목하는 중요한 지역이 되었기 때문에 만주에 대한 이해를 심화시켜야 할 뿐만 아니라 만주지역의 역사를 공고히 할 필요가 있다고 피력하였다.

특히 국경 문제는 한 국가의 주권 문제이기도 하겠지만 상대방 국가와 협의해야 하는 문제이기 때문에 한 국가가 자의적으로 해결할 수 없는데다가 자칫 잘못하면 타국의 개입도 불러일으킬 수가 있는

● 뉴잉글랜드 역사특강 시 참석자에게 질문을 받고 있다　　　　출처: 보스턴코리아 紙

문제여서 중국은 이를 더욱 신중하게 다루고 있다.

이와 깊이 관계있는 것이 바로 간도 문제이자 백두산 문제이고 더 나아가 만주를 이해하는 문제이기 때문에 청중들도 많은 관심을 가지고 질문을 하였다. 안타깝게도 이 문제의 중요성에 비해 차분한 연구를 통해 미지의 역사를 밝혀 나가려는 연구가 많지 않아 모든 것을 속 시원하게 답하기는 한계가 있지만, 내가 알고 있는 한 모든 자료로 증명을 하면서 설명해 주었다.

청중들은 이런 정도의 활동에 만족하지 못했다. 동아시아 각국은 나름대로 만주와 관련하여 미래 대책을 세우고 그것을 추진해 나가기에 분주한 상황임에도 불구하고 우리 스스로한테 그렇게 중요한 문제를 방관하고 앉아 있을 수만은 없다는 것이다. 먼저 이 문제의 중요성을 파악하고 깊이 있게 연구하여 실용화할 수 있도록 해 달라고 요청하였다.

연구자 개인으로 나는 내가 판단하기에 중요한 것들을 꾸준히 연구해 나가면서 기회가 될 때마다 또는 기회를 만들어 가면서 열심히 연구결과를 학계에 알리고 있지만 개인의 역량만으로는 해내기가 너무 힘든 일이다. 많은 사람들이 더불어 힘써야 하고 특히 국가적 차원에서 관심을 갖고 대책을 세우고 구체적으로 실천해 나가지 않는 이상 어떠한 생각을 현실화하기는 더욱 힘든 상황이다. 그렇지만 멀리 미국에서 한반도의 장래를 염려하며 다 같이 힘을 내어 새로운 희망의 역사를 창조하는 데 힘을 보태려는 열정이 있기에 나는 오늘도 새롭게 힘을 내어 연구해 보려고 한다. 특별 역사 강좌를 통해 나 스스로도 다시 역사를 배우고 있다.

9. 특별한 동아시아 세미나
Special Seminar for East Asia

세계를 좀 더 명쾌하게 이해할 수 있는 방법이 없을까? 서로 더불어 의견을 나누며 국제정세를 분석해 보는 것은 어떨까? 하버드 웨더헤드 센터(Weatherhead Center)에 1년간 방문 오신 외교부 정운진 참사관은 미 국무부 브리핑을 검토하는 세미나를 같이하면 좋겠다는 제안을 하였다. 나는 이 제안이 무척 반가웠다. 그렇지 않아도 나는 미국의 대세계 전략, 대동아시아 전략 등을 깊이 있게 연구해 보고 싶었다. 생생한 고급 정보를 담은 미 국무부 브리핑을 공부하는 것은 영어 공부뿐만 아니라 세계를 이해하는 데도 많은 도움이 되었다.

하버드 옌칭 연구소에 방문학자로 와 계신 일본의 니시노 준야 교수가 합류하여 본격적으로 토론해 보기로 하였다. 정운진 참사관은 오랫동안 일본 관련 외교 업무를 수행하면서 일본에서 근무하였고, 니시노 교수는 한국에서 한국정치로 박사학위를 하였다.

나는 중국전문가로 중국에서 중국근현대사를 공부하였기 때문에 세 사람이 모여 미 국무부 브리핑을 토론하는 것은 동아시아와 세계를 이해하는 데 의미 있는 만남이 될 수 있었다.

우리 세 명은 모두 한국과 일본을 경험한 사람으로 한국어와 일본어를 할 수 있으며, 동일 분야에 대해 같은 관심을 가진 사람으로 미국에서 만나 영어로 미국 브리핑을 토론한다는 점에서 많은 공통분모를 찾을 수 있었다. 우리는 한국과 일본 그리고 중국 외교부 브리핑도 같이 검토하면서 해당 국가의 주요 이슈에 대해 서로의 견해를 나누었다.

우리는 일주일에 2번 많게는 3번씩도 만나면서 열심히 관련 자료를 분석하고 토론하였다. 한국과 일본은 정례 브리핑이어서 자료의 양이 많지 않았지만 중국과 미국은 데일리 브리핑이어서 관련 자료를 빠짐없이 챙기기도 벅찼다. 돌아가면서 사회를 맡았기 때문에 내가 사회자가 되는 날이면 여러 나라의 브리핑을 어떤 식으로 이끌어 갈 것인지에 대해 계획을 세워야 했다.

상황에 따라서는 시리아 문제 등 당시 세계적으로도 주요 이슈가 된 긴급 사안을 주로 다루기도 하지만, 일상적으로는 동아시아 문제로부터 시작하여 세계 문제로 확대하면서 토론하였다. 미국 브리핑에 중국 관련 이슈가 자주 등장하였다. 중국 문제 관련 기자들이 질문을 해서 그렇기도 하지만 G2로 미국과 '경쟁하고 협력해야 할 나라'로 대두된 중국에 대해 미국 또한 관심이 많기 때문이다.

● 동아시아 삼총사 세미나를 마치고 하버드 교정에서 작별하기 전 사진 촬영을 했다

세계적으로도 이슈가 된 시리아 문제는 미국과 유엔 그리고 중국과 러시아의 미묘한 입장차이로 실마리가 잘 풀리지 않았다. 모두 시리아 문제의 해결을 바라지만 어떤 형태로 해결을 할 것이냐에 대해서는 견해가 일치하지 않았다. 인류 평화를 위한다는 대전제하에 시리아 문제에 접근하는 듯이 보이지만 각국이 대세계 전략 아래서 서로 힘겹고 치열하게 줄다리기 하고 있었다.

한일관계에서 독도문제 등은 우리 내부에서도 국적의 차이 때문인지 이견을 좁히기가 쉽지 않았지만 현안이 되는 문제를 내놓고 서로 토론할 수 있는 것만으로도 서로를 좀 더 깊이 이해하는 계기가 되는 것 같았다.

세 명이 함께했던 일명 삼총사 '동아시아 및 세계 이해' 세미나는 그 어떤 세미나보다도 값진 것이었다. 자유로운 분위기에서 서로의 생각을 기탄없이 제시할 수 있었던 우리는 한번 모일 때마다 2~3시간을 할애해도 시간 가는 줄 몰랐다. 나는 한국으로, 니시노 교수는 워싱턴으로 가야 하는 일정 때문에 우리의 세미나도 정리되었지만 하버드에서 얻을 수 있는 최고의 경험이었다.

창립멤버로 참여하여 활동했던 '하버드 한국 펠로우 모임(Harvard Korean Fellow Association)'은 또 다른 의미가 있는 것이었다. 하버드대학교의 다양한 기관에 방문하고 있는 한국 학자들끼리 모임을 만들어 주로 한국 및 동아시아 그리고 미국과 관련된 세미나를 개최하였다. 이 세미나는 연사를 초청해서 그의 강연을 듣고 질의 응답하는 형태로 진행되었는데 미국에서 활동하는 한국 전문가를 만날 수 있는 좋은 기회였다.

한국에서 여러 분야에서 활동하는 전문가들이 하버드라는 공간
에서 만나서 서로 교류할 수 있었던 것은 자연스럽게 '융합 학문으로
의 길'을 여는 것 같았다. 각기 소속된 연구소에서 진행되는 세미나도
많았지만 우리는 학문적 열정으로 끊임없이 새롭고 의미 있는 주제를
찾아 나섰다.

작지만 한일 간 교류의 중요한 역할을 했던 것은 언어 교환이었
다. 동경대학교에서 하버드 옌칭 연구소에 방문 오신 한국문학 전공
자 나이토 마리코 교수와 나는 틈나는 대로 언어 교환을 하였다. 그는
나에게 일본어를 가르쳐 주고 나는 그에게 한국어를 가르쳤다. 일상
생활에서 필요한 언어를 서로 배우기도 하였지만 각자의 학문분야의
내용을 어떻게 서로 다른 언어로 표현하는지를 공부하였다.

그녀는 동아시아 '칠석' 문화를 연구하였는데, 내가 연구차 컬럼
비아 대학에 갔을 때 그녀가 연구하는 분야의 새로운 사료를 찾아서
선물로 주니까 너무 행복해 해서 오히려 내가 신이 났다. 그녀는 내가
연구하는 일본 제국주의 문제에 대해 많은 의견을 제시해 주었다.

이외에도 하버드 한국학 연구소를 중심으로 모였던 학술 세미나
에서 나는 '치명적 두려움'이라는 제목으로 일본의 대소전략을 발표
하였는데, 토론시간을 통해 많은 통찰력을 얻을 수 있었다. 이때 미해
결된 문제를 깊이 있게 해결하기 위해 하버드 페어뱅크 센터에 펠로
우로 와 계신 일본 자위대 장군 출신을 만나 일본의 전략에 대해 토론
했던 것은 일본을 이해하는 데도 도움이 되었다. 일본군의 전략을 자
위대 출신 장군한테 듣다 보니 당시 그림이 더욱더 명쾌해지는 것 같았다.

언어 교환을 하면서 만났던 일본인 교수, 하버드 한국 펠로우 모

임을 통해 만났던 미국의 한국연구자, 미 국무부 브리핑을 토론하기 위해 만났던 동아시아 삼총사 세미나, 나의 연구 심화를 위해 만났던 일본 자위대 장군까지 모두 나의 지식의 폭을 넓혀 줬을 뿐만 아니라 과거와 현재 그리고 미래를 이해하는 데 많은 도움이 되었다.

● 뒷줄 가운데 모자를 쓰고 있는 분이 동경대학교에서 온 필자의 언어 교환 파트너

Chapter 5

미국과 세계의 연결고리
USA Relations with the World

1. 9·11 단상
Personal Reflections on 9·11

2001년 9월 11일은 미국뿐만 아니라 세계가 경악을 금치 못한 아주 특별한 날로 기억하고 있다. 세계 금융의 상징이자 미국 자존심의 상징이었던 뉴욕 맨해튼의 거대한 세계무역센터 빌딩을 비행기 2대가 관통하는 사건이 발생하였기 때문이다. 뿐만 아니라 또 다른 비행기 한 대는 미국 국방의 상징인 펜타곤(Pentagon, 미 국방성 건물)을 공격하였다. 이 사건으로 숨진 사람이 3,000여 명이나 되고 신원이 제대로 파악되지 못한 사람도 1,000여 명이나 된다고 한다.

상상조차 하기 힘든 이 사건으로 세계가 관련 뉴스 하나하나로부터 눈을 뗄 수 없었고, 무고하게 희생당한 사람들의 가족은 원망과 회한의 눈물로 세월을 지새워야 했다. 이 사건은 단순하게 미국의 권위주의를 싫어하는 특정 집단만의 문제가 아니라 세계적인 문제로 부각되었다. 사건의 주동자로 지목된 알카에다(Al-Qaeda)와의 싸움은 수많은 나라가 참전하는 전쟁으로까지 확대되어 세계평화가 얼마나

● 당시를 잊을 수 없음을 명시한 문구가 선명하다

● 뉴욕에 있는 9·11사건 기념 부조. 주변에 관광객이 몰려서 당시의 상황에 대해 설명을 듣고 있다

소중한가를 일깨워 준 사건이 되었다.

오늘은 그런 세기적인 사건이 발생한 지 10주년이 되는 날이다. 사건이 발생했던 뉴욕이나 비행기가 추락했던 펜실베이니아는 물론 미국 전역에서 애도의 물결이 넘쳤고 사건을 추모하려는 다양한 행사가 진행되었다. 보스턴뿐만 아니라 하버드 대학 자체에서도 뉴욕의 세계무역센터가 비행기 공격을 받았던 시간에 맞추어서 벨을 울리는 행사를 시작으로 메모리얼 홀에서 기념 예배를 드렸고, 각종 강연과 헌혈 행사 그리고 특별 음악회 등 다양한 행사가 열렸다.

각종 종교단체는 모임을 통해 9·11에 대한 단상을 나누는 시간을 가졌다. 9·11에 의해 희생된 사람들의 가족은 어느 순간에도 9·11을 잊을 수 없어 통한의 눈물을 흘렸지만 다행히도 스케줄의 변경으로 다른 비행기를 타서 그 순간을 모면했던 사람들은 감사의 눈물을 흘렸다. 극단적인 운명의 갈림을 보는 제3자의 입장에서도 마음이 숙연해지는 시간이었다.

내가 직접 둘러본 뉴욕 세계무역센터 주변은 사건 발생 후 10년이 되었어도 그날의 상처가 여전히 남아 있었다. 현재는 그날의 상처를 딛고 일어서는 희망과 자유의 건물이 건설되고 있지만 그것이 완성되기까지는 아직도 많은 시간이 필요한 상황이다. 미국은 무너진 세계무역센터보다 몇 배 더 튼튼하고 더욱더 상징적인 건물을 짓기 위해 땀을 흘리고 있다. 그곳에서 일하는 사람들도 애국심을 갖고 빌딩을 짓는 한 단계 한 단계에 마음을 쏟고 있었다.

'그라운드 제로'라는 이름을 가진 곳은 지하로 내려가는 분수 형태를 취하고 있는 곳인데 그 주변에는 희생자들의 이름이 새겨져 있다. 분수가 마치 희생자들의 눈물이 한곳에 모여드는 것 같아서 그곳을 참관하는 이들의 마음을 숙연케 하는 곳이다. 이곳을 참관하려는 관람객이 넘쳐나서 미리 신청을 해야만 관람을 할 수 있을 정도로 세계적인 관심이 집중되고 있다.

9·11이라는 역사적인 사건을 바라보는 미국의 마음이 나에게는 두 가지로 보였다.

하나는 미국의 안전을 지키고 보호하기 위해 미국이 더욱 강해져야 한다는 것이다. 9·11사건으로 미국인의 애국심이 더욱 강화되었고, 미국을 지키기 위해 전쟁에 자원입대하는 청년들이 있었으며 그곳에서 상해를 입고 전역한 청년들 중에는 현재 무너진 세계무역센터를 대신해서 올라가고 있는 자유의 빌딩을 건설하는 데 참여하기도 하였다. 그들은 9·11사건이 어떻게 자신의 생애를 바꾸어 놓았는지 설명하면서 빌딩에 사용되는 강철처럼 미국이 좀 더 강하고 견고하게 일어서야 한다고 주장하였다.

또 다른 하나는 9·11사건의 아픔을 딛고 자유와 희망을 갈구하는 것이다. 미국이 자유의 빌딩을 건설하고 있듯이, 이를 통해 미국뿐만 아니라 세계가 희망을 갖고 자유의 가치를 지켜 나가며 평화로운 세계를 만들기 위해 노력해야 한다는 것이다. 각종 TV 프로그램에서는 9·11이라는 극한의 상황 속에서 피어난 로맨스도 보여주고, 아름다운 인류애를 보여주는 순간을 촬영한 사진을 통해 휴머니즘을 알리기도 하였다.

9·11이라는 아픔과 회환의 10년을 거쳐 뉴욕 맨해튼은 다시 활기를 찾기 시작하였다. 10년 전에 발생했던 사건으로 하루아침에 자신의 사업이 사라지고 일자리를 잃어야만 했던 사람들도 다시 사업을 일으키고 일자리를 찾아 활기를 더해 가고 있다. 맨해튼은 오히려 10년 전보다 2배나 많은 사람들이 몰려들어 일을 하고 있는 곳으로 성장하여 더욱더 복잡하고 분주하며 활기찬 곳으로 변모하고 있다.

어떠한 아픔이 있었다 할지라도 희망을 버리지 않고 꿋꿋이 일어서서 걷는 사람들로 인해 희망은 또 다른 희망을 싹틔우고 있다. 그리고 자유를 지키기 위해 목숨을 걸고 헌신하는 사람들 덕분에 자유가 더욱더 성장하고 있기도 하다.

그럼에도 불구하고 자유와 희망을 갈구하는 염원 속에 남아 있는 '적'을 향한 통한과 복수심, 응징도 살아서 꿈틀거리고 있어서 이 양자를 어떻게 소화하느냐에 따라 세계는 또 다른 갈등과 전쟁의 그늘로 뒤덮이느냐 아니면 자유와 희망, 평화와 공존을 노래하느냐로 갈릴 것이다.

여기에 바로 미국의 역할이 남아 있다. 미국이 9·11을 어떻게 기억하고 기념하느냐에 따라 새로운 역사를 만들어 나가게 될 것이다. 세계를 향해 강철보다 강한 힘을 보여줄 것이냐 아니면 자유와 평화 그리고 희망을 상징하며 또 이를 만들어 나가는 나라로 남을 것이냐 하는 것은 미국의 선택이다. 하지만 기실 이것은 미국만의 선택도 아니다. 세계가 미국을 지켜보면서 같이 고민하고 같이 새로운 가치를 만들어 나가야 하기 때문이다. 그러한 점에서 9·11은 미국만의 기념일이 아닌 세계가 더불어 고민하는 기념일이 되어야 의미가 더 깊을 것 같다.

2. 미국의 기부 문화
USA Culture of Giving

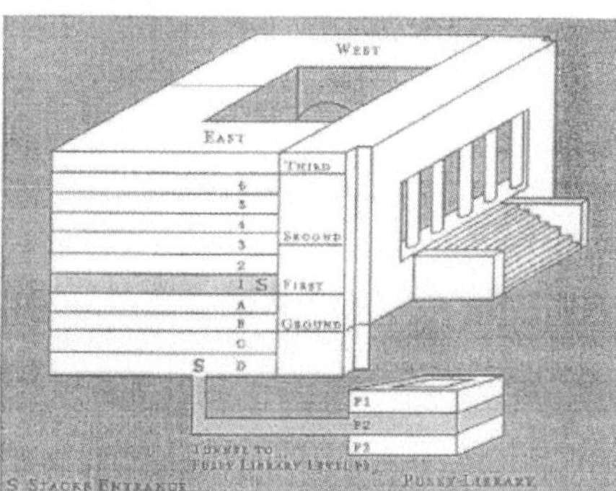

WIDENER LIBRARY
of the Harvard College Library

How to Find Books in the Widener Stacks

Understanding the Layout of the Stacks
The Widener stacks are laid out in two sectors: East and West. Stacks level 1 is even with the First Floor of the building. Above level 1 rise levels 2, 3, 4, 5 and 6. Below level 1 are levels A, B, C, and D. Levels A, B, and C do not connect between East and West. Some Widener materials are located in Pusey Library, which is an underground facility east of Widener. A tunnel leads from the level D-East elevator to Pusey, Level 2.

Entering the Widener Stacks
The main entrance to the stacks is on the First Floor through Circulation, Room 160. This entrance leads directly to stacks level 1-East and the East Stacks Elevator and Stairs, which provide access to all other Widener stack levels.

Finding the Call Number in HOLLIS
Bibliographic information can be accessed in HOLLIS, the Harvard Online Library Information System. Computers are available in Circulation, the Periodicals Reading Room, Phillips Reading Room, the Reference Room, and throughout the stacks. For assistance, consult staff in the reading rooms, at the Reference Desk on the Second Floor, or at the Information Desk on the First Floor.

Knowing the Difference Between the Two Call Number Systems
Note that Widener uses two separate classification systems to shelve books: the Old Widener System and the Library of Congress System, the latter indicated by call numbers that begin with WID-LC. When you are looking for a book in the stacks, it is important to be aware that the call numbers progress differently within each classification.

In LIBRARY OF CONGRESS classes, known as WID-LC at Widener Library, call numbers are separated by periods that *do* confer a decimal value and progress as follows:

WID-LC	WID-LC	WID-LC	WID-LC	WID-LC	WID-LC
BP	BP	BP	E	E	E
819.25	819.7	819.8	128	128	128
			.M297	.M3	.M44

In the OLD WIDENER System, call numbers contain whole numbers and are separated by periods that *do not* confer a decimal value and progress as follows:

BP	BP	BP
819.7	819.8	819.25

About two dozen class names appear in *both* the Old Widener and Library of Congress systems (as with BP above).

Checking the "Widener Call Number Locations" Chart
The "Widener Call Number Locations" chart lists where call numbers are shelved in the stacks. This information is posted at the stacks entrance and throughout the stacks. Handouts are also available at Reference, the Information Desk, Circulation, reading rooms, and online as a PDF file at http://hcl.harvard.edu/widener/docs/LocChart.pdf.

Please note: If you are looking for a periodical issue that was published in the past year, it may not yet be bound and in the stacks. For unbound, current periodical issues, check the Periodicals Reading Room.

AcSer_Stacks_04/05

● 와이드너 도서관의 구조와 도서 찾는 방법을 명시한 설명서

● 하버드 옌칭 연구소 전경. 서양에서 가장 큰 동아시아학 도서관으로 유명하다

세계 대학 도서관 중 가장 큰 도서관을 꼽으라면 단연 하버드 대학의 와이드너(Harry Elkins Widener) 도서관일 것이다. 대학 도서관의 건축 규모뿐만 아니라 소장 자료와 내용 면에서도 으뜸이기 때문이다. 웅장한 구조를 갖춘 도서관에 들어서면 정면에 특별한 장소와 만나게 되는데 그곳은 와이드너만 앉을 수 있는 공간이다.

와이드너는 유명한 타이타닉호 침몰 시 본인은 불행하게 구조되지 못했지만 영국에서 수집해 온 수많은 도서를 자기 자신보다 먼저 안전하게 구조시켰다. 후세를 위해 지적 재산을 남겨두고 본인이 희생된 셈이다.

부유한 집에서 태어나 하버드 대학을 졸업하고 서적 수집에 관심을 가졌던 그는 인류 역사와 문화를 망라한 수많은 귀중한 자료를

● 하버드 옌칭 연구소와 도서관의 엠블럼

수집하였는데 그중에는 희귀본도 상당수 포함되어 있다. 와이드너 도서관에 소장된 유명한 자료로 구텐베르크의 성경도 있다. 젊은 나이에 저세상으로 떠난 아들의 책에 대한 정신을 효과적으로 역사에 계승시키기를 원했던 와이드너의 모친은 수많은 돈을 기부하여 하버드 대학에 와이드너 도서관을 건축하게 하였다.

기부자가 요청했던 것을 지키기 위해 하버드 대학은 와이드너 도서관의 일상적인 보수와 또 시대에 맞는 공간 확보를 위해 불가피하게 수리하는 것 이외에 가능하면 건축물의 구조를 변경하지 않고 원래의 모습을 지켜 나가려고 애를 쓰고 있다. 이와 같은 기부와 관련된 수많은 이야기는 하버드 대학 곳곳에 자리하면서 하버드 대학의 역사를 더욱 풍요롭게 만들고 있다.

세계적인 동아시아 연구소로 유명한 하버드 옌칭 연구소도 알루미늄 회사로 돈을 많이 벌었던 미국의 기업가 찰스 마틴 홀의 유산이 기부되어 형성된 곳이다. 1928년 설립 당시 중국 역사와 문학 등 인문학 분야를 연구하도록 설계되어 기본적으로 중국을 중심으로 동아시아를 연구하는 연구소로 성장할 수 있었던 것이다.

찰스 마틴 홀이 직접적으로 중국과 관련된 일을 한 것은 아니었지만 가족 중 중국 선교사가 있었고 당시 중국 상황을 비추어 보아 연구할 필요가 있다고 느낀 주변 인물들의 조언이 종합되어서 효과적으로 기부금을 활용할 수 있는 방안을 고려한 끝에 나온 것이 독립 재단으로 형성된 하버드 옌칭 연구소이다.

● 하버드 자연사 박물관 외관

● 스미소니언박물관 내부

이 연구소의 도서관은 아시아 이외의 지역에서 아시아 관련 자료가 가장 많기로 유명하다. 현재는 도서뿐만 아니라 디지털 자료까지 포함해서 세계에서 생산되는 동아시아 관련 자료를 어느 곳보다도 자유롭게 연구할 수 있도록 환경이 조성되어 있다. 기부자의 의지와 그 뜻을 이어받은 자들의 노력으로 동아시아 학문이 날개를 펼치고 있다.

워싱턴 여행이 즐거운 이유가 있다면 수많은 스미소니언박물관을 무료로 관람할 수 있다는 것이다. 한두 개의 관이 아니라 10여 개나 되는 전시관을 무료로 자유롭게 관람할 수 있는 것이 스미소니언박물관의 장점이다.

미국의 수도 워싱턴의 심장을 수놓는 의회와 워싱턴 기념탑 사이에 스미소니언박물관이 있는데, 이곳을 돌아다니다 보면 시공을 초월하는 느낌을 갖게 된다. 자연과 인문이 조화를 이룰 뿐만 아니라 역사와 예술이 적절하게 숨을 쉬면서 세계의 문화를 한꺼번에 음미할 수 있는 곳이기도 하기 때문이다.

인류가 만든 최고의 작품들을 감상하다 보면 언제 하루가 지나갔는지 알 수 없을 정도로 소장품 내용이 풍부하다. 말로는 다 형용할 수 없을 정도로 아름다운 수많은 보석류와 저런 광물도 있었나 할 정도의 감탄이 나오는 현란한 자연의 색채에 빠져들다 보면 어느새 식물의 세계, 동물의 세계로 안내되는 자연사 박물관을 비롯해, 항공 우주의 모든 것을 모아 놓은 박물관 등 스미소니언박물관은 한마디로 인류 문화와 자연 유산을 집약해 놓은 곳이라 할 수 있다.

영국인 제임스 스미스가 인류의 지식을 넓히기 위해 기부한 막대한 기부금으로 박물관을 만들어 세계 사람들이 자유롭게 관람할 수 있도록 무료로 개방한 곳이 바로 이곳이다. 한 사람의 기부가 세계인의 문화적 소양을 제고하는 데 효과적으로 활용된다고 하는 것은 놀라운 일이다.

돈 많은 부자가 혼자만 잘 먹고 잘 살다가 저세상으로 가면서 나머지 재산을 자식들에게 주었는데, 그 돈으로 방탕하게 살다가 몇 대에 이르지 못하고 집안이 망해 버리는 사례는 수없이 많다. 그러나 평생 열심히 번 돈을 사회에 기부하여 인류 문화유산이 축적되는 기반으로 삼게 만든다는 것은 놀라운 기적과도 같다.

미국에 거주하면서 기분 좋은 것이 있다면 문화적으로 풍성하다는 것이다. 현재 내가 생활하고 있는 지역만 보더라도 하버드 대학에서 펼쳐지는 다양한 학문의 향연은 자신에게 꼭 필요한 것을 챙겨 다니기 쉽지 않

● 항공우주박물관에서 판매하고 있는 우주인 식량

을 정도로 풍성하다. 또한 전통적으로 문화가 풍성한 보스턴이라는 특수성도 있겠지만 곳곳에서 개최되는 다양한 문화 활동, 저렴한 가격이나 혹은 무료로 관람하고 즐길 수 있는 박물관, 과학관, 미술관 등이 많이 있다.

지역 도서관을 중심으로 개최되는 강연회나 수많은 문화 활동도 주민의 삶을 풍성하게 만드는 활력소가 되고 있다. 이런 저변에는 작든 크든 수많은 사람들의 기부와 봉사활동이 엮어 낸 작품이라는 점에서 기부의 의미가 무엇인지 되새겨 볼 필요가 있다.

사회는 더불어 살아간다. 아니 인류는 더불어 살아간다. 인류가 남긴 최고의 아름다운 문화 및 가치를 혼자 혹은 특정의 소수만 즐긴다면 너무도 많은 아쉬움이 남게 될 것이다. 이를 주변의 이웃과 더불어 나누는 좋은 방법이 있다면 바로 기부 문화를 활성화시키는 것이다. 기부 문화의 활성화야말로 사회적으로 문화적으로 모든 것을 풍요롭게 만드는 기적의 효소가 되지 않을까?

3. 미 의회도서관과 르네상스

Library of Congress and the Renaissance

미국 워싱턴은 모르는 사람이 없을 정도로 유명한 세계적인 도시이다. 미국의 수도이기 때문이기도 하지만 미국의 국력과 세계에 미치는 영향력을 고려한다면 세계의 정치적 수도라고 해도 과언이 아니기 때문이다.

이러한 지역에 세계적인 것이 있다면 바로 의회도서관인데 명실상부하게 세계 최대의 도서관이기 때문이다. 도서관 하나의 건물도 거대한데 그런 건물이 3개나 있다. 게다가 건물의 개수와 크기도 놀랍지만 그 안에 소장된 내용물은 더욱 흥미진진하다.

조금 과장한다면 세계의 어떠한 문제에 관해서도 자료가 있다고 할 정도로 자료량이 풍부하다. 내가 찾아본 특정 자료를 보면서도 적잖이 놀랐다. 최근 나는 명치유신 이래 일본이 비밀 측량한 지도에 관심을 가지며 자료를 확인하고 있다. 일본은 세계를 정복하기 위한 수단으로 특정 정보를 한 장의 지도에서 파악할 수 있는 자료를 생산했는데,

이런 지도는 타국을 효과적으로 지배하는 데 매우 요긴하였다.

역사에서 확인할 수 있듯이 일본은 신속하게 동아시아를 침략하였고, 이들 지역을 효과적으로 통치하기 위한 지도 제작 작업은 지속되었다. 그러나 패전을 앞둔 일본은 이러한 군사극비 자료의 소각을 명령하는 한편, 미국에 의해 모든 자료가 점유되지 않도록 하기 위해 과거 참모본부 소속의 육지측량부를 민간 기구로 전환시키는 노력도 마다하지 않았다. 또한 지도의 가치를 파악한 일부 인사들에 의해 미국의 일본 점령이 시작되기 전에 지도를 대량으로 민간에 옮겨 현재 일본의 일부 대학에 남겨 두는 역사가 이루어졌다.

수많은 사람들의 수고로 남겨진 자료를 확인하기 위해 나는 2011년 여름방학 동안 복잡한 과정을 거쳐 방문할 수 있었던 오차노미즈대학에서 엄청난 땀을 흘려야 했다. 지도의 온갖 종류를 직접 확인해 볼 수 있어서 흥분도 되었지만, 너무 포식해서 무엇이 머릿속에 남아 있는지도 모르겠다는 생각이 들 정도로 자료가 많았다. 그러나 한편 약간의 실망도 하였다. 미국한테 귀중한 자산을 뺏기지 않기 위해 이 지도 자료를 옮기느라 많은 고생을 하였는데, 만주지역에 대해서는 소위 말하는 군사기밀과 극비 자료가 그렇게 많지는 않았던 것이다.

당시 나는 정말 중요한 군사 극비 자료는 소각되었고 특히 만주지역은 1931년 이래로 일본이 장악하였기 때문에 그 후에 측량되거나 제작된 것은 특별하게 극비로 처리해서 관리할 필요가 없었기 때문이었을지도 모르겠다는 생각을 하였다.

놀라운 사실은 일본이 위와 같은 노력을 기울였음에도 불구하고 군사적으로 최고의 극비인 군사기밀과 지도가 미국 의회도서관에 있다는 것이다. 심지어 응급 시 군사작전용 지도도 있었다.

비밀이나 취급주의를 표시한 지도만 보아도 괜히 조심스러운 마음으로 지도를 대하였는데, 다양한 군사극비 자료를 보면서도 너무 많아서 좀 더 자세히 보아야겠다는 흥미가 사라질 정도였다.

미국 의회도서관에는 심지어 일본 측량사가 손으로 그린 초기의 지도도 소장되어 있는데 역사적으로 소장 가치가 높은 중요한 자료이다. 미국이 이러한 자료를 소장하게 된 경로는 여러 가지겠지만 새삼스럽게 미국의 정보 수집과 보관 능력을 되돌아보게 하였다.

이는 하나의 예를 든 것에 불과하지만 이 이외에도 수많은 국가의 중요한 자료가 다양한 형태로 존재하고 있다는 점에서 의회도서관은 인류의 지혜가 소장된 보고라고 해도 과언이 아닐 것이다. 물론 긍정적인 측면과 부정적인 측면을 모두 확인해 볼 수 있지만 인류가 남긴 업적이라는 점에서 의미 있게 되돌아볼 수 있었다.

의회도서관의 중심이라고 할 수 있는 제퍼슨 도서관은 도서관을 구경하려는 관광객들이 아침부터 줄 서서 기다리는 곳이기도 하다. 1800년에 의회도서관이 처음 생겼을 때는 오로지 의회 활동을 돕기 위한 것으로 생각하는 조그마한 도서관에 불과하였다. 그러나 영국군에 의해 의회도서관이 불타자, 당시 이미 은퇴한 토머스 제퍼슨 대통령이 50년간 자신이 모아둔 다양한 분야의 도서를 기증하면서 새로운 도서관으로 탄생할 수 있는 기초를 갖추게 되었다.

제퍼슨식 철학을 바탕으로 다양하고 종합적인 도서를 갖춘 의회도서관은 모든 분야의 지식을 망라하는 도서관으로 탈바꿈하였다. 지적 재산권을 가진 자들이 모든 출판물을 2부씩 의회도서관으로 보내게 제도화함으로써 자료가 홍수를 이루어 소장이 불가능하게 되자 이를 소장할 만한 새로운 도서관 건축을 논의하게 되었다.

1864년부터 1897년까지 종합적인 지식의 보고로서의 거대한 도서관을 짓기 위해 외부 건축 구조뿐만 아니라 내부장식을 위해서 수많은 예술가들이 참여해 노력을 다했고, 마침내 1897년 11월 대중에게 선보이게 되었다. 르네상스풍의 외관을 가진 도서관은 지금도 인류의 새로운 르네상스를 위해 쉼 없이 전진해 나아가고 있다.

460여 개 언어로 쓰인 수천만 권이 넘는 책들, 숫자로 나열하기조차 버거운 자료량은 세계의 지혜를 대변한다고 해도 과언이 아닐 것이다. 그러나 자료가 너무 많다 보니 문제점도 생겼다. 자료의 홍수에 빠져 자료 번호와 내용이 제대로 정리되지 않아 자료가 있음에도 잘 찾지 못하는 경우도 있었고, 아직까지도 내용이 구분되지 않고 쌓여 있는 자료도 많았다. 언제 얼마만큼의 자료를 정리해서 볼 수 있을지도 모를 정도로 많은 자료는 향후 수많은 지적 도전가들이 이 도서관을 찾는 계기를 만들 것 같다.

인류의 지식과 지혜가 역사적으로 적절하게 해석되기를 기다리는 자료가 의회도서관 어딘가에 묻혀 있을지도 모르기 때문에 젊은 연구자들의 도전이 필요하다.

4. 미 국립공문서관과 세계의 정보

National Archives and Records Administration : World Data

하버드 대학의 봄방학을 맞이하여 미국 국립공문서관을 찾았다. 직접 가 보지 않아도 엄청난 자료가 있다는 것을 직감할 수 있는 나는 짧은 시간에 효과적으로 자료를 찾기 위해 내부 전문가와 연락을 하면서 내가 어느 시대 어떠한 자료를 찾겠다고 요청하였다. 내부 도움으로 자료에 대해 좀 더 빠른 접근이 가능하다고는 해도 빠른 정도의 한계를 너무도 분명히 느낀 것은 목록을 대하면서부터이다.

도서관 같으면 목록을 통해 어떤 자료를 보겠다고 하면 그 자료를 바로 찾을 수 있지만 이곳은 목록조차도 굉장히 광범위하고 포괄적으로 되어 있는 상태여서 스스로 요청할 자료 목록을 작성하는 것조차도 엄청난 도전이었다. 그곳의 자료 시스템을 알지 못하면 자료조차도 신청할 수 없으므로 자료를 요청할 수 있도록 돕기 위해 여러 내부 전문가들이 대기하면서 목록 작성을 도와야 할 정도였다.

물론 이곳의 자료는 도서로 출판된 것이 아니기 때문에 도서관에서 책을 빌리는 것과는 차원이 달랐다. 현장에서 비밀리에 오가던 수많은 전보, 보고서, 공문 등을 책처럼 정리해 둘 방법도 별로 없지만 개별 공문이나 전보 등에 대해 일일이 목록을 작성해서 컴퓨터에서 찾기 쉽도록 정리하기도 쉽지 않은 상황이다. 따라서 어느 기관에서 사용하던 기록인지 등만 모아서 포괄적으로 분류하여 놓았기 때문에 자신이 관심 있는 분야의 자료를 하나하나 뒤지지 않으면 특정 자료를 찾는다는 것은 불가능에 가까웠다.

결국 내부 전문가의 도움으로 자료 접근이 빠를 수 있는 정도가 어느 분야의 자료를 시도해 보는 것이 좋겠다는 정도의 조언을 듣는 것에 그치는 것이었다. 그 다음부터는 자료를 가지고 직접 연구자 본인이 내용을 파악해야 하는데, 자료량이 너무 많기 때문에 그 모든 것을 뒤지면서 특정 자료를 찾아내는 것은 모래밭에서 바늘 찾는 심정과 마찬가지라고 해도 과언이 아니다.

다른 방법 없이 자료를 하나씩 들추어 봐야 하는 상황에서 시간이 소요되는 것은 너무도 당연하다. 따라서 미국 내에서 또 외국에서 자료를 찾기 위해 공문서관을 방문한 사람들은 시간을 효율적으로 활용하기 위해 노력한다. 아침 9시에 입장 가능한 자료실에 9시부터 들어가기 위해서는 미리 도착하여 차례를 기다려야 했다. 자료실에 가지고 들어갈 수 있는 카메라 및 스캐너 등을 준비해서 들고 있다가 9시에 문이 열리면 전투에 나가는 사람들처럼 우르르 몰려 들어가 하루 종일 자료와의 씨름을 그치지 않는다.

나는 여러 지역의 문서관을 다녀 보았지만 이곳처럼 열심히 자료를 보려는 사람들을 보지 못했다. 이런 분위기에 발맞춰 나도 아침 일찍 서둘러 연구 대열에 끼었다. 월요일이나 화요일은 오후 5시에 폐관하지만, 수요일에서 금요일까지는 저녁 9시까지 연구에 몰입할 수 있기 때문에, 시간을 최적화해야 하는 연구자들은 저녁 먹는 시간도 아껴야 하므로 저녁 9시 이후에야 간단하게 허기를 채우는 시간을 가졌다.

비록 시간 소요가 많고 피곤한 작업이 연속되기는 하였지만 이런 식으로 자료를 보면서 새로운 사실을 깨닫게 되는 것은 매우 유용하였다. 자료 정리가 잘되어 있다면 자신이 보고자 하는 자료 이외에는 보지 않겠지만, 이 경우는 불가피하게 다른 자료도 같이 볼 수밖에 없기 때문에 새로운 지적 호기심을 자아내는 경우가 많았다.

예를 들어 아시아 관련 자료가 같이 있기 때문에 타국의 상황도 이해할 수 있게 되고 미국의 대동아시아 정책이나 특정 사건에 대한 미국의 이해도가 어느 정도 되는지에 대해서도 파악할 수 있었다. 특히 한국인이라면 더욱더 관심을 가질 만한 각종 민감한 사건에 대해서도 자료를 구비하고 있고, 한국 대통령의 방미 일정에 대해서도 다양한 보고서가 있었다. 심지어 미국 대통령에게 보고하는 특별 기밀 보고서 등을 만져 보면서 공문서관에서 자료를 본다는 것은 도서관에서 대하는 자료와는 차원이 다른 자료를 본다는 점에서 의미가 있었다.

주로 출판된 자료를 모아둔 도서관의 자료와는 비교가 되지 않게 당시 현장에서 오가는 숨 가쁜 내용이 비밀리에 전달되었던 것이기 때문에 더욱 생생한 느낌이 들었다. 이승만이나 박정희 대통령 시대와 관련된 각종 사건 및 자료, 국제적으로 민감한 사안, 미국이 어느 정도까지 자료를 모으고 또 관심을 갖는지에 대해서 더욱 구체적으로 파악할 수 있었다.

비록 과거의 자료라고 할지라도 현재 미국의 안보와 관련이 있다고 여기는 자료는 여전히 비공개로 분류되어 구체적인 내용을 파악하기는 어렵다. 각 기관에서 90% 이상의 자료는 폐기처분하고 중요하다고 여기는 10% 정도의 자료만 공문서관에서 보관한다고 하는데, 개별 연구자들은 이런 자료의 99%는 무시하고 1% 정도의 자료만으로 연구를 할지도 모른다. 따라서 세계의 다양한 면모가 연구되기까지는 여전히 무궁무진한 시간이 필요할 것이다.

연구자들이 자주 접하는 자료군임에도 불구하고 특정 자료를 거의 사용하지 않았다는 것은 자료 보관상태를 보면서도 충분히 파악할 수 있기 때문이다. 새로운 주제로 새롭게 접근할 신진 연구자를 기다리고 있는지도 모른다. 이곳에 앉아 있는 것만으로도 세계의 핵심 내용을 이해할 수 있는 느낌이 있다는 것 자체가 즐거웠다. 특히 소위 냉전이라고 하는 시대에도 다양한 사안으로 미국과 중국 등 공산권 국가가 대화하고 교류한 것을 보면서 표면적으로 보이는 얼어붙은 국가관계와 내부관계는 다른 차원이라는 것도 구체적인 자료를 보면서 더욱 실감할 수 있었다.

미국의 세계 각국에 대한 정보 수집 능력뿐만 아니라 구체적인 사안에 대한 깊이 있는 분석 및 자료 상황을 보면서 우리가 세계를 이해하는 길은 멀고 험난하기도 하지만, 이러한 자료를 어떻게 활용하느냐에 따라 지름길도 있지 않을까 생각해 보았다.

5. 마이애미 해변과 홀로코스트
Miami Beach and the Holocaust

아름다운 해변으로 유명하고 영화에서도 자주 등장하는 것이 마이애미 해변이다. 쉬기 편할 정도로 넓은 모래사장에 초록빛을 띤 맑은 바다는 바라보기만 해도 뛰어들고 싶은 충동을 느끼게 된다. 아름다운 몸매를 자랑하는 젊은 연인들, 즐겁게 물놀이하는 아이들 등 이 모든 것을 바라보는 것 자체만으로도 휴식을 취하는 느낌이 든다.

세계적으로 명성을 날리는 마이애미 해변에 홀로코스트 기념관이 있다. 처음에는 의아했다. 왜 마이애미에 홀로코스트 기념관이 있을까? 이 기념관과 마이애미 해변과는 어떠한 관계가 있을까?

과거 콜럼버스가 미 대륙을 탐험했을 때 유대인도 같이 참가했다고 한다. 그 후 1700년대 유대인이 플로리다 주에 정착하면서부터 조금씩 유대인 인구가 늘기 시작해 지금은 플로리다 주에 80만 명이 거주할 정도이다. 유대인들은 플로리다에 거주했던 자신들의 역사를 기록하기 위해 각종 개인사들을 모아 모자이크 역사로 만들어 유대인 박물관을 열었다.

● 마이애미 해변의 홀로코스트 기념관에 있는 '구원의 손'

● 거대한 구원의 손 주변에서 절규하는 조형물의 몸짓을 보면 전율이 느껴진다

박물관은 원래 유대인들의 교회로 썼던 역사적인 장소를 개조한 것으로 박물관으로서의 역사적 의미를 더한 곳이었다. 그곳에는 거대한 역사는 없지만 유대인들이 어떻게 세계를 유랑하였고 유럽지역에서 몇 년 동안 거주하고 박해받았다가 미국에 정착하게 되었는지에 대한 역사를 전시하였다.

이 박물관은 플로리다에 거주하는 유대인 학생들을 교육할 목적으로 이스라엘이 건국된 과정들에 대해서도 전시하고 있는데 꼭 유대인이 아니라도 누구나 유대인의 역사에 대해 이해할 수 있도록 하였다. 소박하지만 나름대로 각계에서 활약하고 있는 그들이 자랑할 만한 미국 유대인에 대한 역사도 잊지 않고 전시하였다.

유대인 박물관에서 그리 멀지 않은 곳에 홀로코스트 기념관도 있다. 아름다운 조형물로 잔잔하면서도 의미가 담긴 기념관을 보고 있자면 아름답다고만 말할 수 없는 비애와 슬픔을 느끼게 된다. 깡마른 군상들이 수심이 가득 찬 얼굴로 거대한 손에 달라붙어 구원을 외치는 모습을 형상화한 이 기념관 주변에는 물결이 잔잔한 연못에 연꽃이 드문드문 피어 있는데, 연꽃 사이를 비집고 조형물 군상의 모습이 반영되어 있다.

이처럼 세계적인 관광지인 마이애미 해변 근처에 홀로코스트 기념관을 건립하여 자연스럽게 세계 사람들이 역사 속에서 무슨 일이 어떻게 일어났는지에 대해 학습할 수 있도록 만들어 놓았다. 유대인 박물관은 각자가 관심을 갖고 일부러 찾아가지 않으면 구체상을 볼 수 없지만, 홀로코스트 기념관은 거리를 지나치다가도 볼 수 있는 곳에 자리 잡고 있어서 자연스럽게 관심을 유도하고 있었다.

● 힘없이 쓰러져 있는 유대인들을 표현한 작품

처음에 그곳을 방문한다면 아름다운 공원인가 생각할 정도이지만, 조금만 그 내용을 자세히 들여다본다면, 독일 나치시기에 대학살로 목숨을 잃은 유대인들의 명단이 하나씩 벽에 아로새겨져 있음을 발견할 수 있다.

그곳에는 무엇을 어떻게 기억하자라는 글귀가 없다. 유대인에게 행해졌던 잔학한 학살을 기념하여 독일인에게 복수하고 싶어 하는 마음도 표현되어 있지 않다. 그러나 그것을 보고 있다 보면 자연스럽게 역사를 되새기게 된다. 언제, 왜, 어떻게 이런 일이 발생하게 되었을까? 이러한 궁금증을 자아내는 것이 홀로코스트 기념관을 세운 의도일지도 모르겠다. 이에 대해서 잘 아는 사람이라면 지나쳐 가면서도 이러한 역사적 사실을 기억하겠지만, 잘 몰랐던 사람들은 궁금증을 해소하기 위해서라도 좀 더 많은 정보를 알기 위해 노력할 것이다.

● 유럽지역에 거주했던 유대인 상황을 표시한 지도

유대인들은 오랫동안 자신만의 주권과 영토를 갖지 못한 채 유대민족이라는 이유만으로 전 세계에서 따돌림을 당했던 역사를 갖고 있다. 그러면서도 유대인으로서의 정체성을 잊지 않고 그들만의 문화를 지키기 위해 노력하였다. 그토록 핍박을 받으면 유대인이라는 사실을 숨기고 각기 자신이 살고 있었던 국가의 사람으로 묻혀 살 수도 있었을 텐데 그들은 숱한 고난 속에서도 유대인의 정체성을 지키고 유대인으로 교육시키기 위해 박물관도 만들고 홀로코스트 기념관도 만들면서 끊임없이 그들의 역사를 세계에 내보이고 있다.

마이애미 해변에 유대인 박물관과 홀로코스트 기념관이 있는 것은 플로리다에 거주하는 유대인들의 성원에 힘입어 건립된 것이겠지만 세계적으로도 관광객이 많은 마이애미 해변에 위치하고 있어서 유대인뿐만 아니라 전 세계인의 교육까지 관심을 갖는 형태가 되었다.

수많은 박해 속에서도 유대인이 꿋꿋하게 살아 남아 있는 이유 중의 하나는 그들이 자신의 민족과 역사를 잊지 않기 때문이며 치욕의 역사이든 영광의 역사이든 역사를 역사로 남기면서 그것을 기념할 수 있도록 만드는 그들의 노력이 지속적으로 이어지기 때문일 것이다.

6. 대영도서관의 '도를 넘는' 원칙?

'Overreach the Rule' of the British Library

"열 길 물속은 알아도 한 길 사람 속은 모른다"라는 속담이 있다. 한 사람을 이해한다는 것은 그만큼 쉽지 않다는 뜻이다. 그런 사람들이 모인 집단적인 사회나 국가는 더욱더 이해하기 쉽지 않다. 영국은 제국주의 시기에 한때 '해가 지지 않는 나라'라는 별칭을 얻었다. 영국의 도도한 기세가 하늘을 찔러 언제까지라도 유지될 것 같았기 때문일 것이다.

영국은 세계 각 대륙에 식민지를 건설하고 그들의 영향력을 유감없이 발휘하였다. 영국은 자신들이 세운 종교적 원칙을 위해 자국민들에게도 자유를 허용하지 않았고 급기야는 자유를 원하는 필그림들은 미국으로 가게 되었다. 그런 영국의 필그림들과 새로운 희망을 갖고 각국에서 몰려든 이민자들로 형성된 미국한테 '콧대 높은 영국'이 패하였다. 미국의 독립전쟁 승리로 영국은 섬나라 영국으로 되돌아갈 수밖에 없었다.

● 대영도서관 전경　　　　　　　　● 대영도서관 내부에 책을 형상화한 설치물

　　어느 국가가 발전해 나가기 위해서는 그들 나름의 원칙과 합리성이 있다. 합리적인 원칙은 사회를 유지하기 위해 필요한 최소한의 약속이기도 하다. 이런 원칙과 합리성은 시대적 상황에 따라 다른 면모를 보이기도 한다.

　　나는 연구차 대영도서관을 이용하기 위해 미국에서 인터넷을 통해 사전 예약을 해 두었다. 대영도서관을 방문하였을 때 나를 증명하기 위한 몇 가지 절차가 필요하였다. 일반적으로 여권을 보여주면 기본적으로 그 사람의 신분이 증명되지만 대영도서관은 거주지로 우송된 공적인 전화나 전기세 등의 서류를 요구하였다.

　　현대 사회에서 많은 것이 인터넷으로 이루어지고 실질적으로도 수많은 공적인 자료도 인터넷으로 주고받고 있다. 시간을 효과적으로 사용하고 종이를 절약하는 환경친화적인 방법으로 여러 국가에서 자주 활용하고 있다.

　　나는 인터넷으로 보내진 공식적인 전자 전기세(electronic bill) 청구서에 표시된 주소로 증명해 보려고 하였지만 소용이 없었다. 무조건 우편으로 우송된 전화나 전기세 등의 공식적인 증명서가 필요하다는 것이다. 나는 도서관에서 주소를 요구하는 것은 그 사람의 신분을 확인하는 하나의 절차이고 여러 가지 증명서로 그 사람이 증명된다면 자료를 열람할 수 있지 않겠느냐고 설득해 보았지만 소용이 없었다.

왜냐하면 그것이 대영도서관의 원칙이기 때문이다. 소위 말하는 자신들이 설정한 원칙에 무조건 부합해야 하고 그것을 증명하는 방법도 자신들이 세운 방법에 따라야 한다는 것이다. 나는 학문적인 목적으로 대영도서관 자료 열람을 위해 미국에서 짧은 시간 온 것이므로 잠시라도 이용할 수 있게 해 달라고 하였다. 나를 증명할 수 있는 하버드 대학 증명서에 심지어 미국 정부에서 공식적으로 발행한 서류에 명시된 주소를 보여주었으나 전혀 통하지 않았다.

도서관 안내원보다는 상사가 상황의 합리성을 더 이해하지 않을까 하는 '어리석은' 믿음으로 상사와 대화해 보았으나 똑같은 말을 되뇔 뿐이었다. 공식적인 자료로 증명이 되지만 자신이 세운 방식으로 증명되지 않는다고 도서관 이용 그 자체를 거부하는 것은 너무 심한 처사 아니냐고 반문하였다. 도서를 대출하는 것도 아니고 짧은 시간 도서관 자료 열람을 위해 반드시 전제가 되어야 하는 것이 대영도서관이 설정한 방식만의 거주지 증명이라고 한다면 상식적이고 합리적인 처사일까?

굳이 따진다면 이유 불문하고 그 어떠한 원칙이라도 대영도서관의 원칙에 맞게 서류를 준비하지 못한 나에게 일차적인 책임이 있다. 그렇지만 기계가 아닌 인간이 대원칙에 무리가 가지 않는 범주에서 상황을 고려할 수도 있을 텐데 그들은 그렇게 하지 않았다. 물론 이것이 영국이 생각하는 영국의 합리성이고 영국을 유지하는 힘인지도 모른다.

한 나라의 흥망에는 많은 요인이 있다. 복합적인 이유가 동시 다발적으로 작용하지만 역사적으로 국가가 쇠퇴하는 데는 다양한 측면에서 합리성이 결여되었을 때이다. 최고 권력자가 헌법에 명시된 내용을 무시하고 정치적으로 전횡하거나 경제적으로 국민이 살아가기 어려울 정도로 착취되었을 때, 또 사상적으로 도를 넘는 통제를 받게 되었을 때 등 수많은 경우에서 '합리성'이 결여되었을 때 쇠망의 길로 들어서게 된다. 수많은 역사가 이를 증명하고 영국 역사에서도 크고 작은 경험들이 있었다.

나는 대영도서관이 설정한 '도를 넘는' 원칙과 합리성 때문에 영국이 쇠망하게 될 것이라고 말하는 것이 아니다. 그러나 상식적인 차원에서 '도를 넘는' 원칙으로 공적 도서관으로서의 책무를 잊고 도서관의 근본적인 목적을 망각하는 것은 재고해 볼 필요가 있다고 본다.

이번 일을 통해 영국의 단면을 이해하는 계기가 되었다. 산업혁명을 일으키고 세계를 지배한 적이 있는 영국은 이와 같은 역사적인 요인으로 자신감이 있는 나라이다. 그러나 일반적으로 영국을 '콧대 높다'라고 표현하는 말 속에는 여러 부정적인 의미를 포함하고 있다는 것을 영국은 이해할 필요가 있다.

● 버킹엄 궁전의 근위병 교대식 장면

'영국신사'로 대변되는 콧대 높은 이미지는 자신이 설정한 원칙에만 따르도록 하는 것이 아니라 합리성을 기본으로 상황을 이해하고 세계와 더불어 나아가려는 자세가 있을 때 진정한 '콧대 높으면서 우아한 영국 신사'라는 말이 긍정적인 이미지로 세계인에게 다가오지 않을까?

자유를 찾아 영국을 떠난 필그림이 험난한 파도를 헤치고 미국에 도착하여 고생 끝에 추수의 감사 예배를 드렸던 추수감사절 휴일에, 역으로 영국에 와서 대영도서관 원칙이라는 벽에 부딪혀 시간을 효과적으로 사용하기 힘들었던 나는 새삼 '추수감사절'의 역사적인 의미를 되새겨 보았다. 영국의 경직된 원칙이 '추수감사절' 의미의 깊이를 더해 주었다.

● 버킹엄 궁전 주변에 우뚝 솟은 조각상

7. 멕시코의 여름 크리스마스
Summer Christmas in Mexico

크리스마스는 아기 예수 탄생을 축하하는 특별한 절기이지만 본래의 의미와는 상관없이 연말연시를 맞이하여 많은 사람들이 크리스마스 분위기를 즐기며 서로의 안부를 묻는 시간을 보낸다. 특히 연인들은 이 시기에 이벤트나 선물을 준비하기도 하고 좀 더 추억에 남는 시간을 만들기 위해 화이트 크리스마스를 소원해 보기도 한다.

이러한 분위기를 돋우기 위해 거리마다 크리스마스 장식이 넘쳐나고 '징글벨'이나 '고요한 밤, 거룩한 밤' 같은 노래가 나오면 흥겨워서 콧노래를 부르기도 한다. 평생을 북반구에 살고 있는 나는 겨울의 크리스마스 풍경 이외에는 그 어떤 다른 풍경을 상상하기 쉽지 않다.

역사를 연구하는 나는 어딘가에 유서 깊은 무언가가 있다면 가능하면 한 번씩은 답사를 해서 그 실상을 확인하는 버릇이 있다. 마야 문명을 간직한 멕시코는 그중의 하나로 언젠가는 학술 답사를 해야 할 곳이었는데, 드디어 실천할 기회를 얻었다.

● 멕시코시티 근교에 있는 마야 문명 유적 피라미드

16세기 스페인이 멕시코를 장악하면서 멕시코 문화는 여러 가지로 많은 변화를 겪었다. 비록 스페인의 지배에서는 벗어나 독립국가로 성장해 나가고 있지만 공식언어로 스페인어를 쓰고 있고 소수의 일부 이외에는 멕시코 언어를 하는 사람도 많지 않을 정도가 되었다.

종교적으로도 가톨릭을 받아들여 대다수의 국민들이 가톨릭 신자이기도 하다. 그러다 보니 곳곳에서 쉽게 찾아볼 수 있을 정도로 성당도 많이 있는데, 스페인이 장악하고 있던 시기에 건설된 것이 많아서 건물 하나하나에서 그 오랜 역사를 읽을 수 있을 정도로 유서 깊다.

겨울의 크리스마스 이외에는 알지 못하는 나는 항상 여름의 크리스마스가 궁금하였다. 일전에 국제회의 참석차 오스트레일리아를 방문했을 때는 시기를 맞추지 못해서 여름의 크리스마스를 직접 느껴 볼 수가 없었다. 따라서 멕시코의 크리스마스는 놓쳐서는 안 되는 중요한 기회라고 여겨졌다. 여름의 크리스마스를 만날 기회가 많지 않기 때문이기도 하다.

12월 25일 아침에는 소칼로 광장에 있는 메트로폴리탄 성당 예배에 참석하였는데, 소칼로 광장은 멕시코시티 중심부에 있는 세계적으로도 꽤 큰 광장이다. 라틴 아메리카에서 가장 웅장한 성당답게 신성한 분위기와 크리스마스에 어울리는 장식, 그리고 관현악에 맞춘 아름다운 곡조를 뽐내는 성가대까지 어우러져 기쁨의 예배가 이루어졌다. 스페인어를 모른다는 것이 참으로 안타깝다는 생각을 많이 하면서 예배에 임하였다.

안내책자를 보니 저녁에 멕시코 민속 발레단의 특별 공연이 있다는 소식이 나의 눈길을 사로잡았다. 유서 깊은 건물을 사용하고 있는 국립 역사박물관 야외에 마련된 무대는 건물 그 자체의 고풍스러운 분위기에다 발레단의 곡조에 맞는 각종 조명으로 아름다운 분위기를 배가시켰다. 추운 겨울에 크리스마스를 맞이하는 나라는 크리스마스를 위한 특별 야외 공연이라는 것을 생각조차 하기 힘들겠지만 이곳은 아름다운 날씨가 지속되는 곳이어서 충분히 가능한 이야기였다.

멕시코 민속 발레단의 특별 공연이 구체적으로 어떤 내용인지 파악하기는 힘들었지만 각 나라의 역사 및 문화에 관심이 있고 무대 공연을 좋아하는 나는 이 절호의 기회를 놓칠 수 없어서 주저 없이 관람하였다. 놀라운 것은 공연 그 자체의 내용이 예수 탄생을 기뻐하는 것이었다. 멕시코의 전통적인 문화를 소재로 공연을 할 것이라는 막연한 기대는 나의 무지에서 출발한 것이었다. 1시간 반 동안 이어지는 화려한 민속 발레는 멕시코의 열정을 느낄 수 있는 무대로 보는 이들을 흥겹게 하였다.

민속 발레단의 특별 공연이 이렇게 이루어지기도 하는구나 여기면서 그러한 공연을 단지 몇백 명의 사람들과만 나누기는 너무도 아쉽다는 생각을 하였다. 말구유에서 태어난 아기 예수의 모습을 재현하기 위해 등장한 온갖 동물들, 합창단과 관현악단 거기에다 직접 공연을 하는 발레단 등 족히 150여 명은 등장하기 때문이다.

단순히 계산하면 이런 공연을 준비하기 위해 들인 온갖 노력에 비해 관람하는 사람이 턱없이 부족해 그들의 노고가 충분히 발현되지 못하는 것이 염려도 되었다. 다른 한편으로는 이런저런 주제를 끊임없이 개발하여 멕시코 문화와 예술을 발전시켜 나가는 것을 보면서 예술을 사랑하는 사람들의 끊임없는 노력이 있는 한 문화의 생명력이 이어져 나가는 것을 볼 수 있었다.

여러 가지 측면에서 주변의 여건이 열악함에도 불구하고 이러한 특별 공연까지 준비할 수 있는 저력이 부럽기도 하였다. 이 공연을 준비하기 위해 어느 정도의 시간이 들었는지 알 수 없지만 적지 않은 시간을 들인 것은 확실해 보인다. 왜냐하면 주제 자체가 평상시에 공연하는 것이 아니기 때문에 주제에 맞는 음악과 무용 등 많은 것에 변화를 주어야 하는 것은 분명하기 때문이다. 이런 공연이 한 차례의 특별 공연으로 마친다는 것은 어떻게 생각해 보아도 아쉬웠지만 그 정도의 여유와 문화적 저력이 있다는 것은 부러움 그 자체였다.

마야 문명의 이해뿐만 아니라 특별한 여름의 크리스마스에다 멕시코 전통 음악과 발레가 조화된 아기 예수 탄생 특별 공연은 잊지 못할 추억이 되었다. 언어도 종교도 스페인의 강력한 영향력을 받아들인 멕시코이지만, 양자의 문화를 적절히 융합하여 새로운 멕시코의 문화로 승화시킨 그들의 문화적 저력이 살아 숨 쉬는 것을 보는 것은 또 다른 즐거움이었다.

● 화려한 춤으로 예수 탄생을 기뻐하는 멕시코 민속 발레단의 공연

● 멕시코시티 소칼로 광장

● 소칼로 광장 귀퉁이에서 멕시코 전통 춤을 추는 무사들

8. 뒤바뀐 운명
Reversed Destiny

가끔 기구한 삶을 살았던 사람들을 접하게 되면 저런 삶도 있구나 하며 절로 감탄할 때가 있다. 내가 원하는 바는 아니었지만 불가피하게 그렇게 살 수밖에 없는 삶도 있기 때문이다.

늦은 저녁에 우연히 텔레비전을 켰는데 잘은 모르지만 뭔가 한국과 관련되는 다큐멘터리인 것 같아서 관심을 갖고 보게 되었다. '차정희의 이름으로'라는 제목의 그 다큐멘터리는 역사를 연구하는 나의 관심을 끌기 충분하였다.

차정희는 어렸을 때 한국에서 입양되어 미국에 온 사람이다. 미국에서 자신을 사랑하는 양부모의 양육으로 풍성한 삶을 살 수 있었다. 그러나 자신의 정체성이 뭔지, 왜 자기가 미국에 와 있는지에 대해 양부모를 통해 확인한 후 한국으로 돌아가 자신의 뿌리를 찾기 시작하였다.

한국전쟁으로 부모를 잃고 고아원에서 자라다가 양부모의 입양으로 미국에 오게 되었다는 이야기를 들은 차정희는 혹시라도 자신의 뿌리를 더 찾을 수 있을까 하며 노력한 끝에 가족을 찾을 수 있었다. 부모님이 모두 전쟁으로 돌아가신 줄 알았는데, 어머니는 살아 계셨고 형제들도 찾을 수 있었다.

문제는 풀리지 않고 오히려 새롭게 전개되었다. 여태까지 차정희로 살아왔는데 자신의 이름은 강옥진이었던 것이다. 그러면 어떻게 차정희가 되었을까? 원래 차정희는 누구이며 그는 어떻게 살아가고 있을까? 왜 강옥진이 차정희로 변모하여 미국으로 입양되었던 것인가? 질문에 질문이 끊이지 않았던 강옥진은 진짜 차정희를 찾아 나서게 되었다.

한국의 '중앙일보'와 '아침마당'이라는 텔레비전 프로그램을 통해 사연을 소개하며 차정희를 찾았으나 쉽게 나타나지 않았다. 무작정 전화 명부를 뒤져 모든 차정희를 접촉해 보려고 해도 쉽지 않았다. 경찰의 도움을 얻어 검색해야 할 범주를 좁힌 결과 50여세 범주의 차정희 중에서 군산이나 전주 등지의 고아원에 있었던 경험이 있는 사람을 물색한 결과, 정확하지는 않지만 어렴풋하게 그 시절을 기억하는 차정희를 찾을 수 있었다. 차정희의 이야기는 복잡성을 더해 갔다.

고아원에서 살았던 원래 차정희는 미국 양부모가 입양하기 전에 매달 15달러씩 양육비를 보내 주는 자매결연을 한 상태였다. 양육비 보내는 것으로 관계를 맺었던 양부모가 후에 아이를 입양하기로 결정하고 수속을 밟으려고 하였을 즈음 원래 차정희의 부모가 나타나 고아원에 있었던 아이를 그냥 데리고 나가 버렸다. 차정희의 신발 등은 그대로 고아원에 남겨 둔 채였다.

입양 보내야 하는 차정희가 갑자기 사라지자 고아원 측에서는 당시 차정희와 비슷한 또래의 강옥진에게 차정희의 신발을 신기고 차정희의 이름으로 여권을 만들어 미국에 입양시켰던 것이다. 강옥진이 차정희로 변신하여 살게 된 뒤바뀐 운명의 시간이 된 것이다. 고아원에서는 고아 한 명을 미국에 입양시킬 수 있는 좋은 기회를 낭비하지 않고 다른 아이에게 혜택을 주려고 그렇게 처리했다고 한다.

고생 끝에 진짜 차정희를 찾은 강옥진은 원래 차정희의 신발을 신고 입양되었던 그 신발을 주인에게 돌려주려고 하였다. 뒤바뀐 운명의 주인공에게 원래 그의 소유물을 돌려줌으로써 뒤바뀐 운명으로 인해 빚어진 자신의 짐을 덜어 보고자 하였다.

그러나 차정희는 그 신발에 대해 어렴풋하게 기억은 하지만 과거를 돌이키고 싶지 않아 신발을 되찾아 오는 것에 대해 거부했다. 결국 차정희의 신발을 신고 미국에 건너와 차정희로 살아왔던 강옥진의 삶이 담긴 신발은 뒤늦게 되찾은 원래 차정희의 신발이 되지 못했다. 그 삶조차도 강옥진의 몫이었던 것이다.

드디어 원래 차정희도 차정희로 살아온 강옥진도 확인이 되었지만 또 하나의 차정희가 있었다. 처음에 양부모가 양육 결연을 맺었을 때 고아원에서 보내 주었던 사진은 되찾은 차정희도 강옥진의 사진과도 조금 다른 것으로 보였기 때문이었다. 그가 누구인지 어떻게 사는지 알 수 없지만 원래 사진의 주인공이 될 또 다른 차정희는 어디에 있는가?

왜 이렇게 이해하기도 설명하기도 어려운 차정희가 많은 것인가? 이는 한국전쟁으로 발생한 수많은 고아뿐만 아니라 다양한 이유로 버려진 아이들이 고아원을 전전하다가 해외까지 입양되면서 발생한 한국의 부끄러운 단면이기도 하다.

혈연을 그렇게 중시하는 것처럼 보이는 한국에서 버려진 아이들은 한때 1년에도 수천 명이 해외로 입양되었다고 한다. 아직도 부모에 의해 버려지는 아이들이 많다. 제2, 제3의 기구한 운명을 가진 차정희가 생기지 않도록 한국은 인간의 가치와 존엄성을 다시 한 번 재고할 필요가 있다.

내 혈연만을 고집하면서도 수없이 많은 아이들을 떠나 보낸 모순된 역사를 되돌아보고 빚진 자의 마음으로 자신의 자화상을 성찰할 필요가 있다. 이에 더 나아가 지금도 한국을 포함하여 다양한 국가에서 다양한 이유로 버려진 수많은 아이들에 대해 개인뿐만 아니라 사회적으로도 관심을 확대시켜 나갈 필요가 있다.

Chapter 6

미국의 합리주의

America's Rationalism

1. 세일럼의 마녀재판과 할로윈 축제

The Salem Witch Trials and Halloween

2011년 10월 26일 저녁 보스턴에 첫눈이 살짝 내렸으나 29일은 하루 종일 하늘이 어둡고 본격적으로 눈이 내려 온 세상이 하얗게 변하였다. 비와 눈이 섞인 형태의 진눈깨비는 무겁기 때문에 나뭇가지도 부러지고 전선도 끊어져 대규모 정전사태가 발생하기도 했다. 잔설이 흩어져 있는 30일도 꽤 쌀쌀하고 음산한 날씨였다.

매사추세츠 주 북동부 지역의 세일럼(Salem)이라는 곳은 마

● 세일럼의 할로윈 축제를 소개하는 잡지 표지

녀재판으로 유명한 곳이다. 미국의 할로윈 데이와 분위기를 같이하여 온통 귀신이나 해골 복장을 하고 돌아다니는 사람들과 마녀재판을 이해하기 위해 무덤을 관광하는 사람들, 이 모든 것이 음산하고 쌀쌀한 날씨와 맞물려서 독특한 분위기를 자아내고 있었다.

세일럼에서는 1692년 3월부터 마녀재판이 시작되어 200여 명의 마을 사람이 마녀로 고발되었다. 당시 총독이 이러한 활동을 강제로 중지시키고 수감자를 사면시키기 전까지 벌써 19명이 처형되었고 1명이 고문 중 사망하였으며, 5명이 감옥에서 사망하는 등 광기가 번뜩거리는 곳이었다.

청교도의 정신이 살아 있는 미국에서 수련회에 참석했던 사무엘 패리스 목사의 딸과 사촌이 시름시름 앓게 되는 사건이 발생하자 이들을 진찰했던 의사는 악마에 의해 빙의된 것으로 판단하고 당시 수련회에 참여한 사람들의 행동을 문제 삼으면서 마녀사냥의 광풍이 일기 시작하였던 것이다.

세일럼 출신으로『주홍글씨』의 저자인 나다니엘 호손은 자신이 태어난 마을에서 발생했던 세일럼의 마녀재판이야말로 '미국 역사에서 가장 부끄럽고 치욕적인 사건'이라고 기술하였다. 당시 발생했던 전염병에 대한 두려움 그리고 마녀에 대한 주술적인 공포, 종교적 신념의 차이가 인간 광기를 발산하는 걷잡을 수 없는 사건으로 번져 갔던 것이다.

인간의 자유와 종교의 자유를 외치는 미국에서 번졌던 인간성을 말살하는 광기의 역사는 매우 아프고 수치스러운 것이다. 따라서 이를 기념하기 위해 세일럼에서는 인권과 사회정의에 관련된 재단을 만들

어 여러 가지 활동을 하면서 죽
음의 얼굴이 아니라 중인의 얼굴
로서 당시 마녀 재판을 상징적으
로 재해석해 내는 작업을 하기
위해 노력하고 있다.

그럼에도 불구하고 세일럼
의 역사적인 아픔은 진정한 반
성과 인간성 회복을 위한 노력
으로 거듭나기보다는 수치의 마
녀사냥이 미국의 할로윈 데이와
맞물려 상업적인 축제로 되살아
나 있었다.

아일랜드의 이민자들이 가

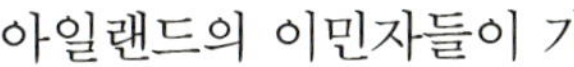

● 세일럼 마녀의 집을 소개하는 안내 포스터

져온 전통이 미국의 축제로 자리 잡은 할로윈 데이는 11월 1일이지만
그 이브인 10월 31일이 축제의 절정을 이루면서 온갖 귀신들이 총출
동하는 날이 되었다. 가톨릭 성인들의 모임에서 출발했다는 종교적인
상징성을 떠나 조상신에 대한 예배와 경의를 갖추는 것으로 변화되기
도 하고 단순히 상업적 축제로 탄생하면서 많은 사람들이 즐기는 놀
이로 재탄생하였다.

많은 가정이 이 축제에 참여하는데 현관에는 호박을 얼굴 모양
으로 파서 그 안에 촛불을 밝혀 두고 거미줄이나 귀신 복장의 허수아
비를 만들어 걸어 두기도 한다. 할로윈과 마녀재판은 직접적인 관계
가 있지는 않지만 죽은 귀신의 원한을 풀어 주는 축제를 한다는 점에

서 통하는 점이 있었는지 세일럼은 할로윈 데이의 메카로 탄생되어 있었다.

따라서 10월 마지막 주의 세일럼은 마녀의 도시로서 할로윈을 즐기려는 남녀노소가 몰리는 최대의 관광지가 되었다. 흉가와 마녀 박물관이 늘어서 있고 그리고 기기묘묘한 귀신과 해골 복장으로 걸어 다니는 사람들이 어울려 진풍경을 이루는 곳이 바로 세일럼이다.

마녀의 도시를 휘젓고 다니다 보면 인간 심성에 내재하는 광기를 발산하는 좋은 기회로 삼을 수 있어 긍정적인 역할을 할 것도 같다. 더불어 새로운 귀신 스타일을 창조하는 예술의 장이기도 하여서 젊은이들의 각광을 받고 있기도 하다. 물론 이와 관련한 상업적인 아이디어는 항상 앞서서 분위기를 띄워 나가고 있었다.

그러나 미친 듯이 돌아다니며 마녀의 광기를 발산하려는 사람들 속에 외로이 서서 참된 신을 믿고 바라봐야 한다는 어느 청교도의 전도는 사람들의 무심한 시선 속에 묻혀 버리는 것 같았다. 그것마저도 또 다른 귀신의 분장으로 취급되는 분위기인 것 같아서 씁쓸했다.

인간의 광기를 재미있고 신나는 축제로 풀어내는 지혜는 의미 있고 중요하다. 그러나 세일럼의 수치스럽고 치욕적인 역사가 무엇이었는지를 잊고 무엇을 계승해야 하는지도 모른 채 귀신들의 축제만이 떠돌고 있는 것은 아닌가 하는 생각이 들었다. 이는 그 음산한 거리에 홀로 서 있었던 청교도의 외침과 같이 세일럼이 진정 반성하고 계승해야 할 역사적 사명, 즉 인권 회복과 사회 정의 실현은 가물가물한 것은 아닌지 염려가 되었다.

1주일 동안 개최되는 세일럼의 축제 속에서 치욕적인 마녀재판을 영광의 새 역사로 만들어 나가면서 다음 세대에게 교훈을 주는 역사적이면서도 적극적인 학술활동이 별로 눈에 띄지 않는다는 점에서 더욱 그런 생각이 들었다.

상업이 만들어 낸 광기에 휘둘려 우리가 다스려야 할 인간의 광기를 잊어버리지 않기 위해서는 미국의 역사뿐만 아니라 우리 주변에서 스스로 만들어 내는 작은 광기가 어떠한 피해를 양산하고 있는지 되돌아볼 필요가 있다. 힘이 있고 권력 있는 사람들이 심심해서 또 재미있어서 던진 돌멩이에 약자는 맞아 죽기도 하고 억울한 누명 속에 평생을 고통 속에 살아가기도 한다.

과거 세일럼의 마녀 재판 역사는 내일의 희망적인 사회정의와 인권을 말해야 할 의무가 있다는 점에서 오늘을 살아가는 우리에게 주는 교훈이 크다고 하겠다.

● 할로윈 파티를 즐기는 초등학생들

● 할로윈 파티장의 학생과 학부모들

● 세일럼의 할로윈 파티 분위기를 틈타 학비를 벌려고 나선 대학생

2. 자본과 미국의 의회정치
Capital and Congress Politics in the USA

하버드에 있으면서 내가 즐기는 것 중의 하나는 학문의 성찬이다. 풍성하고 아름답게 꾸며진 뷔페처럼 매일같이 수많은 다양한 학문의 성찬이 나를 즐겁게 한다. 이 모든 것을 맛볼 수는 없지만 주변에 존재한다는 사실만으로도 행복하고 또 시간이 되고 관심이 있다면 언제든지 달려가서 참여해 볼 수 있어서 좋다.

많은 세미나가 점심이나 저녁 시간을 활용하기 때문에 간단하게 식사를 하면서 최고의 전문가들로부터 새롭게 연구된 내용을 듣고 토론할 수 있어 지식욕까지 채울 수 있는 일거양득의 기회이다. 식사를 하기 위해 어차피 들여야 하는 시간인데 간단하게 저녁을 먹으면서 세미나에 참석할 수 있어서 시간적으로도 부담감을 줄일 수 있어서 좋다.

식사를 겸하지 않는 경우라도 커피나 다양한 쿠키를 먹으면서 강연을 들을 수 있도록 준비하여 입도 마음도 즐거운 경우가 많이 있다. 물론 하루 종일 집중적으로 학문적 토론에만 집중하는 경우도 많이 있는데, 수많은 다양함을 어떻게 본인이 소화하느냐에 따라 학문적으로 도전도 받게 되고 또 쉼을 얻을 수도 있는 기회가 된다.

이런 세미나 중 하나로 참여했던 것이 하버드 법학대학원(Law School) 로렌스 레시그(Lawrence Lessig) 교수의 강연이다. 그가 최근 출판한 책『Republic, Lost: How money corrupts Congress and a plan to stop it』과 관련해 어떻게 돈이 의회를 망치고 있으며 그에 대해 어떻게 대처할 것인가에 대한 강연이었다.

최고 유능하다는 사람들이 하버드 법학 대학원으로 몰리고 이곳을 졸업한 상당수의 학생들이 의회에 들어가고 있다. 이들이 의회에서 받는 월급은 1년에 187,000달러(한국 돈 2억여 원) 정도 된다. 그 중 의회를 은퇴했거나 전직 의원들의 상당수가 로비스트가 되는데, 이 경우는 연봉이 의원일 때의 몇 배를 받게 된다. 자본주의 사회에서 수입의 액수가 성공의 척도가 된다면 의회 로비스트야말로 성공의 지름길인지도 모른다.

의원들의 월급과 로비스트로의 길을 연결해서 설명하는 이유는 돈을 매개로 한 법률 생산이 어떠한 사슬로 관계하고 있는지를 보여주기 위한 것이다. 즉 최고의 실력가들이 법을 정비하기 위해 들어간 의회는 관련자들이 로비스트를 통해 법안 로비를 하게 되고 로비스트는 자신이 전직 의원이었던 점을 활용하여 실질적으로 법을 만드는 데 중요한 역할을 하게 된다.

의회에서 특정 법안에 대해 최종 투표를 하기 전에 의원들은 이미 새로운 법안에 대해 자신의 의견을 갖게 되는데 그 법안은 자신이나 소속 정당 지지자들의 이익을 대변하는 것으로 정리되어 있다. 따라서 미국 공화당이든 민주당이든 법안을 생성할 때 혹은 최종결정을 위한 투표를 할 때 결국은 소속 정당 지지자들의 이익을 대변하는 형태를 취하게 된다는 것이다.

미국 의회는 형식적으로 매우 민주적이고 합법적으로 법안이 생성되고 결정되는 구조로 운영되는 것 같지만 결국은 의회 그 자체가 구조적인 부패로 뒷받침되어 있다는 것이다. 많은 경우 99%의 서민층이 1%의 부자들의 로비와 구조적이고 제도적인 의회의 부패 앞에 어떠한 힘도 쓰지 못하고 무너지기 때문에 어느 면에서는 사회에 문제가 있더라도 그것이 쉽게 바뀌지 않으면서 기득권자들의 잔치가 계속 이어져 가는 것이다.

불법이라면 그 자체로 많은 사람들의 공감을 얻어 낼 수 있기 때

● 미 국회의사당의 전경

문에 문제를 쉽게 해결해 나갈 수 있겠지만 합법적이면서도 구조적이고 제도적인 부패는 어떻게 변화시켜 나갈 수 있을까? 실질적으로 일반인들은 의회의 제도적인 부패에 대해 문제의식을 갖기도 쉽지 않을 정도로 합법성을 갖는 것이어서 이러한 '우아한 부패' 앞에서 속수무책일 따름이다.

미 의회의 부패는 의원 개개인이 나쁘거나 비도덕적이어서 발생하는 문제라고 보기 어렵다. 훌륭한 사람들이 좋은 의도로 좋은 법안을 만들려고 다양한 노력을 해 보지만 어느새 기존에 짜여진 기득권의 틀을 넘지 못하고 또 제도적으로 정비된 틀을 뛰어넘지 못한 채 점차 주어진 조건에 적응해 나가면서 자연스럽게 종속적으로 부패에 참여하게 되는 것이다.

이러한 문제를 과연 해결할 수 있을까? 어느 누구도 손쉽게 해결책을 제시하지 못한다. 그럼에도 불구하고 제도적인 부패는 있고 이를 해결하지 않으면 미 의회를 망칠 뿐만 아니라 결국 미국을 망칠 수가 있기 때문에 관심을 가지지 않을 수 없다는 점에서 많은 사람들의 공감을 샀다.

돈이 미 의회를 망치는 것은 단순히 미국만의 문제가 아닐 것이다. 조금 다른 형태를 취할 수는 있지만 한국에서도 결국 의원들을 지지하는 자들의 입김이 법안을 만들고 결정하는 데 크게 영향을 미친다는 것은 잘 알고 있는 사실이다. 그럼에도 불구하고 이러한 구조적인 문제를 문제로 인식하고 어떻게 변화를 만들어 나갈 것인가에 대한 깊이 있는 성찰이나 고민이 있느냐가 중요하다.

민주주의라는 틀 속에서 제도적으로 정비된 의회라는 사실 때문에 발생하는 제도적인 부패를 방치한다면 결국 합법적으로 국가의 근간을 뒤흔드는 일이 발생할 수 있게 될 것이다. 이를 해결하기 위한 방법은 단순하지 않다. 의원 개개인의 자각이 필요하고 지지자들의 이익을 대변하는 돈으로 멍든 의회를 돈에서 자유롭게 만들 수 있어야 하는데, 그것이 어떻게 가능할 수 있을까?

강연장에 앉아 있던 어느 누구도 속 시원하게 해결책을 제시할 수는 없었지만 돈이 미 의회와 같은 민주주의적 구조를 어떻게 훼손하고 있는지에 대해 인식하는 것 자체가 미 의회를 변화시킬 수 있는 첫걸음이라는 것에 대해서는 공감을 할 수 있었다. 결국 깨어 있는 시민의식으로 끊임없이 문제를 제기하고 모두의 꿈을 이룰 수 있는 국가로 만들기 위해 노력할 때 새로운 길이 열리지 않을까?

3. 뮤지엄 패스와 도서관
Museum Pass and Library

어느 곳에서나 문화생활을 즐기려면 기본적으로 돈이나 시간이 필요하게 된다. 그럼에도 불구하고 내가 미국에서 다양한 문화생활을 즐길 수 있는 이유는 뮤지엄 패스(Museum pass)의 힘 때문이다.

뮤지엄 패스는 미국 공공도서관 이용증이 있으면 누구나 자유롭게 거주지 공공도서관에서 특정 날자와 특정 박물관을 신청하여 사용할 수 있는 것이다. 물론 도서관에 따라 문화생활을 위한 기부금이 많은 경우는 좀 더 많은 혜택이 있고 그렇지 않으면 관람할 수 있는 뮤지엄 수가 적은 경우도 있다.

자신이 거주하는 지역의 도서관 이용증이 있으면 해당 주(State) 내에 있는 다른 도시의 도서관도 자유롭게 사용할 수 있다. 자신의 거주지역뿐만 아니라 다른 지역의 뮤지엄 패스도 신청해서 사용할 수 있으므로 사용할 수 있는 범주가 상당히 넓어진다.

뮤지엄 패스는 기본적으로 해당 지역 거주자로서 먼저 신청한 사람에게 우선권이 있지만 날짜와 뮤지엄 패스 이용 가능 시간만 잘 확인한다면 다른 지역의 뮤지엄 패스를 사용하는 데도 전혀 무리가 없다.

뮤지엄 패스는 뮤지엄뿐만 아니라 국립 자연공원 및 수족관, 동물원, 식물원 등 해당 지역에 있는 각종 공공시설을 자유롭게 활용하게 하여 주민의 문화생활 향상에 많은 도움을 준다. 도서관 홈페이지를 통해 자신이 가고자 하는 뮤지엄과 날짜를 정해 신청하면 뮤지엄 패스를 받게 되는데, 뮤지엄에 따라 무료인 경우도 있고 소액의 비용을 내야 하는 경우도 있다.

뮤지엄 패스가 없다면 뮤지엄 입장료를 모두 자신의 재력으로 정산해야 하지만 뮤지엄 패스를 활용하면 크게 돈을 들이지 않아도 다양한 문화생활을 즐길 수 있다는 점에서 매우 유용한 제도이다. 내가 미국을 가족과 오지 않았다면 아마도 이런 제도를 모르고 지나칠 수 있었을 것이다. 대부분의 시간을 자신의 연구실이나 하버드 대학 도서관에서 보내게 되니 지역 도서관을 굳이 갈 일이 없기 때문이다.

그러나 아이들이 지역 도서관을 자주 이용하게 되니까 자연스럽게 처음부터 이런 제도를 알게 되었다. 우리는 뮤지엄 패스를 이용해서 틈나는 대로 각종 뮤지엄을 다니면서 행복한 시간을 보내고 있다.

뮤지엄 중에는 미국역사와 관련된 것도 많아서 아이들의 역사 공부에도 도움이 되고 예술과 관련된 각종 뮤지엄은 우리 가족의 문화적·정신적 삶을 풍성하게 하는 데 일조하고 있다. 이러한 제도를 잘 모르면 수많은 돈을 들여야겠지만 미국이 갖고 있는 제도를 조금만 파악하면 실생활에 도움이 되는 것이 많이 있다.

　　각자가 살아가기도 버겁고 바쁜 삶일 수도 있겠지만 지역 주민의 정서적 안정과 문화적 생활을 영위케 하기 위해 수많은 사람들의 기부금을 모아 이런 제도를 만든 것이다. 아직도 나는 뮤지엄 패스로 갈 수 있는 뮤지엄을 다 가 보지 못했다. 물론 시간을 두고 꾸준히 가 보려고 하지만 이런 제도가 없었다면 어느 면에서는 이렇게 열심히 뮤지엄을 다니지 않을지도 모른다. 왜냐하면 언제나 분주한 연구 일정에다 인간의 나태함이 더해지고 은근히 몰려드는 비용 걱정 등으로 다음 기회라는 말만 되뇌지 않았을까? 뮤지엄 패스라는 좋은 제도가 나의 삶을 풍성하게 만들고 있다.

　　미국 공공도서관은 뮤지엄 패스 이외에도 여러 가지 문화생활을 즐길 수 있는 프로그램이 많이 있다. 해당 나이에 맞는 각종 프로그램을 운영하고 각종 절기에 맞추어 아이들이 참여하는 프로그램도 많이 가동하고 있다. 평상시에 유명인사를 초청해서 세미나를 열기도 하지만, 특정 주제가 있는 책의 저자를 모서 논쟁을 벌이기도 한다. 고정적인 프로그램으로는 책 읽는 모임을 통해 지속적으로 학생들에게 책을 읽게 하고 그 내용을 나눔으로써 책 속에서 삶의 지혜를 깨달아 가게 만들기도 한다.

　　도서관에서는 대출 권수 등에 특별한 제한 없이 책이나 음악 시디 및 영화 시디를 대여해 준다. 영화 시디는 1주일로 규정되어 있지만 음악 시디만 해도 3주 정도로 대여해 준다. 책도 빌리고 싶은 대로 빌릴 수 있다. 일단 특정한 대출 제한이 없다는 점에서 정신적인 자유가 있다. 꼭 빌리고 싶은 책이 있는데 대출 권수에 제한이 있으면 이런저런 고민을 하면서 선택을 해야 하지만 그런 제한이 없다 보니 언제든지 원하는 만큼 책을 빌려다 볼 수 있는 것도 정신적 여유를 더해 준다.

각 공공도서관에는 외국인을 위해 무료로 영어를 가르쳐 주는 프로그램도 많이 있다. 무료 영어 교습은 전반적으로 영어를 배우기 원하는 외국인에게 영어를 가르치기도 하지만 특별히 향후 미국 시민권을 갖고 시민으로 살아갈 사람들만을 위해 특별 무료 영어 개인 교습을 하기도 한다. 이민 사회로 형성된 미국이 새롭게 미국 시민으로 자리 잡을 사람들을 위해 더불어 살아가는 사회를 만들기 위해 잠재적인 미국 시민권자들에게 미국의 문화와 영어를 가르치는 것이다.

막연하게 외국인에게 영어를 가르치기보다는 향후 같은 이웃으로 살아갈 예비 시민권자들의 영어 능력을 향상시킴으로써 서로의 소통 능력을 배가하여 갈등의 요소를 줄여 나가려는 취지도 있다고 하겠다. 이런 사람들에게 영어를 가르친 후 어느 정도 실력 향상이 되었는지 끊임없이 체크하여 일정 정도의 수준이 되었다고 판단하면 영어가 더욱 필요한 사람에게 기회를 주는 평가 시스템도 운영하고 있다.

전반적으로 본다면, 눈에 크게 띄지는 않지만 미국에 살고 있는 사람들의 문화적·정신적 평안함과 안락함을 위해 많은 부분에서 다양한 노력이 있는 것을 확인할 수 있다. 급변하는 사회 속에 좌충우돌하면서 살아가고 있지만 작은 부분이라도 세세하게 배려하는 마음이 있기에 조화로운 사회로 만들어 나가려는 힘이 확대되고 있지 않을까?

4. 독자 중심의 도서관 서비스
Reader Oriented Library Services

새로운 환경에 적응하면서 무언가를 한다는 것은 생각만큼 쉽지는 않다. 모든 일을 매끄럽게 해 나가기 위해서는 많은 정보가 있어야 하고 정확한 정보가 있어야 한다. 이러한 것을 정확하게 확보하기 위해서는 정보를 확인하기 위한 노력과 시간이 필요하다.

한번은 연구를 위해 꼭 보아야 할 자료가 하버드 대학에서도 자동차로 한 시간 이상 달려야 도착할 수 있는 곳에 위치한 클라크(Clark)대학에 소장되어 있었다. 125년의 역사를 가진 유서 깊은 이 대학은 석·박사 학위를 수여하는 대학으로 총 3,000여 명의 학생이 다니고 있는 곳이다.

일반적인 도서라면 하버드 대학 도서관을 통해 도서관끼리 대출해서 주고받는 제도를 편리하게 활용할 수 있겠지만 내가 보고자 하는 자료는 그 대학에만 소장되어 있는 지도 자료여서 직접 가서 보지 않으면 자료를 확인할 수가 없는 것이었다.

도서관 개관 시간을 확인하고 그 대학에 다녀올 계획을 세웠다. 미국의 많은 곳이 그렇지만 완전히 대도시를 제외한 많은 중소도시에 있는 특정 지역은 대중교통을 활용하여 다니기가 그리 편리하지 않다. 시간도 많이 걸릴 뿐만 아니라 그렇게 갈 수 있는지를 확인하는 작업도 쉽지 않다. 대부분 개인 승용차를 이용하는 문화이다 보니 차가 없으면 어딘가를 다니기가 매우 불편할 수밖에 없다.

우리 집에 승용차가 한 대밖에 없어서 아이들 하교 시간에 맞추어 집으로 돌아와야 하기 때문에 나의 일정도 더불어 제한을 받을 수밖에 없었다. 아침 일찍 출발하여 9시가 조금 넘는 시간에 그 대학에 도착하였다.

그런데 어떻게 된 일인지 내가 가려는 지도 도서관은 문이 닫혀 있었고 오후 1시부터 개관한다는 안내문이 붙어 있었다. 분명히 9시부터 개관한다는 것을 확인하고 왔는데, 그리고 1시에는 집으로 돌아가야 하는 시간인데, 이곳까지 와서 자료도 못 보고 간다는 것이 너무 한심해서 일단 사실 확인을 위해서라도 중앙도서관을 향해 걸어갔다.

도서관 쪽으로 가다가 행인에게 중앙도서관을 확인하는 과정에서 그분과 이야기가 시작되었다. 나는 지도를 보려고 이 대학에 왔는데, 도서관 문이 닫혀 있어서 중앙도서관을 가고 있는 중이라고 설명하였다. 그 행인은 자기가 지도 도서관을 관리하는 사서라고 하여서 너무 반가워 나의 사정을 말하였다.

도서관 개관 시간을 다시 확인해 본 결과, 내가 확인한 것은 중앙도서관 시간이었고 지도 도서관은 오후 1시부터 개관하는 것으로 되어 있었다. 결국 내가 정확하게 정보를 확인하지 못해서 빚어진 실수였다. 나는 상황이 상황인 만큼 혹시라도 도서관 문을 빨리 열어 줄 수는 없는지를 질문하였다. 사서는 매우 곤란해 하면서도 나의 상황을 고려해서 10시 반 정도에 특별히 자료를 볼 수 있도록 문을 열어 주었다.

멀리서 지도를 보기 위해 온 학자를 배려해 준 마음이 너무 고마웠다. 그 사서는 규정상 1시에 지도 도서관을 개관해야 하고 그 시간 전에는 다른 일들을 해야 함에도 불구하고 독자의 상황까지 파악해 주는 마음의 배려가 감사하였다.

문제는 그 짧은 시간에 내가 볼 수 있는 자료를 다 볼 수도 없는데, 그 대학 지도 도서관의 개관시간을 바꾸지 않으면 실질적으로 내가 자료를 보기는 매우 어려운 실정이었다. 개인 승용차도 없고 대중교통도 이용하기 어렵고 어떻게 하면 좋을지 알 수 없었다. 그래도 혹시나 하는 심정으로 사서에게 편지를 보냈다.

매우 어려운 일인 줄 알지만 가능하다면 아침에 지도 도서관을 개관해 줄 수 있느냐 하는 것이 내 편지의 취지였다.

뜻밖에도 그 사서는 도서관 개관 시간을 바꿀 수는 없지만 이번 한 번만 다시 나의 사정을 고려해서 도서관 문을 개관해 주겠다고 연락이 왔다. 내가 적은 편지에서 학문에 대한 나의 소박한 열정을 느꼈는지 규정과는 달리 가능한 범주에서 최선을 다해 도서관 서비스를 하는 것을 보고 감동하지 않을 수 없었다.

아무리 나의 처지가 도서관 개관 시간과 맞지 않다고 해도 내가 특별하게 도서관을 개관해 달라고 다시 요청할 염치는 없다. 그렇지만 이번 일을 통해 두 가지를 느끼게 되었다. 하나는 문을 두드리는 자에게 문이 열리는 것처럼 문을 열려면 문을 두드릴 수밖에 없다는 평범한 진리를 새삼 깨닫게 되었다. 다른 하나는 미국의 합리성이다. 미국은 나름대로 원칙이 있는 국가이고 그 원칙이 잘 지켜지고 있다.

그런데 다양한 경우에서 보았지만 원칙이 반드시 사문자화 되어 있는 것은 아니라는 것이다. 비록 원칙은 있지만 거대한 범주의 원칙에 위배되는 것이 아니라면 원칙을 탄력적으로 적용하는 경우를 많이 보게 된다. 물론 이런 것이 자의적으로 남용되어 사회가 혼란하지 않도록 유의해야 할 것이다.

어느 면에서는 이런 것이 사람 사는 냄새가 나는 것이 아닌가 하는 생각이 든다. 많은 제도도 사람이 살기 위해 제정한 것이다. 따라서 가장 우선시해서 고려해야 할 것이 사람에게 얼마나 유익한지를 따지는 것이다. 그렇기 때문에 부당하다고 생각되는 것이 있으면 자기 의견을 제시할 수 있는 제도를 만들어 놓고 의견을 제시하면 그 의견을 고려해서 다시 결정해 주는 제도가 있다는 점에서 합리적인 것 같다.

5. 마틴 루터 킹의 날

Martin Luther King Jr. Day

1963년 마틴 루터 킹(Martin Luther King, Jr., 1929~1968) 주니어 목사는 인종차별 철폐와 인종 간 평등을 외친 '나에게는 꿈이 있습니다'를 연설하였다. 이는 미국 역사를 바꾼 명연설로 알려져 있다.

독립선언서를 기초한 미국 제3대 대통령 토머스 제퍼슨(Thomas Jefferson, 1743~1826)은 인간은 평등하게 창조되었다고 주장하였고, 제16대 에이브러햄 링컨(Abraham Lincoln, 1809~1865) 대통령은 흑인 노예 해방을 주도하였으나, 흑인과 백인 사이에는 여전히 수많은 차별이 존재하고 있다.

1955년 일에 시달리다 지친 몸으로 버스를 타고 집으로 돌아가는 길에 백인 남성으로부터 자리를 양보하라는 소리를 들은 로자 파크스(Rosa Lee Louise McCauley Parks, 1913~2005)는 '싫어'라고 외쳤다. 잠시 동안이라도 쉬고 싶었던 그는 흑인이라는 이유로 백인에게 무조건 자리를 양보해야 한다는 불문율에 파문을 던진 죄로 감옥에

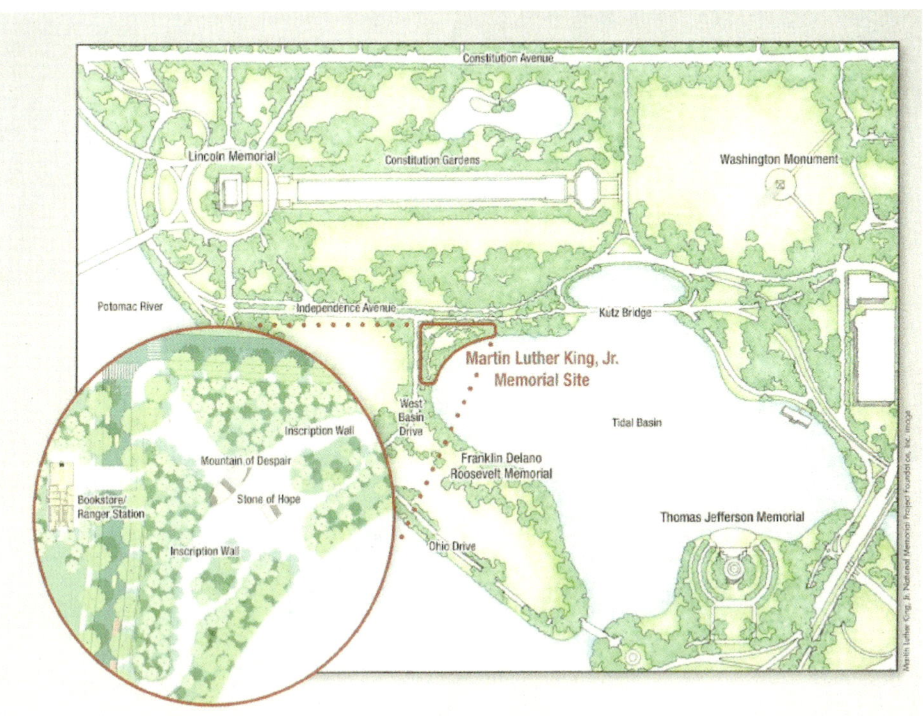

● 마틴 루터 킹 기념관 위치가 표시된 지도

간히게 되었다.

이 사건으로 흑인들의 버스 탑승 거부 운동이 1년을 넘게 지속되면서 미국에서 새로운 역사를 만들어 내게 되는데, 이러한 운동에 적극 가담한 사람이 마틴 루터 킹 주니어 목사이다. 그는 목사 아들로 태어나 보스턴 대학에서 박사 학위를 받은 후 멤피스에서 목회를 하다가 이 사건을 계기로 새로운 미국을 지향하는 운동에 앞장섰다.

그의 적극적인 활동으로 미국 전역에 새바람을 일으키게 되었고 비폭력적인 평화적 저항은 워싱턴으로 행진하는 시위를 이끌어 내면서 20만 명이 넘게 운집한 링컨 기념관 앞에서 '나에게는 꿈이 있습니다'라는 연설을 하게 되었다.

그는 미국이 평등한 사회, 좀 더 나은 사회로 나가기를 희망하는 메시지를 던졌고, 이로 인해 백인과 흑인의 차별을 금지하는 법안이 상정됨으로써 미국은 법적으로 평등한 사회를 구현하는 기초석을 놓게 되었다.

이러한 평화운동을 근거로 1964년 마틴 루터 킹 주니어 목사는 노벨 평화상을 수상하게 되고 그 후에도 적극적인 활동을 펼치자 이에 불만을 품은 백인 남성이 1968년 그를 암살하기에 이르렀다.

마틴 루터 킹 주니어 목사를 기념하기 위해 미국은 매년 1월 셋째 주 월요일을 기념일로 지정하고 제퍼슨 기념관과 링컨 기념관 사이에 마틴 루터 킹 주니어 목사의 기념 동상을 만들어 그의 업적을 기리고 있다.

미국에서 인간 평등을 구현하기 위해 나름대로 힘쓴 3명의 대표적인 사람들의 기념관을 차례로 돌아볼 수 있다는 점에서 의미 있는 인권 여행이 가능한 곳이 워싱턴이기도 하다.

연구차 워싱턴에 간 날이 마침 그의 기념일이어서 나는 유니온 역에서부터 근 1시간을 걸어 굳이 그의 기념 동상을 찾아보았다. 그를 기리는 특별한 공휴일이니만큼 그에 대해 관심을 갖고 이곳을 찾는 사람이 많이 있었다.

그러나 아쉬운 것은 그곳을 찾아온 90% 이상이 흑인이었고 나머지는 일부 백인과 나와 같은 아시아인이 드물게 눈에 띄는 정도였다.

● 마틴 루터 킹 기념관 근처에 있는 링컨 기념관

● 링컨 기념관 벽면에는 그의 취임연설문이 새겨져 있다

물론 흑인에게 특별한 의미가 있는 날이겠지만 미국 전체적으로 보아도 새로운 미국으로 성장하는 데 크게 기여했던 사람인데 단순히 흑인의 날인 것처럼 보이는 것은 뭔가 아쉬운 점이 많았다.

국립공원 관리원 중 역사 전공 관련자들이 나서서 주변에 사람이 모이는 대로 마틴 루터 킹 주니어 목사에 대해서 열심히 설명해 주고 있었다. 설명자들은 백인도 있고 흑인도 있었는데, 역사적 사건을 열심히 듣는 흑인들은 큰 동요 없이 당시 사실을 묵묵히 경청하였다.

백인 설명자는 둘러싸여 있는 군중한테 당신 같으면 그 당시에 감히 백인들에게 '싫어' 하면서 저항하겠느냐고 질문하니까 한 흑인이 '그렇다'라고 단호하게 대답하였다. 설명자는 다시 가족과 친지들의 안위가 있는데 그런 것을 고려하지 않고 무조건 저항할 수 있겠느냐고 질문하니 그는 아무런 대답이 없었다.

물론 질문의 의도는 마틴 루터 킹 주니어 목사는 평범한 사람들이 쉽게 할 수 있는 그런 일을 한 것이 아니라 가족의 안위가 걱정됨에도 불구하고 인종 간 평등을 위해 당시의 편견을 과감히 거부하는 굉장히 어려운 일을 해냈다고 하는 것을 강조하는 것이었다.

결국 불의한 사회를 바꾸어 나가는 첫걸음은 누군가 '싫어'라는 외침을 하면서 저항해 나가야 한다는 것이다. 그러한 첫걸음이 있어야 사회가 더 좋은 사회로 발전해 나갈 수 있다는 평범한 진리를 되새기고 있는 것이었다.

● 마틴 루터 킹 기념관 근처에 있는 토머스 제퍼슨 기념관

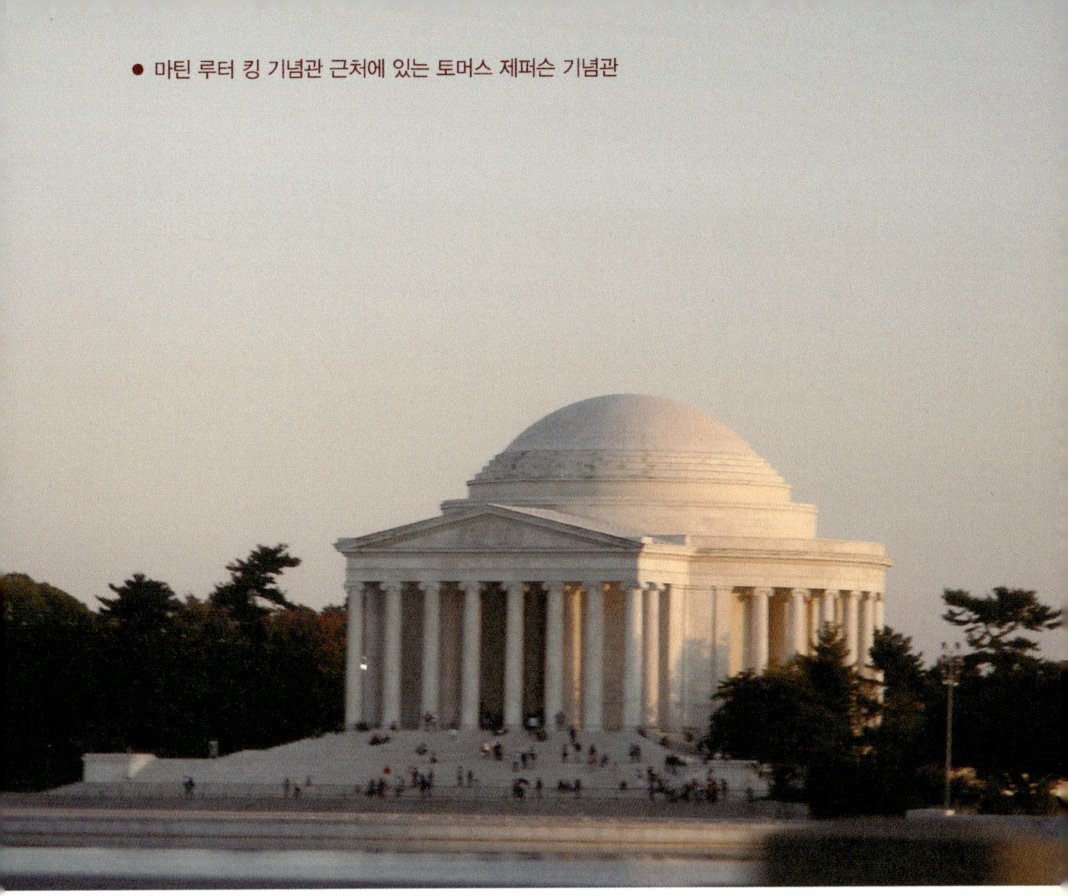

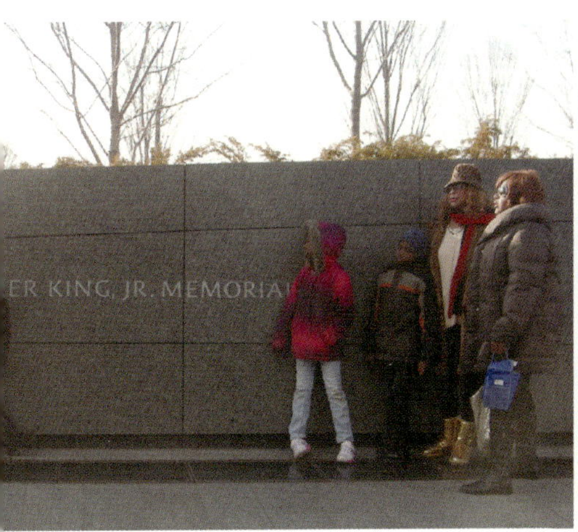

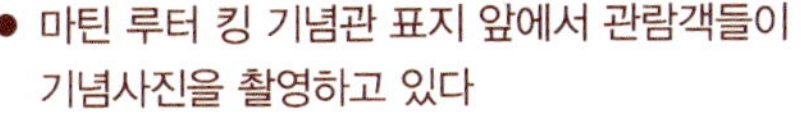

● 마틴 루터 킹 기념관 표지 앞에서 관람객들이 기념사진을 촬영하고 있다

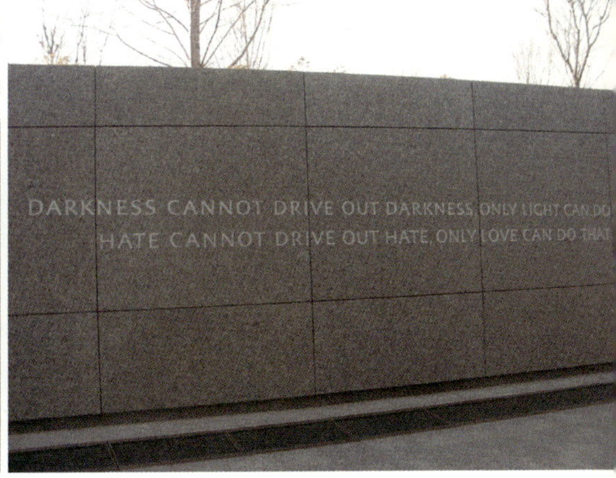

● '어둠은 빛만이, 미움은 사랑만이 몰아낼 수 있다'는 마틴 루터 킹의 어록을 새겨둔 기념관 벽면

외양적으로 모든 민족이 평등한 것처럼 보이는 현재의 미국이 형성된 것도 몇십 년밖에 되지 않았다. 여전히 이런저런 편견과 차별이 있는 것은 부인할 수 없는 것이지만 미국은 다른 인종이나 문화에 대한 편견을 극복하기 위해 노력하는 중이다.

그러나 미국이 진정 인종 간의 차별과 편견 없이 모두를 미국 사람으로 받아들이고 자연스럽게 마틴 루터 킹 주니어 날을 기쁨으로 기념할 수 있는 날이 온다면 그런 때야말로 진정으로 킹 목사가 주장하던 꿈이 실현되는 것은 아닐까?

그런 의미에서 본다면 킹 목사가 주장하던 그의 꿈의 실현은 여전히 진행형이라고 봐야 할 것이다. 현재 미국을 구성하는 수많은 민족이 모두 특별한 차별을 느끼지 않고 미국인으로서 평등한 시민의 권리를 누릴 때 그의 꿈은 실현될 것이다. 그가 자주 말했던 "나는 여전히 꿈이 있습니다"가 현 시점에도 진행되고 있다는 점에서 미국은 더욱 노력해 나가야 할 것이다.

● '나에게는 꿈이 있습니다'
라고 외친 마틴 루터 킹의
표지석

● 마틴 루터 킹의 기념 동상

6. 미국의 의료 시스템

Medical System in the USA

미국은 세계적으로 가장 영향력을 발휘하는 국가로서 정치력뿐만 아니라 상당한 경제력을 가지고 있지만 일반적으로 의료 복지 면에서는 문제가 많은 나라로 '낙인' 찍혀 있다. 의료비가 비싸고 건강보험료도 만만치 않아서 웬만한 서민은 아파도 병원에 갈 생각도 못한다는 소문이 돌 정도이다. 물론 한국의 국민보험과 단순하게 비교하면 그 말이 틀린 것은 아닐지도 모른다.

나 자신이 미국의 의료 복지 체계에 대해서 자세히 알고 있지 않기 때문에 미국에 머무는 동안 혹시라도 발생할지 모르는 불상사에 대비하기 위해 건강보험을 준비하였다. 아직 어린아이들이 학교를 다니고 있기 때문에 꼭 필요하다고 여겼다. 나 개인의 건강보험은 하버드에서 준비해 주어서 괜찮지만, 가족의 경우는 한국에서 미국 거주 기간 동안에 발생하는 의료비를 포괄해 주는 보험을 사 두었기 때문에 안심하고 미국 생활을 시작할 수 있었다.

자녀들이 학교에 입학하기 위해 몇 가지 의료 절차가 필요했는데, 엑스레이를 찍는 것도 그중의 하나였다. 모든 것이 정리되어 학교를 잘 다니고 있는데 어느 날 담당 의사에게 전화가 걸려왔다. 당시 찍었던 자녀들의 엑스레이 내용에 의심 가는 것이 있으니 다른 큰 병원에 가서 다시 엑스레이를 찍고 확인해 보라는 것이다.

나는 미국의 의료비용이 워낙 비싸고, 한국 보험이 있기는 하지만 모든 의료비용을 정산해 주는 것이 아니어서 머뭇거렸다. 급하고 심각한 상황이 아니라면 한국에 돌아간 후 재확인하겠다고 하였다. 의사는 심각한 상황은 아니지만 그래도 재확인해 보는 것이 좋겠다고 강권하였다.

한편으로는 의사 본인과 직접적으로 관계가 없지만 나름대로 의사의 책임을 다하는구나 생각해서 고맙기도 하였다. 또 다른 한편으로는 보험관계도 이해하고 있고 미국의 의료비용이 상당히 비싸서 주저하고 있는 것을 알면서도 재확인을 강권하여서 마음이 불편하기도 하였다.

일반적으로 예약을 하려면 한 달 이상 걸리기 때문에 어차피 급하게 처리할 수도 없는 것인데, 그 의사는 자기가 직접 예약을 해 주겠다고 하면서 자기 병원에서 찍은 엑스레이를 가지고 가서 그 다음 주에 다른 병원 의사의 견해를 들어 보라는 것이다.

의사가 적극적으로 강권하면서 예약까지 해주어서 나는 불가피하게 의사의 견해를 따를 수밖에 없었다. 한편 원래는 정말 급하고 중요한 일인지도 모르는데 내가 걱정할까 봐 의사가 큰일은 아니라고 안심시키는 것은 아닌가 하는 생각마저 들었다.

다른 병원에서 확인해 본 결과 '이상 없습니다'라는 한마디 말을 듣고 안심하며 집으로 돌아왔다. 그로부터 몇 주 정도 지난 어느 날, 병원으로부터 1,600달러가 넘는 의료비용이 청구되었다. 나는 너무 놀라 멍하게 있었다. '이상 없습니다'라는 말 한마디 들은 것뿐인데 1명당 800달러가 넘는 비용이 청구된 것이다. 나는 나의 사정을 잘 알고 있는 첫 번째 의사가 친구 의사한테 부탁해서 이상 여부만을 확인하는 정도라고 여겼는데 어떻게 된 일인가 싶었다.

전문가의 말 한마디에 부과된 큰 비용을 스스로 정산할 수도 없는 상황인데다가, 한국에서 산 보험은 긴급상황도 아니고 특별한 병명도 없는 것이어서 정산을 해 줄 수 없다고 하였다. 아, 이런 것 때문에 미국의 의료체계가 문제가 많다고 하는구나 하는 점은 이해가 되었지만 이것은 내가 해결해야 하는 현실이었다.

한편 병원에서는 보험과 관련하여 의료비용 정산에 문제가 있다면 매사추세츠 주에 도움을 요청하는 사회복지 프로그램을 신청해 보라고 하였다. 나는 번거롭게 느껴졌지만 어쩔 수 없다는 마음으로 신청하였다.

그리고 나서도 나는 개별적으로 병원에 편지를 썼다. 그 병원에 가게 된 경위와 한국 보험이 정산하지 못하는 이유, 더 나아가 내가 그 비용을 정산하기 어렵다는 등의 궁한 처지를 설명한 것이었다. 몇 주가 지났을까, 그 병원에서 연락이 왔다. 나의 상황을 감안하여 미국의 사회복지 관련 프로그램을 통해 이 모든 비용을 정산해 주겠다는 것이다.

나는 매우 놀라왔다. 말 한마디에 수백 달러의 의료비용이 나온 것도 놀랍지만 나의 궁한 처지를 알리는 편지 한 장을 고려하여 사회복지 프로그램으로 그 모든 비용을 정산해 주겠다는 것도 놀라운 사실이었다.

나에게 이런 과정이 없었다면 미국에 이와 같은 다양한 사회복지 프로그램이 있다는 사실조차도 몰랐을 것이다. 내가 아직도 입을 벌리고 감탄하고 있을 때 이번에는 매사추세츠 주에 신청했던 건강보험 기관에서 연락이 왔다.

내 자녀들은 병원이나 약국을 갈 때마나 상징적으로 내는 1~2달러 정도를 제외하고 완전히 사회복지 프로그램에서 정산하고 성인은 건강 안전 네트워크를 통해 처리해 주겠다는 것이다. 물론 나는 특별한 이유도 없이 이런 제도를 활용할 생각은 없다. 이 모든 것이 세금으로 이루어진 것이기 때문에 꼭 필요한 사람이 혜택을 받아야 하기 때문이다.

이번 기회를 통해 미국의 의료 체계가 각 가정당 수입을 고려하여 보조해 주는 다양한 사회복지 프로그램이 있는 것을 확인할 수 있었다. 물론 이런 제도를 모른다면 모두 자신의 재력으로 해결하든가 아니면 빚더미에 앉아 있어야 하는데, 조금만 열심히 마음을 열고 대화하고 또 미국 사회 시스템을 알려고 하니 새로운 길을 찾는 데 유용한 것을 많이 얻을 수 있었다.

7. 자의적인 행정 절차
Arbitrary Administration Process

어디를 가나 필요하지만 하기 싫은 일 중의 하나가 기본적인 행정절차를 거치는 것인데, 이는 비록 번거롭기는 하지만 처리하고 나면 행정적으로 보호를 받을 수 있고 나름대로 권리를 누릴 수 있어서 편리하기도 하다.

미국에서 생활한 지도 1년이 다 되어 가기 때문에 더 이상 해야 할 일은 없겠지 생각했지만 가장 번거로운 소득신고 보고절차가 남아 있었다. 컴퓨터 시스템에서 한 단계씩 따라가면서 안내문을 읽고 정보를 기입해 보아도 이렇게 하는 것이 맞는지 혹시 잘못은 없는지 걱정도 되었다. 왜냐하면 한번 일이 제대로 안 되면 그것을 재정리하느라 더 복잡한 일이 있을 수도 있기 때문이다.

하버드 옌칭의 학자들은 최대한 서로 상의하고 도와 가면서 소득 신고를 할 수 있었다. 그러나 출신 국가나 가족 구성원에 따라 정보를 기입하는 내용에 약간의 차이가 있어서 조심해 가면서 필요한 모든 서류를 정리하여 우송하였다.

얼마나 지났을까? 나를 제외한 가족 3명의 명의로 집에 서한이 도달하였는데 서류를 공증해서 다시 보내라는 것이다. 어린아이들까지 포함하여 소득 신고와 직접적인 관계가 없는 사람까지 공증하라는 것이 번거로웠다. 하기 싫어도 이것이 미국의 제도라면 하지 않을 수는 없고 어떻게 하는 것이 좋은지에 대해 상의하기 위해 담당 기관에 전화를 했으나 자동응답기에는 필요한 것을 질문할 수가 없어 하버드 대학 국제 사무실에 가서 문의하였다.

그곳 직원은 자신도 자세히는 모르지만 나한테 원본 서류와 복사본을 들고 은행에 가면 공증을 해 줄 것이라고 했다. 나는 의아했다. 은행이 공증을 하는 곳인가? 이곳은 그렇게 하나 보다 생각하고 모든 서류를 준비해서 하버드 대학 근처 미국은행을 갔다. 은행원은 가족이 모두 같이 있어야 서류에 공증을 해 줄 수 있다고 하였다.

은행원이 서류를 공증하는 데 사람을 직접 확인한다는 것이 이상하지만 일을 마치려면 어쩔 수 없으니 가족들을 모았다. 은행 영업 시간과 아이들 학교 등교 시간 등이 맞지 않으니 불가피하게 하교 시간에 일정을 맞추어 집 근처 은행으로 갔다.

동명의 은행이었지만 이곳 직원의 말과 태도는 달랐다. 이곳 직원은 정부 서류를 자신이 공증해 줄 수 없다고 버텼다. 나는 그야말로 의아할 뿐이다. 이것은 미국의 제도이고 당연히 해 주는 것인데 왜 못하냐고 질문했더니 서비스 차원에서 할 뿐 이런 일로 자신이 월급 받는 것이 아니므로 자신은 못 해 주겠다는 것이다. 사고가 나면 자신이 책임져야 하기 때문에 싫다는 것이다. 그리고 가족은 직접 오지 않아도 되고 자신이 확인할 필요도 없다고 하였다.

미국이 아무리 다양하다고 해도 일의 일관성도 없고 각기 다른 말을 한다면 도대체 어떻게 일을 처리할 수 있는가? 나는 하버드 대학 근처 은행에서 그렇게 말을 해서 어렵게 모두의 시간을 맞추었는데 이렇게 큰 미국 대표 은행이 사람에 따라 공증을 자의적으로 하면 어떻게 하느냐고 했어도 그녀는 무조건 발뺌이었다.

그녀는 최소한의 흉내만 낸 후 타인에게 책임을 전가하였다. 다른 기관에서도 할 수 있으니 마을 공공기관으로 가서 공증받으라는 것이다. 짜증이 났지만 무슨 일이 전개되는지 두고 보자는 마음으로 마을을 관할하는 정부로 갔다.

공증받으러 왔다고 하니 그곳에서는 가족 개개인은 확인도 하지 않은 채 내가 복사해 간 서류를 원본과 대조해 보더니 서류 한 장당 공증하는 도장을 몇 개씩 찍었다. 그러고는 서류 한 장당 1.5달러에 해당하는 도장 값을 내라는 것이다. 원래 무료로 그냥 해주는 것인데 이곳에서는 돈을 달라는 것이 이해가 되지 않았지만 이 일로 그 사람과 논쟁하고 일이 제대로 안 되면 또 다른 곳을 찾아다니면서 시간적·정신적 낭비를 하지 않기 위해 카드로 비용을 지불하려고 하였다.

미국에서는 대부분 경우 현금을 잘 안 쓰는데 그곳에서는 현금을 요구하였다. 그때 내 지갑에는 5달러밖에 없었다. 원래 내야 할 액수의 절반밖에 되지 않는데, 내가 그것밖에 없다고 하니 그러면 그 돈이라도 달라고 했다.

번거로운 일을 빨리 끝내야겠다는 마음으로 돈을 지불하고 그냥 나왔지만 기분도 찜찜하고 뭔가 시스템이 이상하다는 생각이 들었다. 미국의 공식적인 기관이 규정된 절차에 의해 발급한 증명자료를 은행 등의 직원으로부터 공증을 하도록 하는 절차는 왜 만들었을까? 모두가 납득하고 지켜 나갈 명문화된 규정이나 절차도 없이 사람에 따라 자의적으로 처리하는데 그런 공증이 필요한 것일까?

어느 면에서는 이중으로 확인한다는 점에서 더 신뢰성을 높이는 것인지는 모르지만 그야말로 사무실 직원이 간단하게 서류를 대조하여 도장 찍는 그 자체가 국가 기관이 신뢰하는 공증인가 하는 점은 고려의 여지가 있어 보였다.

더 이상의 행정적 절차가 없었으면 좋겠다고 바라고 있지만 모르겠다. 어느 곳을 가도 담당자가 정확하게 대답도 못 하고 자의적으로 행정을 처리하는 '질서의 무질서'에 조금은 질린 것 같다.

8. 미국의 역설적인 누림과 횡포

Paradoxical Enjoyment and Tyranny in the USA

세계적으로 다양한 민족이 미국에 몰려오기 전 미국에는 원주민이 살았다. 콜럼버스는 그들을 인디언이라고 불렀다. 나는 원주민이 사는 특정 장소에 가서 그들을 만나 본 적은 있지만, 일상생활 속에서 그들을 만나 본 적은 없다. 따라서 그들은 어디에서 살고 있으며 그들의 역사는 어떠한가에 대해 궁금하였다.

미국의 역사서에는 원주민이 미국에 살았던 것과 근대에 유럽인들이 이곳에 정착한 과정을 설명하고 있다. 그럼에도 불구하고 역사 속에서 원주민의 삶이 구체적으로 어떠했는지를 확인하기는 쉽지 않아 나는 특별히 원주민 역사와 관련된 다큐멘터리를 찾아보았다. '500개 종족'이라는 제목하에 미국에 거주했던 여러 원주민 종족에게 벌어진 일들을 역사적으로 추적하면서 살아 있는 원주민의 목소리를 직접 담아 구성한 대형 다큐멘터리는 다양한 내용을 담고 있었다.

종교적 자유를 찾기 위해 미국에 온 영국인은 원주민과 더불어 평화를 누리기도 하였지만 그들이 살아남기 위해 원주민을 죽이기도 하였다. 근대 서양의 무기를 동원하여 원주민 살육을 강행하는 것도 당연시되었다. 그러기 위해서는 원주민이 얼마나 난폭한 자들인지 선전하여 그들을 죽일 수 있는 이유로 삼기도 하였다.

원주민 대량 살육은 일시적인 것이 아니라 수많은 시간 속에서 지속적으로 이루어져 왔다. 자료로 확인되는 것만 해도 1539년부터 1911년까지 거의 매년 혹은 수년에 한 번씩은 다양한 이유로 다양한 지역에서 대량 살상이 이루어졌다. 물론 유행병이나 종족 간의 전쟁, 제국주의 착취 등 그들을 괴롭히는 것은 수없이 많았다.

일부 유럽의 상인들은 원주민에게 값비싼 모피를 가져가고 서양의 생활물품들을 전해 주기도 하였는데, 이는 처음부터 불평등한 교역을 넘어 부당한 관계에서 비롯된 것이었다. 그나마도 물물교환이나 무역이라는 이유로 교류했던 것은 '아름다운 관계' 중의 하나일 수도 있다. 유럽 제국주의자들에게 원주민은 그들이 살아남기 위해 죽여야 하는 자들이거나 아니면 착취의 대상일 뿐이었다.

많은 경우 원주민을 강제로 잡아다가 노예로 삼기도 하였다. 노예로 끌려간 원주민은 아프리카에서 끌려온 또 다른 노예와 별반 차이가 없는 대우를 받았다. 일부 남부 지역에서는 1/4이 원주민 노예였다고 한다. 당연히 노예에게는 인권이 필요 없다고 여겼기 때문에 수없이 짓밟고 또 짓밟았다.

원주민은 상황에 따라 미국에서 영국과 프랑스와의 싸움에 참전하여 총알받이를 하기도 하였다. 그들이 참전한 것은 혹시라도 있을지 모르는 원주민에 대한 제국주의의 도움을 기대했을 수도 있고, 부득이하게 붙잡힌 노예로서 주인이 시키는 대로 활약할 수밖에 없는 운명에 처해 있기 때문이기도 할 것이다.

원주민 종족에 따라 서로 다른 경험을 가지기도 하였지만 많은 경우 제국주의 세력은 강제로 그들의 언어를 사용하지 못하도록 하였다. 원주민이 원주민 언어를 하면 계속 원주민의 정체성을 갖고 자신들에게 적대감을 가질까 두려워했던 통치자들은 철저하게 그들의 언어를 말살시켜 나갔다. 젊은 원주민들은 자신들의 언어를 상실해 가면서 원로 원주민들과의 사이에 이질감이 돌았고 서로 대화가 되지 않았다. 지금 와서 그들은 수천 년 동안 사용해 왔던 자신들의 언어가 완전히 사라진 것을 안타까워하지만 종족에 따라서는 그것을 되돌릴 힘도 능력도 사라져 버린 상태가 되어 버렸다.

이 모든 상황이 자국에서 자유가 억압되어 고통을 당하다가 더 큰 자유를 찾아 미국에 온 사람들이 만들어 낸 것이다. 그들은 자신들의 자유를 지키고 끊임없이 확대해 나가기 위해 또 다른 사람들의 자유를 최대한 억압하고 착취하면서 자신의 지위를 확고하게 만들어 나간 것이다.

2000년 8월에 미국 정부의 원주민 담당 부서는 비로소 원주민 종족 살상에 대해 공식적인 사과를 하였다. 수백 년 전에 살육한 일에 대해 10여 년 전에야 사과가 이루어질 정도로 원주민에 대한 처우나 그들의 목소리는 여전히 미약한 상태이다.

많은 경우 원주민 보호구를 만들어 그들의 생계를 보존할 수 있도록 하고 있으나 어느 면에서는 특정 울타리 안으로 그들을 가두어 둔 것처럼 보여서 여전히 자유롭게 보이지는 않는다. 비록 그것이 궁정적인 측면이 있다고 할지라도 말이다.

자유를 찾으러 미국에 온 자들은 자유를 찾았고 그것을 충분히 누리고 있다. 그러나 그들의 자유가 확대되면 될수록 또 다른 자들을 얼마나 철저하게 억누르고 짓밟았는지에 대해서는 별다른 생각이 없다. 이미 지난 일이고 다시는 되돌아보고 싶지 않은 역사이기도 하기 때문일 것이다.

하지만 분명한 것은 자신들의 자유가 어떻게 온 것인지 분명하게 인식하고 착취된 원주민이나 새롭게 이주해 온 자들에게도 자유를 보장할 정도의 성찰이 있다면, 미국은 한 단계 더 진보된 자유를 만들어 낼 수 있지 않을까? 가진 자들만의 누림이 되지 않기 위해서 반드시 착취에 대한 되새김이 필요하다.

● 콜로라도 주에 위치한 푸에블로족이 살았다고 하는 메사 베르디. 깎아지른 절벽 중간 동굴에 만든 왕궁의 모습. 메사 베르디는 미국에서 가장 잘 보존된 원주민 유적지이다

● 푸에블로족은 AD 600년에서 1300년 사이에 이곳에 거주하였으나 14세기 이후로 원주민들이 떠나간 후 20세기에 다시 발견되기까지 미지의 세계였다. 흙으로 벽돌을 만들어 쌓았는데 상당히 정교하게 건축되었다

● 깎아지른 절벽 사이에 주거지를 만들어 놓았는데 창문이 확연하게 보인다

View of the Balcony House alcove from the Soda Canyon Overlook Trail.
~ Photo courtesy of National Park Service

● 절벽에 만든 원주민의 주거지를 표시해 둔 도식도

● 라코타(Oglala Lakota)족의 요청으로 조각가 지올 코프스키(Ziolkowski)가 세계에서 제일 큰 조각상을 기획하였다. 산 전체를 깎아 만들 예정인 이 조각상이 완공된다면 사진의 모습이 될 것이다. 완성될 조각상의 높이는 172m, 넓이는 195m이다. 일명 '미친 말(Crazy Horse)'이라는 이름의 이 조각상은 4명의 미국 대통령상을 산 위에 깎아서 만든 마운트 러시모어(Mount Rushmore)에서 그리 멀지 않은 곳에 있지만 미국 원주민과 관계된 '미친 말'은 상대적으로 덜 주목되고 있는 것 같다

● 1948년부터 작업을 시작했지만 2012년 현재 얼굴의 윤곽과 전체적인 구도만 정리되어 있다. 미국인 개개인이 의식을 갖고 모금한 돈으로 완성할 예정이기 때문에 아직도 많은 돈과 시간이 필요한 상태이다

- 왼쪽의 흰색 조각상은 완성되었을 때의 모습이다. 오른쪽으로 보이는 원래 조각상의 완성도를 비교하여 가늠해 볼 수 있다

- 마운트 러시모어 조각상 전체(18m)를 합치면 '미친 말'의 추장 머리 부분에 해당하는 정도의 크기이다

Chapter 7

미국 생활 마무리하기

The End of Our Year in the USA

1. 무모한 여행의 시작
Beginning of Our Travel Adventures

미국 생활의 마무리로 한 달간의 미국 일주 여행을 계획하였다. 여행을 떠나기 전에 마쳐야 할 연구와 여행 후에 참석해야 할 국제회의 그리고 귀국 준비 등을 생각하면 여유롭게 미국을 일주할 시간이 부족하였다. 그런데 눈사태로 며칠간 휴교했던 것 때문에 보충수업이 결정되어 초·중·고등학교 여름방학이 갑자기 일주일가량 늦추어졌고 그 바람에 귀국일정을 정해 둔 상태에서 미국 일주와 국제회의 참석 등 모든 것을 원만하게 처리하기가 매우 벅찬 상황이 되었다.

7월 초 호주에서 개최되는 국제회의에 초청을 받아 두었는데 여행 일정상 회의 참석을 취소해야 한다는 것이 마음에 걸리기는 하였다. 그러나 국제회의는 다른 기회에 참석할 수 있다. 온 가족이 함께 하는 미국 일주 여행은 이 기회가 아니면 평생 다시 시도해 보기 어려운 일로 여겨졌다.

한창 사춘기 반항기를 거치는 큰아들과 힘들고 긴 여행을 통해 스스로 자기 성장을 할 수 있도록 도우면서 가족애를 돈독하게 만드는 계기가 필요하기도 하였다. 따라서 가능하면 저렴하면서도 스스로 문제를 해결해 나가는 여행을 해 보기로 하였다.

러시아나 중국 대륙은 도로나 제반 시설이 충분하게 정비되지 않아 전국을 자동차로 여행하기는 힘든 곳이다. 캐나다는 면적은 넓으나 험악한 산악지대가 많아 자동차로 다닐 수 있는 폭이 제한되어 있다. 유럽은 여러 나라를 거치면서 다녀야 하기 때문에 대륙의 광활함을 느끼기가 어렵다. 그에 반해 미국은 어디를 가나 자동차로 여행하기에는 최적의 조건을 갖추고 있다.

미국 대륙을 자동차로 여행해 보는 것은 다양한 면모의 미국을 이해하는 하나의 좋은 수단일 수 있다. 비행기를 타고 특정 지역에 가서 그 주변을 돌아보는 것도 재미있는 여행이겠지만 자동차로 각 주를 거쳐가면서 변화하는 풍경을 감상하면서 대륙의 광활함을 느껴보는 것은 쉽게 얻을 수 있는 체험이 아니다. 따라서 우리는 비록 짧은 시간이지만 미국을 크게 사각형을 그리면서 동부에서 서부로, 서북부에서 서남부로, 서남부에서 다시 동부로, 동남부에서 동북부로 2차례의 횡단과 2차례의 종단을 해보기로 결정하였다.

여행을 떠나는 날 아침에도 나는 연구실에 가서 뒷일을 정리했다. 오전 수업을 마치고 여름방학을 시작한 아이들의 하교시간에 맞추어 귀가한 나는 그제야 여행 출발을 서둘렀다. 원래 이런 여행을 떠나려면 충분하게 모든 것을 준비해야 하지만, 나의 연구 일정이 너무 바빠 도저히 차분하게 계획을 세우기가 어려웠다. 남편에게 여행 계획 수립을 부탁해 보았지만 그는 무모해 보이는 이 여행에 대해 처음에는 적극적이지 않아서 서로 의견을 조정하는 데 시간이 걸렸다.

남편은 광활한 미국을 조그만 자동차로 여행하는 것에 회의적이었다. 그러나 나는 이런 여행은 미국 이외에서는 하기 어렵기 때문에 고생이 되더라도 자동차 여행을 하는 것이 의미 있다고 설득했고, 그렇게 여행이 시작될 수 있었다.

미국 여행만 생각해도 일정이 벅차지만 그토록 가 보고 싶은 페루의 잉카 문명을 답사하지 않고 귀국한다면 평생 아쉬움이 남을 것 같았다. 역사에 관심을 가지기 시작했던 오래전부터 나는 마야와 잉카 문명을 비교 검토해 보고 싶은 탐구욕이 있었으나 직접 답사할 만한 여건이 안 되어 그동안 실행을 하지 못했다. 그런데 페루를 방문하기에는 최적의 장소이자 최단 거리인 미국 동남부 마이애미를 방문하기 때문에 페루는 그냥 지나칠 수 없는 곳이었다. 나는 최대한 저렴한 방법으로 온가족이 같이 갈 수 있도록 기획하고 비행기만 예약해 두었다.

미국 여행과 페루 여행까지 포함하여 한 달간의 대장정을 위해 준비해야 할 것이 한두 가지가 아니었다. 겨울 옷을 가득 담은 페루 여행 가방과 여름 옷을 가득 담은 미국 여행 가방은 자동차 짐칸을 빼곡히 채웠다. 미국 여행에 필요한 야영도구, 밑반찬, 쌀, 여행용 아이스 박스 등은 뒷자석 절반도 짐으로 채울 정도였다. 작은 자동차로 온가족이 한 달간 여행하는 것에 대한 막연한 두려움도 있었지만 그래도 여행을 떠나는 마음은 즐거웠다.

즐거운 여행을 통해 많이 배우고 느끼려고 하였다. 공간도 좁고 장시간의 운전으로 자칫 피로하기 쉬우니까, 서로 배려하고 조금씩만

양보하자고 강조하였다. 그래도 가끔은 투덕거리기도 하고 또 대화도 하고 노래도 부르면서 시시각각으로 변하는 경치에 감동하였다.

장시간을 운전했지만 도로도 잘 정비되어 있고 창밖의 푸르름이 좋아서 피곤한 줄 몰랐다. 아니 피곤했지만 다른 여행의 즐거움으로 상치시켰다고 해야 할 것이다. 어느 지역을 가나 각기 다른 풍경이 있어서 지겨울 여지가 없었다. 가끔은 잘 정비된 야외 휴게소에서 점심을 먹고 쉬기도 하면서 재충전을 하였다.

이런 여행의 자유를 만끽할 수 있도록 도왔던 일등 공신은 아이패드(iPad)였다. 언제 어디서나 인터넷을 사용할 수 있기 때문에 여행을 하는 동안 끊임없이 필요한 정보를 찾아보고 새로운 계획을 수립할 수 있었다. 지도를 찾기도 하고 야영지를 선택하기 위해 다양한 정보를 찾기도 하였다. 그야말로 다양한 쓰임새가 있는 정보통을 들고 다녔기 때문에 여행은 자유로웠다.

2. 여행에서 얻은 의외의 즐거움
Unexpected Joys from Our Trip

미국 일주라는 대장정을 시작한 이유는 미국을 떠나기 전에 각 곳에 흩어져 있는 친구와 친척들을 찾아 뵙고 인사드리기 위해서였다. 더불어 미국의 다양성을 몸소 체험하는 기회로 만들고 싶었기 때문이다. 따라서 친구와 친척이 있는 지역이면 반드시 거쳐야 하는 목적지로 선정되었고, 그 외에는 가보고 싶었던 곳, 미국에서 유명한 곳, 일정이 맞아서 가볼 수 있는 곳 등을 중심으로 선정하였다.

보스턴을 출발하여 첫 번째 목적지인 미시건 주 디트로이트까지는 14시간 정도 걸리는데, 오후에 출발해서 그곳까지 가기는 조금 무리였다. 남편은 원래 특별한 목적지는 아니어도 주행거리상 중간에 쉬는 것이 어떠냐고 했지만, 나는 이제 시작한 여행이니까 기쁜 마음으로 운전할 수 있는 곳까지 최선을 다해 가는 것이 어떠냐고 제안하였다. 미국을 여행할 시간이 제한적인데, 좀 더 많은 곳을 보고 또 의미 있는 곳에서 의미 있게 보내려면 불가피하게 거쳐 가는 곳에서는

● 그린필드 빌리지에 만든 포드 자동차 회사 초창기 건물 모습

시간을 단축하는 것이 필요했기 때문이다.

보스턴에서 디트로이트까지 가려면 미국 도로만을 주행하는 것보다는 캐나다를 거쳐 가는 것이 직선거리였다. 캐나다 출입국에 걸리는 번거로움과 시간 등을 감안하면 시간이 다소 걸려도 미국 도로를 주행하는 것도 나쁘지 않았다. 그래도 혹시 시간을 더 단축할 수 있다면 캐나다를 경유하는 것도 좋다는 판단에 이르렀다. 미국에서 캐나다로 또 캐나다에서 미국으로 국경을 통과해야 했는데, 야밤이라 그런지 다행히 통관절차에 시간이 별로 걸리지 않았다. 내친김에 당일 늦게 디트로이트에 사는 중국인 친구 집에 도착하였다.

친구 집에 도착해서는 여유롭게 디트로이트를 돌았다. 남들은 디트로이트에 볼 것이 뭐가 있느냐고 하지만 내가 대만에서 유학할 때부터 알고 지내던 친구가 있어서 좋고, 특히 미국의 경제를 이끌었던 GM이나 포드 등 굴지의 자동차 회사가 있는 곳이어서 자동차를 좋아하는 우리 아이들에게는 꼭 가봐야 할 지역이었다. 포드 자동차 박물관에서 미국의 역대 대통령이 타던 자동차도 보고 영화에서나 보았던 다양한 자동차를 보는 것만으로도 아이들은 행복해 하였다. 특히 GM본사 건물 내부가 미래형 건축으로 설계되어 있어서 자동차 구경과 더불어 건축물을 감상하는 데도 더없이 좋았다.

헨리 포드가 자동차를 만들던 실험실과 그의 생가를 고스란히 옮겨온 그린필드 빌리지(Greenfield Village)는 만들어졌지만 살아 있는 과학자 마을이었다. 미국의 유명한 과학자들의 생가와 그들이 발

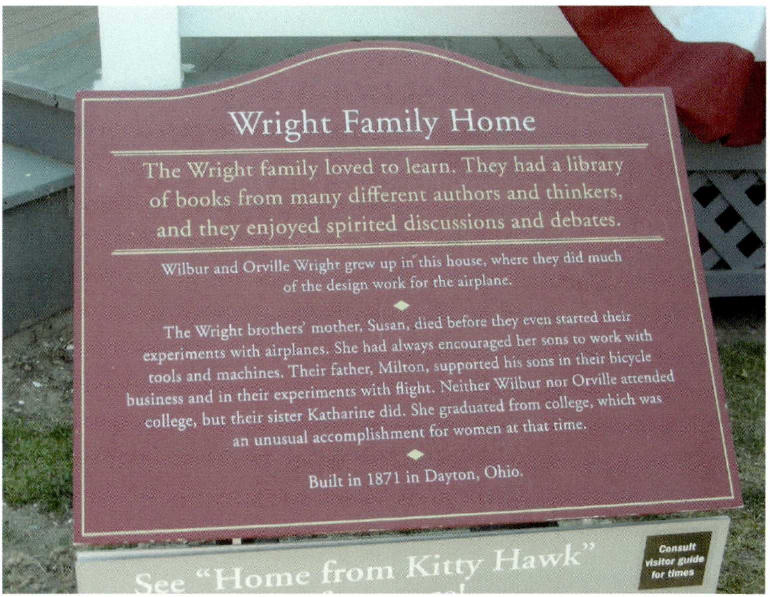

● 라이트 형제의 집임을 알리는 표지판. 1871년에 건축된 것으로 원래 오하이오에 있던 것을 그린필드 빌리지로 이전해 온 것이다

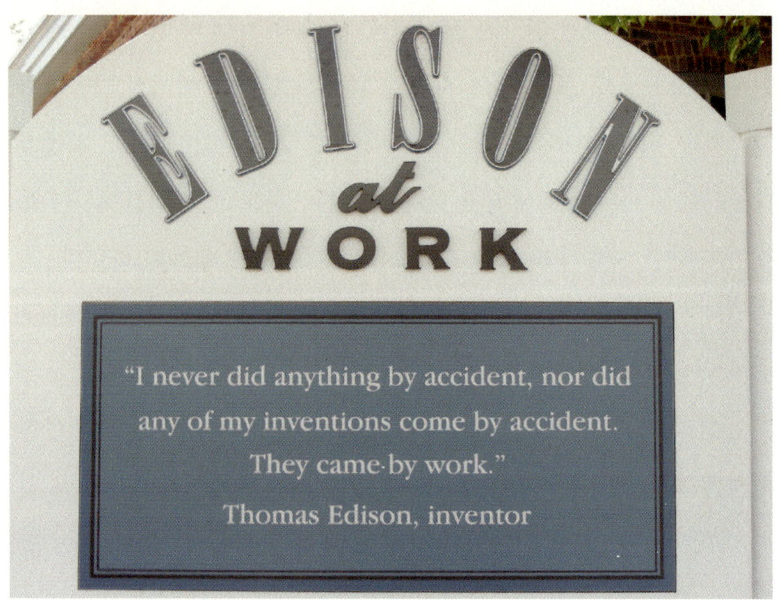

● 에디슨의 실험실. 그의 발명은 실수로 얻어진 것이 아니라 노력을 통해 나온 것이라고
강조하고 있다

명에 집중했던 연구실이 그대로 이전되어 있기 때문이다. 에디슨이
발명에 집중했던 연구실, 라이트 형제가 비행기를 만들던 모습을 생
생하게 볼 수 있었던 그린필드 빌리지는 전시물의 내용 면에서뿐만
아니라 아이들의 과학 교육 차원에서도 의미 있는 곳이었다.

미국에서 네 번째로 크다는 메도우 브룩 저택까지 구경하자 건
축의 도시 시카고로 빨리 가야 할 것 같았다. 갈 길은 먼데 처음 목적
지에서 너무 여유를 부리는 것은 아닌가 하는 생각에 어느새 시카고
로 발길을 재촉하였다.

시카고 도시 자체가 건축 박물관이어서 즐겁지만 아트 뮤지엄이
많은 것도 기쁨을 배가시켰다. 아트 뮤지엄을 가기 위해 시카고 중심
가를 가로지르는데, 아름다운 선율이 나의 귀를 잡아당겼다. 자세히

보니 도심 야외무대에서 오케스트라가 아름다운 선율의 음악을 연주
하며 리허설을 하고 있었다. 운이 좋게도 마침 그날 저녁에 무료 콘서
트가 열렸다. 이런 횡재가 있다니! 생각지 못했던 무료 음악회까지 참
여할 수 있다는 사실에 신이 났다.

　부지런히 아트 뮤지엄을 다녀오고, 유명하다는 시카고 피자로
저녁을 먹으려고 이른 시간부터 찾아가 보았으나 오후 4시밖에 안 되
었는데도 끝도 없이 늘어선 고객들 때문에 한 시간을 기다려야 피자
를 받을 수 있었다. 먹기 위해 한 시간이나 기다리는 것이 시간낭비처
럼 여겨지기도 하였지만 제대로 된 시카고 피자의 맛을 즐기기 위해
서는 주변 경치를 감상하면서 여유를 부리는 것도 여행의 묘미이다.
기다렸다 받은 독특하고 두툼한 시카고 피자는 출출했던 우리의 허기
를 채워주는 데 너무도 적절하였다.

　바다같이 넓은 아름다운 미시건 호 주변에서 두툼한 시카고 피
자로 저녁 식사를 한 우리는 여유롭게 음악회에 참여하고 나니 이것
이 여행의 자유로움과 즐거움이구나 하는 생각이 들었다. 의외로 만
난 기회가 계획된 여행에서 얻을 수 있는 것보다 훨씬 즐거움을 선사
하였다. 복잡한 도심 중간에 거대한 야외무대에서 고전 음악을 연주
하는데도 주변의 차 소리나 그 어떠한 소리도 음악에 영향을 미치지
못할 정도로 세심하게 설계되어 있는 것이 놀라웠다. 이런 것이 첨단
기술인가?

　야외이다 보니 이런 저런 요인으로 인해 신경이 분산되는 일이
있을 수도 있을 텐데 실내 무대같이 무대에서 연주되는 음악에만 집중
할 수 있고, 음향시설도 잘 갖추어져 있어서 미세한 연주 소리까지도

충분히 감상할 수 있어서 무척 즐거웠다. 몇 년 전에도 시카고를 방문한 적이 있었지만 그때는 이런 도심 야외무대가 없었다. 새롭게 단장된 거대한 야외무대에서 연주되는 음악을 듣다 보니 이런 것이 도시의 문화, 도시의 분위기에 멋을 덧입히는 것이구나 하는 생각이 들었다.

멋지고 깔끔한 도시의 외관도 중요하지만 사람들이 더불어 즐길 수 있는 공간이 있고, 문화가 있고 또 그것을 감상할 수 있는 눈과 귀가 있을 때 도시가 훨씬 더 아름다워질 수 있구나! 우연한 기회에 들렀던 시카고의 야외 음악회는 시카고 도시 그 자체를 새롭게 각인시키는 기회가 되었다. 두툼한 시카고 피자를 먹는 즐거움과 미시건 호수 옆에서 즐기는 야외 음악회, 그 어떠한 신선놀음이라도 부러울 이유가 전혀 없다.

● 시카고 시내의 야외음악당에서 여름 밤의 대미를 장식하는 무료 음악회를 개최하고 있었다

3. 미국에서의 야영

Camping in the USA

생활 리듬이 빠른 현대 사회에 살다 보니 여행을 다니면서 야영을 한다는 것은 뭔가 촌스럽고 별로 어울리지 않는 느낌이 있다. 야영을 한다는 것 그 자체가 소위 집을 싸들고 다니면서 매일 집을 만들었다 해체시켰다 하는 것이므로 보통일은 아니다. 자칫 그런 노동 자체가 편안하고 여유롭게 즐기려는 여행과는 동떨어져 보이기 때문이다.

그에 더해 식사를 하기 위해 온갖 그릇과 도구, 부식류를 챙겨야 하고, 밥을 해야 하는 수고까지 곁들이면 왜 사서 고생이냐는 말이 절로 나올 것이다. 그래도 자유롭고 저렴한 여행을 고려한다면 이것보다 더 적절한 여행은 없어 보인다.

둘째 아들이 수업 중에 배웠는데 꼭 가보고 싶다고 해서 선정된 곳이 마운트 러시모어(Mount Rushmore)이다. 이곳은 미국의 역대 4명의 대통령(조지 워싱턴, 에이브러햄 링컨, 토머스 제퍼슨, 시어도어 루스벨트)의 두상을 18m 높이로 산 위에 조각하였는데, 사우스 다코

● 그랜드캐니언에서 텐트를 치고 있는 남편과 큰아들

● 짜장라면과 밥 한 그릇으로 아침 식사를 하고, 가끔은 우유를 사서 열심히 마셨다

다 주(South Dakoda State)의 래피드 시티(Rapid City) 근처에 있어서 이곳에서 야영을 계획하였다.

해가 있는 동안에는 목적지의 구석구석을 찾아보고 즐기느라 시간이 부족하기 때문에 가능하면 저녁시간을 활용하여 다른 도시로 이동하다 보니 도착해야 할 목적지에 일찍 도착하기가 쉽지 않았다. 밤 12시, 1시를 넘겨 도착한 후 어둠 속에서 주섬주섬 텐트를 치고 나면 그대로 쓰러져 자기 바쁘다. 그래도 그 다음날 아침이면 시간이 아깝다는 생각에 부지런히 챙겨서 활동을 시작하는 강행군의 연속이었다.

옐로스톤 국립공원은 1년 전에 숙박을 예약하지 않으면 사용하기 어렵다고 하지만 우리는 야영을 했기 때문에 며칠 전에 예약을 했어도 야영지를 잡을 수 있었다. 여느 때처럼 아주 이른 새벽에 도착한 우리는 열심히 텐트를 쳤는데, 원시림이 가득한 숲속이어서 그런지 너무 추웠다. 다행인 것은 페루를 가기 위해 준비한 겨울잠바가 있었다. 페루 여행을 함께 계획하지 않았다면 그날 우리는 옐로스톤에서 거의 동사했을지도 모르겠다. 겨울옷을 잔뜩 입고 잤어도 추워서 쉽게 잠이 들지 않았다.

서로 다른 야영사이트에 머물면서 3일을 보냈던 옐로스톤은 아름다운 곳이었다. 주변 정비가 잘되어 있을 뿐만 아니라 야영지 사이사이의 공간도 충분하여 마음조차 넉넉하게 만들었다. 캠프파이어뿐만 아니라 장작을 태워 고기를 구울 수 있도록 준비되어 있어서 오랜만에 장작불에 고기를 구워먹으면서 즐거운 한때를 보낼 수 있었던 것도 야영이 아니라면 만들 수 없는 풍경이었다.

이곳은 곰이 많이 나오는 지역이어서 반드시 모든 물건을 철저하게 관리하라는 관리인의 주의가 있었다. 안전한 야영을 위해 우리는 모든 물건을 잘 치우고 아이스박스는 잘 닫아서 탁자 위에 올려 두고 잠이 들었다. 얼마나 잤을까 갑자기 누군가 텐트를 쥐고 흔드는 소리에 놀라서 벌떡 일어났다. 잠시 놀랐지만 사람의 목소리가 들려 나가보니 곰이 나온다고 모든 짐을 치우라고 했다.

● 마운트 러시모어 근처 래피드 시티의 야영장. 라면, 김치, 김, 밥을 차렸다. 한국인의 간단한 아침식사는 야영장에서도 이어졌다

● 옐로스톤 야영장에서의 식사 광경. 밥솥에서 모락모락 피어오르는 김이 추위를 날려 주었다

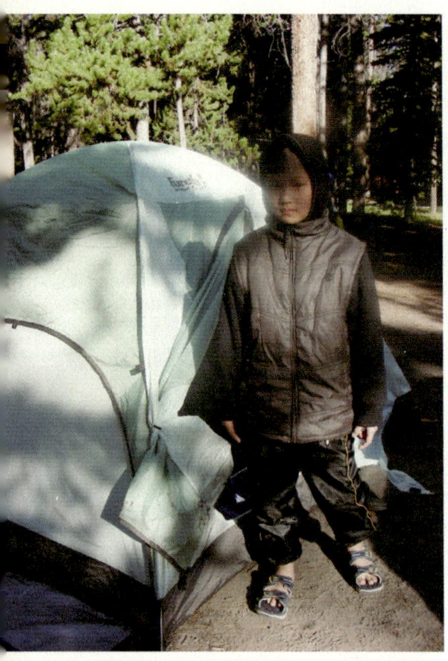

● 옐로스톤 야영장. 다행히 겨울 점퍼를 가 져와서 겨우 동사를 면했을 정도로 추웠다

● 뒷정리를 열심히 하고 있는 큰아들. 새로운 출발을 위해 짐을 정리하는 것은 항상 번거로운 일이었다

● 오랜만에 야영장에서 고기를 구워 밥을 맛있게 먹을 수 있었다

● 이렇게 여유 있고 그림 같은 풍 경이 있는 야영장이 여행의 묘 미를 더해 주었다. 오랜만의 고 기반찬에 정신이 팔려 감자가 타는지도 모르고 있다

● 솔트 레이크에 뛰어든 아이들

● 아침이 되어 고요해진 솔트 레이크 시티 야영장. 텐트를 정리하고 있는 아이들

아이스박스조차도 밖에 두면 곰이 먹이를 찾다가 덮칠 수 있기 때문에 전부 차 안에 옮겨 놓으라고 하였다.

자다가 놀란 눈으로 일어난 우리는 얼른 모든 짐을 차 안으로 옮기고 다시 잠을 청하는데 정말 곰이 나타나면 어쩌나 생각하며 잠시 불안하였지만 어느새 날이 밝아 두려움에서는 해방될 수 있었다.

우리가 가야 할 노선으로 본다면 솔트 레이크 시티를 가는 것은 굉장한 시간 낭비가 되는 곳이었다. 그러나 나는 그 독특한 도시에 꼭 가보고 싶었다. 사막에 소금 호수가 있는 것도 궁금하였고 특히 몰몬교도가 동부 뉴욕에서 핍박을 받아 서부로 서부로 이동하다 도착한 곳이어서 이 도시는 몰몬교를 신봉하는 사람들이 도시를 만든 독특한 역사를 가지고 있다.

이런 도시에는 당연히 솔트 레이크에서 야영하는 것이 제격이었다. 아름다운 솔트 레이크 주변에 마련된 야영장은 넓다 못해 공허하였다. 호수 옆 비탈진 곳에 마련된 야영장은 드넓고 여유롭기는 하였지만 그날따라 세게 부는 바람에 텐트 치기가 너무 힘들었다. 어린 아이들까지 이쪽 잡고 저쪽을 잡으면서 텐트를 치려고 안간힘을 써 보았지만 바람이 워낙 세서 역부족이었다. 자동차를 방패막이 삼아 텐트 앞을 가로막았으나 바람은 어디라도 뚫고 들어오는 것 같았다. 더 어두어지기 전에 저녁식사를 하려고 장작불을 피웠으나 바람이 워낙 세서 그런지 연기만 잔뜩 피우다가 사그라졌다.

바람이 많이 부는 날이어서 그런지 야영하는 사람도 몇 명 없었다. 최고의 장소에서 최적의 지역에 텐트를 치기는 하였지만 최고의 날씨는 아니었던 것 같다. 텐트 안에 자고 있는 우리까지 통째로 바람에 날아가는 것은 아닌가 생각하며 주변에서 큰 돌까지 주워다 텐트를 고정시키느라 안간힘을 썼다.

● 키웨스트 야영장. 야영 사이트 렌트 비용이 비싸기는 하지만 제반 시설은 만족스러웠다. 남국의 경치답게 야자수와 멀리 바다가 보인다

다음날 아침, 언제 그랬느냐는 듯이 너무도 잔잔하고 고요한 솔트 레이크는 찬란한 햇빛 아래 아름답게 빛나고 있었다. 그 광경을 만끽하기 위해 솔트 레이크로 뛰어든 아이들은 마냥 신났다. 얼마나 짜길래 솔트 레이크인가 하고 잠시 맛을 보았는데 정말 짠 호수였다. 유타 주 주립공원으로 지정된 이곳은 구석구석 돌아다니며 시간을 여유롭게 보낼 수 있는 곳이었다. 호수변에 야영하던 우리는 오랜만에 느긋하게 호수변의 다양한 풍경을 돌아보면서 이것이 진짜 여행이라는 생각을 해보았다.

다른 야영지는 10~20여 달러면 하룻밤을 해결할 수 있었는데, 그런 가격으로는 도저히 해결할 수 없는 곳이 바로 미국의 최남단인 플로리다 키웨스트이다. 저렴해도 75달러 정도를 주어야 야영지를 잡을 수 있었다. 이곳은 마이애미에서도 5시간을 운전해야 할 정도로 한참 남부로 내려가는 곳인데 작은 섬들을 이어 만든 도로 양옆으로 멕시코만의 연둣빛 바다와 대서양의 푸른 바다를 동시에 감상할 수 있는 절묘한 곳이다. 소설 『노인과 바다』로 유명한 헤밍웨이의 거주지가 잘 보존된 키웨스트는 비록 야영 사이트 렌트 비용은 조금 비쌌지만 잘 정비된 야영시설만큼은 만족할 수 있었다.

여태까지 살면서 몇 번의 야영을 해보기는 하였지만 그 전체를 통틀어도 미국에서 한 야영과는 양적으로 질적으로 비교가 되지 않을 것 같다. 미국에서 자세한 정보도 없이 돌아다니면서 시작한 야영은 그렇게 조금씩 익숙해지면서 야영의 묘미를 즐길 수 있었다.

4. 여행과 연구의 병행
Conducting Research while Traveling

● 펜실베이니아 대학교 Wharton School 전경

● 브라운 대학교에서

여행 그 자체가 인생 공부에 도움이 되고 연구에도 도움이 되지
만 실질적으로 특정 주제를 연구하기 위한 여행과 일반 여행은 차이
가 있을 것이다. 캐나다 밴쿠버에 있는 브리티시 컬럼비아 대학교에
내가 연구해야 할 자료가 소장되어 있다. 그러나 보스턴에서 그곳까

● 캐나다 토론토 대학교

● 시카고 대학교

지 가려면 동쪽 끝에서 서쪽 끝까지 미국 대륙을 횡단해야 하는데, 평상시에 그곳까지 가서 연구하기는 시간적으로나 경제적으로도 효율적이지 않았다.

그러나 어차피 동부에서 여행을 시작하여 미국을 횡단하여 서부까지 가고 있으니까 캐나다 밴쿠버를 올라가는 것은 조금만 더 운전하면 되는 것이어서 어려운 일이 아니었다. 미국 워싱턴 주 시애틀을 지나 밴쿠버로 들어가기 위해 국경을 통과해야 했다. 세관직원이 나의 목적지를 물었다. 내가 "브리티시 컬럼비아 대학교 도서관에 간다"라고 대답했더니, 그 직원은 눈이 휘둥그레졌다. "정말?" 내가 "정말"이라고 대답하니 "대학 도서관을 가기 위해 동부 끝인 보스턴에서 서부 끝인 밴쿠버를 자동차로 온 것"이냐고 되물었다. 나는 그렇다고 대답하였다.

그 직원은 그 상황이 도저히 이해가 안 되는 모양이다. 상식적으로 도서관을 가기 위해 동부에서 자동차로 일주일 이상 운전하여 서부까지 왔다는 말이 이해하기 힘든 말이기도 할 것이다. 내가 그분한테 미국 횡단 여행과 연구를 병행하고 있다고 일일이 설명해야 할 필요가 없지만, 내 여권에 적힌 정보에서도 확인할 수 있는 바와 같이 하버드 대학교에 있는 학자가 매사추세츠 주의 간판을 달고 있는 자동차로 밴쿠버에 등장한 것만으로도 신기한가 보다.

밴쿠버에 도착해서 도서관에서 내가 찾고자 하는 정보를 찾았다. 멀리서 자료 열람을 위해 내방한 학자에게 편의를 봐주기 위해 거쳐야 할 여러 가지 행정처리를 생략한 채 하버드 신분증만으로도 귀한 자료를 보여주는 세심한 서비스 덕분에 나는 짧은 시간을 효과적으로 사용하며 연구에 전념할 수 있었다. 그동안 우리 가족은 나를 도서관에 남겨두고 시내 곳곳을 돌아다니며 여행을 즐겼다.

여행을 왔으면 깔끔하게 여행에 집중해서 다 같이 즐겁게 놀아

● 위스콘신 대학교 메디슨 캠퍼스

● 스탠포드 대학교

● UCLA

● 예일 대학교

야지라고 불만을 터트릴 수도 있었을 텐데 내가 하고 싶은 것을 할 수 있도록 놔두는 가족이 고맙게 느껴졌다. 덕분에 나는 마음에만 두고 오지 못했던 밴쿠버에 와서 원하는 자료를 확인하고 수집할 수 있었다. 미국에 있는 컬럼비아 대학에서 일부 자료를 분할해 주어 캐나다의 브리티시 컬럼비아 대학이 소장하고 있는 것이어서 자료가 한곳에 집중되어 있지 않아 개인적으로는 매우 번거롭다고 생각했지만 그 핑계로 브리티시 컬럼비아 대학을 와 본 것은 좋은 경험이었다.

나의 연구에 필요한 자료 중 일본자료가 있는데 어떻게 된 일인지 일본 도서관에도 소장되어 있지 않고 미국 전역에서도 워싱턴 주립대학교 도서관에만 소장되어 있었다. 하버드 대학 도서관을 통해 그 자료를 대여하려고 하였으나 워싱턴 대학에서는 귀중한 자료여서 하버드에 자료 대출을 해 줄 수 없고 꼭 필요한 일부분만 스캔해 주겠다고 했다.

● 프린스턴 대학교

당시 자료를 제대로 확보하지 못한 나는 시애틀에 온 김에 워싱턴 대학에서 꼭 확인해야겠다고 생각했는데, 도서관이 이미 폐관하여 자료를 볼 수가 없었다. 아쉽지만 그 자료 열람을 후일로 미루고 다음의 여행지로 발길을 재촉하였다. 시간적 여유가 별로 없는 여행을 하면서 연구와 여행이라는 두 마리 토끼를 한꺼번에 잡는다는 것은 쉬운 것이 아니었다.

내가 대학에 재직하고 있어서 그런지 대학의 분위기는 항상 나를 편하게 해준다. 따라서 기회가 되면 가는 곳마다 유명하다는 대학은 특별히 방문하였다.

동부에서 물론 하버드 대학은 구석구석 보았고 그 외에 MIT(매사추세츠 공과대학교), 예일 대학교, 프린스턴 대학교, 컬럼비아 대학교, 다트머스 대학교, 보스턴 대학교, 브라운 대학교, 코넬 대학교, 펜실베이니아 대학교 와튼 스쿨(Wharton School) 등을 방문하였다. 소위 유명한 대학이라는 곳을 들어서면 분위기 자체가 안정되어 있는 느낌이 있다. 특히 동부지역의 대학은 유서가 깊은 곳이 많기 때문에 건축물 하나하나가 예술품일 뿐만 아니라 전체적인 조화에도 신경을 많이 썼고 역사적인 품격도 있기 때문에 주변의 수목들과 더불어 아름다운 풍경을 자아내고 있었다.

동부지역의 유명한 대학은 대학 중심지에 야드(Yard)라는 넓고 푸른 공간이 있는데 그 주변에 유서 깊은 건물들이 배치되어 있어 야드만 들어서면 편안하고 아늑한 기분이 든다. 그러나 서부지역에 있는 대학들은 동부지역 대학의 패턴과는 약간 양상을 달리하였다.

물론 모든 대학이 각기 특색 있는 분위기를 지니고 있다. 서부에서는 시애틀의 워싱턴 주립대학교, UC Berkeley(캘리포니아 버클리 분교), 스탠퍼드 대학교, UCLA(캘리포니아 로스앤젤레스 분교)를 방문하였고, 중북부의 위스콘신 대학교 메디슨 캠퍼스, 남부의 라이스(Rice) 대학교 등을 방문하였다.

● 워싱턴 주립대학교

대부분의 대학에서 법학대학원 건물은 상당히 규모 있게 지어졌는데, 버클리 법학 대학원 건물은 낡고 어수선해 보였다. 그렇지만 웅장한 도서관이 마음에 들어 역시 좋은 대학의 조건에서 도서관은 중요한 역할을 한다는 느낌을 받았다.

스탠퍼드 대학은 내가 연구할 자료가 많이 있는 곳이다. 특히 후버 연구소(Hoover Institute)는 동아시아 관련 자료가 많이 있는 곳이어서 장기간의 여유를 갖고 와야 제대로 연구할 수 있는 곳이므로 이번 방문에서는 기본적인 정보만 확인하고 장래에 올 곳으로 점찍어 두었다.

지금은 수박 겉핥기로 대학을 돌아다녔지만 이런 미국 대학 여행이 장래 나의 연구를 심화시키는 데 도움이 되지 않을까 하고 위안을 삼아 보았다.

5. 뉴올리언스와 노예농장
New Orleans and the Slave Plantations

● 로라 농장 입구

● 이 낡은 종은 노예들의 점심시간을 알릴 때 사용하
였다고 한다

    여행을 하면서 가장 무리하게 운전했던 것이 텍사스를 거치는
것이었다. 광활한 벌판에 칠흑같이 어두운 길인데다 마른하늘에 번개
가 수차례 번쩍이더니 앞을 보기 어려울 정도의 비가 쏟아지기 시작
하였다. 그러나 피할 곳도 없었다. 할 수 있는 것은 조심하면서 달리
는 것뿐이었다.

새벽 5시가 되어서야 댈러스에 도착하였는데, 남편과 나는 번갈아 운전을 하면서 도대체 왜 무엇을 위해 이렇게 달리는가 하는 생각도 들었지만 안전하게 목적지에 도착하는 것 외에는 생각할 수 없었다. 친지와의 정담을 통해 피로를 회복한 우리는 휴스턴을 거쳐 뉴올리언스를 향해 질주하였다.

뉴올리언스는 재즈의 고향일 뿐만 아니라 프랑스의 통치를 받아아직도 프랑스 분위기가 곳곳에 남아 독특한 느낌이 있는 곳이다. 이곳은 미국에서도 특색 있는 도시로 손꼽히는 곳이다. 명불허전을 증명이라도 하듯 프렌치 쿼터(프랑스 구역)인 곳은 프랑스풍, 스페인풍의 유럽식 건축물에다 재즈, 각종 문화, 예술이 춤추듯이 넘실거렸다.유명한 잭슨 광장에 위치한 미국 최고의 성당으로 1718년에 완공된세인트 루이스 대성당(St. Louis Cathedra)은 예배시간에 프랑스어를사용하여 나름 프랑스식 전통을 지키고 있었다.

이곳은 거리의 예술사들이 각종 장르의 그림을 전시하여 관광객의 눈길을 끌었고, 다양한 요리는 색채뿐만 아니라 그 맛 또한 예술이

● 노예농장 시절 사용했던 창고

● 로라 농장의 농장주가 거처했던 곳이다

● 노예들이 공동으로 사용했던 우물

● 노예들이 살았던 집. 하나의 집을 2개로 분리하여 두 가정이 살았다
고 한다

었다. 아주 고급 레스토랑도 있지만 뉴올리언스 스타일의 패스트푸드
로 가격도 저렴하고 맛도 좋은 식당도 많이 있어서 부담 없이 이곳의
문화적 다양성을 즐길 수 있었다.

뉴올리언스는 겉으로 보이는 화려함에만 초점을 맞춘다면 핵심
을 놓치는 것인지도 모른다. 이 지역이 이토록 풍성한 문화와 경제를
향유할 수 있었던 것은 바로 노예시장이 있었기 때문이다. 뉴올리언
스 외곽 미시시피 강을 따라 형성된 비옥한 토지에는 수많은 거대한
농장이 있는데, 아프리카로부터 '수입'해 온 노예들을 부려 사탕수수
나 면화 재배 등을 통해 부를 창출했던 곳이다.

노예주들은 지독하게 노예들을 통제하여 일을 하게 한 후 겨울
철이 되면 뉴올리언스에 나와서 겨울을 보냈다. 농장에서 벌어들인
돈으로 뉴올리언스에 겨울 집을 마련하고 흥청망청 즐기고 노는 사

● 노예의 가격이 쓰여 있는 리스트　　● 노예 경매장[2]

이 다양한 문화 예술이 꽃필 수 있었던 것이다. 나는 뉴올리언스의 화려함 뒤에 가려진 어두운 그림자를 직접 확인해야만 뉴올리언스에 온 의미를 되새길 수 있을 것 같았다.

문제는 내가 가 보려는 농장이 이미 지나쳐 온 곳에 위치해 있고 그곳을 가려면 왔던 길로 다시 한 시간을 되돌아가야 했다. 플로리다 탤러해시(Talahassee)까지 당일 도착 예정이었는데 왕복 두 시간이 걸리는데다 농장에서 머물 시간까지 합치면 너무 많은 시간이 소요되었다. 시간상 설사 다른 지역을 건너뛰는 한이 있어도 미국사뿐만 아니라 세계사에서도 중요한 의미를 갖는 노예농장을 제대로 둘러볼 수 있는 좋은 기회를 놓칠 수가 없었다.

결국 미시시피 강 근처에 자리 잡은 로라 농장(Laura Plantation)

---

2) http://www.lauraplantation.com/gen_w_nav.asp?clD=39&grp=6

을 찾아갔다. 이곳은 프랑스인 기욤 뒤파르(Guillaume Duparc)가 미국 내전 시 해군 베테랑으로 활약하여 그 대가로 토머스 제퍼슨 대통령이 하사한 땅으로 1804년에 집을 지은 것이다. 이곳은 남북전쟁 시기 전까지 69개의 노예 숙사가 있었고, 100마리의 노새와 175명의 노예가 있었다고 한다.

노예들은 비좁은 집을 반으로 나누어 두 가정이 생활하였고, 부엌이나 우물 등은 공동으로 사용하였다. 이른 아침부터 집단 노동에 시달려야 했던 노예들은 정해진 시간에 치는 종소리를 듣고 점심 식사를 하기 위해 몰려들었을 테고, 고달픈 몸을 이끌고 저녁에 집에 돌아가 식사한다는 것은 쉬운 일이 아니었을 것이다. 단조로운 생활일지라도 노예들이 할 수 있는 것은 주인이 시키는 대로 일을 하는 것 이외에는 다른 방도가 없었다.

무미건조하게 지어진 노예의 집 벽에는 어떤 노예가 얼마에 팔려왔는지에 대한 내력이 걸려 있기도 하였다. 노예가 거주하던 곳에는 특별한 실내 장식이 없었다. 눈에 들어오는 것은 생활에 필요했던 최소한의 식기구뿐이었다. 4인 가족이 살기에는 비좁아 보이는 공간이었지만 그럼에도 그들은 이곳에서 조금의 '안식'이라도 누렸을 것을 생각하니 마음이 아팠다.

과거에 '뿌리'라는 영화 속에서 아프리카에서 끌려온 흑인 노예들이 온갖 수난을 당하며 사는 모습을 본 적 있었기 때문에 그들이 거주했던 집과 그들이 일했던 농장을 보면서 당시를 생생하게 회상할 수 있었다. 인간의 잔인함이라고 해야 할까? 인간의 나쁜 근성이라고 해야 할까? 끊임없이 자신을 남보다 나은 위치에 올려두려고 남을 짓밟은 역사는 수도 없이 많다.

지금 이 농장에는 노예도 없고 백인의 위세도 볼 수 없으며 과거의 흔적을 흩트려 놓은 채 관광객을 맞기 위해 정비해 놓았기 때문에 여유로운 시골 동네 같은 느낌이 든다. 그러나 여유로운 시골 동네에 역사성을 가미하는 순간, 그곳은 끊임없는 착취와 착취에 시달리는 인간의 군상이 뒤엉켜 소리를 지르는 듯하였다.

주인이 거처하는 본관을 제외한 노예농장의 소박함과 잔인함은 뉴올리언스의 찬란하고 화려한 문화와는 비교하기 힘들었다. 나는 분명 노예농장을 보고 나면 마음이 불편할 것이라는 것을 예상을 했지만 역시나 마음이 쓰렸다. 하지만 그런 마음 불편함을 감수하고서라도 역사를 되새기려는 사람들이 있어야 과거의 역사로 교훈을 삼을 수 있지 않을까?

노예농장을 보고 나니 그곳에서 착취해서 벌어들인 돈으로 찬란한 문화를 일으켰던 뉴올리언스 도시의 화려함을 다시 보고 싶지 않았다. 뉴올리언스의 외곽을 거처 플로리다 주 펜사콜라 해변(Florida Pensacola Beach)에 가서 머리를 식히는 것이 다음 여행을 위해서도 좋을 것 같았다.

6. 제국주의와 페루의 잉카 문명
Imperialism and Incan Civilization in Peru

미국에서 페루 리마까지 최단 거리로 가기 위해 마이애미 공항에 차를 주차한 우리는 리마로 날아가서 다시 쿠스코로 달려갔다. 페루의 모든 일정은 마추픽추(Machu Picchu)를 본 이후에 좀 더 여유를 가질 수 있었기 때문이다.

일반적으로 문자 기록이나 역사로 설명이 되지 않는 것을 전설이나 신화라고 한다. 그러나 분명히 유적이나 유물이 있음에도 불구하고 정확하게 역사를 설명하기 어려운 경우도 많이 있다. 페루를 중심으로 남겨져 있는 잉카 문명도 그런 것 중의 하나일 것이다.

마추픽추로 알려진 공중 도시는 한마디로 아름답다고만 설명하기는 표현력의 부족함을 느낄 정도로 경이로운 곳이다. 첩첩이 쌓인 산중에 높고 높은 산 위에 건설된 이곳은 여러 모로 특별한 곳이다.

밖에서는 도시가 보이지 않고 그 안에 들어가야만 거대함과 푸름을 확인할 수 있는 이곳은 신선들이 살았던 곳 같은 느낌을 줄 정도이다. 기차로 갈 수 있는 끝까지 도착한 후에도 산 아래에서 천천히 두어 시간을 걸어야 닿을 수 있는 이 도시는 차를 타고 마추픽추에 간다는 것이 불경스럽게 여겨질 정도였다.

남미의 상당 지역을 장악했던 잉카 제국은 한때는 최고의 영화를 누렸지만 16세기 스페인에 점령을 당하면서 점차 사람들의 기억 속에서 사라져 갔다. 문자적 기록을 제대로 남기지 못했던 잉카 제국의 모습도 역사 속에서 잠을 자면서 전설이자 신화가 되어 버렸다.

20세기 초 예일 대학교 빙햄(Hiram Bingham) 교수가 이곳을 발견하지 못했다면 아직도 마추픽추의 잉카 제국은 전설로 남아 있을지도 모른다.

● 공중 도시라고 일컫는 마추픽추

잉카 제국의 흔적이 마추픽추에만 있는 것은 아니다. 초기 왕궁인 올란타이탐보(Ollantaytambo)에도 잘 남아 있다. 밤하늘에서 거대한 별들이 반짝이고 있는데 촘촘하게 박힌 별들이 쏟아져 내릴 듯한 하늘 아래 남아 있는 초기 왕궁은 이미 전설을 넘어 살아 있는 역사로서 신화적인 모습이었다.

세계문화유산으로 지정된 쿠스코 지역의 세이크리드 밸리(Sacred valley)에는 곳곳마다 서로 다른 모습의 잉카 제국을 담고 있다. 13~14세기의 유적이나 유물로 제국으로서의 역사적 사실을 분명히 확인할 수 있고, 그들이 중시한 신전이 어떤 곳이었는지도 한눈에 알아볼 수 있도록 잘 다듬어져 있다. 지역의 요새로서 또 물의 신전으로서 각각 팔색조의 옷을 갈아입고 있어서 그런 모습을 통해 잉카 제국을 상상하는 것이야말로 역사를 연구하는 즐거움이라고 해도 과언이 아닐 것이다.

잉카 제국은 특히 석공기술이 뛰어났는데 거대한 돌을 쌓아 올리면서도 정교하게 짜 맞춘 듯한 모습에 감탄을 멈추기 어려울 정도이다. 직접 눈으로 확인하지 않고는 그 말이 어떤 것을 의미하는지 이해하기 어려울 것이다. 아름답고 정교하며 예술적인 계단식 농작물 재배지와 신전, 왕궁, 거주지 모든 것이 한곳에 어우러져 있는 이곳에서 잉카 제국은 한동안 남미 지역을 통치하였지만, 근대 과학 기술을 동원하고 총칼을 앞세운 스페인 제국의 침략에 대항하여 버틸 재간이 없었다.

● 잉카 문명의 정교한 석공기술을
엿볼 수 있는 석조건축물

● 정교한 석공기술로 만들어진
배수관

● 종교재판소 외관

● 종교재판소 내부 전경

점령자 스페인은 잉카의 많은 모습을 변화시켰다. 그들의 삶과 철학 그리고 생활방식 등에 큰 변화를 주었다. 잉카 제국은 사라지고 스페인의 가치관이 전파되면서 잉카의 언어도 가치관도 변화해서 그들이 가지고 있던 기술들은 쇠퇴했고 서구식 교회를 중심으로 스페인 제국이 형성되었다.

페루의 수도인 리마에는 스페인 제국의 영화를 엿볼 수 있는 모습이 고스란히 남아 있다. 거대하고 화려한 수많은 교회뿐만 아니라 아직도 사용하기에 부족함이 없는 화려한 관공서 건물들. 그중에서도 종교재판소가 눈에 띈다.

중세 서양에서 마녀재판을 했던 모습을 그대로 담은 듯한 종교재판소에는 지하 독방 감옥과 심문 장소 그리고 멋지게 꾸며진 재판소까지 총체적으로 잘 갖추어져 있다. 외관으로 보이는 아름다운 모습은 그 안에서 이루어졌던 피비린내 나는 살상과 연관시켜 상상하기 어려울 정도이다.

얼마나 많은 사람들이 이곳에서 심문당하고 목 벰을 당하였는지 헤아릴 수 없겠지만 그런 종교재판소가 리마 중심지에 버젓이 남아 역사의 산증인이 된 것은 매우 역설적으로 느껴진다. 이곳에서 얼마 멀지 않은 곳에 위치한 샌프란시스코 성당에는 '카타콤베'라고 하는 지하 무덤이 매우 인상적이다.

잉카의 금을 빼앗은 스페인 점령자는 그 금으로 멋진 교회를 건설하고 헤아리기 어려울 정도로 많은 조각품과 미술품으로 아름답게 장식하였다. 눈이 부시도록 아름다운 교회 지하에는 17세기부터 이어

● 지하에 카타콤베가 있는 샌프란시스코 성당

져 내려오는 냄새 풍기는 뼈다귀와 해골로 가득하였다. 대중에게 공개하기 위해 해골들을 종류별로 나누어 재정리한 지하 무덤에는 감옥도 같이 있었다.

지금은 잉카 제국도 스페인의 영화도 모두 전설이 되어 버렸고 살아남아 있는 자가 새롭게 역사를 쓰고 있는 중이다. 잉카의 영화와 스페인식 교회 그리고 종교재판소 등도 모두 지니고 있는 페루가 어떠한 전설과 신화를 되살리려고 노력하고 있는지 한마디로 설명하기는 한계가 있지만 페루는 이 모든 역사의 짐을 적절히 조화시키면서 성장해 가고 있다. 무엇을 페루의 자양분으로 삼아야 할 것인지 고민이 필요한 것 같다.

7. 기독교와 아미시 마을

Christianity and an Amish Village

　세계의 모든 종교가 미국에서 숨 쉬고 있다고 해도 과언이 아닐 정도로 다양한 종교가 다양한 형태로 유지되고 있다. 특히 보스턴은 미국 역사와 관련된 유서 깊은 교회들이 상당히 많이 있다.

　나는 개인적으로 종교에 대해 관심이 많기 때문에 미국에 있는 동안 다양한 교회를 접해 보고자 노력하였다. 먼저 미국 역사 변화와도 관계 깊은 보스턴 내의 역사적인 교회의 탐방은 역사를 되새기는 차원에서도 의미가 있었다.

　올드 노스 교회(Old North Church)는 1775년 미국의 독립전쟁과 관계가 깊고, 올드 사우스 교회(Old South Church)는 미국 남북전쟁 시 연합군을 모집하는 센터로 역할을 했던 곳으로 새뮤얼 애덤스나 벤저민 프랭클린이 멤버였다. 보스턴 코먼(Boston Commons) 근처에 있는 파크 스트리트 교회(Park Street Church)는 1829년 처음으로 공개적인 반노예 연설을 했던 곳으로 전쟁 수행을 위한 무기를 교

● 펜실베이니아 랭커스터에 있는 아미시 마을 전경

● 아미시는 이 교실에서 모든 학년이 함께 공부한다

회 지하실에 저장했을 뿐만 아니라 미국의 자유를 찬양하는 애국의 노래인 'My Country 'Tis of Thee'도 이곳에서 처음 불렸다. 킹스 채플(The King's Chapel)은 1686년 영국 제임스 2세(King James Ⅱ) 통치 기간에 뉴잉글랜드에 세워진 첫 번째 앵글리칸 교회(Anglican Church)이다.

보스턴에 있는 역사적인 교회들은 개인의 신앙생활에 집중하는 것에 그치지 않고 국가적인 대사나 미국이 나가야 할 방향을 두고 치열하게 고민하면서 앞장섰던 교회들이라는 점에서 의미가 있다. 보스턴에서 '자유로의 길'(Freedom Trail)을 따라가다 보면 자연스럽게 유서 깊은 교회와도 만나게 되고 미국 초기 역사가 한눈에 들어오게 된다.

나의 관심은 유대인 시나고그(Synagogue) 모임에 참여하는 것
으로 확대되었다. 그리스어로 '만남의 장소'라는 의미를 가진 유대교
회당은 유대인들이 주로 토요일에 만나 예배를 드린다. 시나고그는
유대인의 정체성을 유지하는 데 중요한 역할을 하였는데, 지속적으로
히브리어를 사용하기 때문이기도 할 것이다.

유대교도 정통유대교, 개혁유대교 등 다양한 계파가 있는데, 내
가 참여했던 곳은 개혁 유대교로 예배 시간만 2시간이었지만, 정통유
대교는 4시간의 예배를 드린다고 한다. 유대교는 원래 구약 중에서도
'모세오경'이라는 토라를 기본적인 텍스트로 삼지만 현재는 신약성경
과 예수를 인정하는 크리스천과 다를 바 없는 유대교도 존재하고 있
다. 예수가 그리스도임을 부정하고 십자가에 못 박았던 유대교인들이

● 윌로우 크릭 공동체 교회 전경

● 뉴욕의 태버네클 교회 찬양대 모습

다양하게 분화하고 있는 것이다.

히브리어 찬송가는 음표가 없지만 어느 누구도 이상한 음색을 내는 사람이 없이 찬양을 하였다. 그들은 그렇게 오랜 전통의 방식으로 음표 없는 찬송가를 들고 모임을 통해 음과 히브리어를 익히며 그들만의 정체성을 찾아가고 있었다. 음표가 없어서 어떻게 노래를 불러야 할지 알 수 없었던 나는 옆에 표기되어 있는 영어로 히브리어를 따라 읽으면서 그들 예배에 동참하였다.

그들은 2시간 내내 흐트러짐도 없이 경건하게 예배드리면서 성경을 읽고 각자의 생각을 나누었다. 토라(Torah: 창세기, 출애굽기, 레위기, 민수기, 신명기)에는 많은 규칙이 나오는데 그것을 어떻게 적용하라는 설교와 강요가 아니라 각자가 이해하는 방식으로 대화를 나누듯이 토론하는 모습을 보고, 유대인의 교육방법이 생각났다. 끊임없이 자기의 의견을 개진하게 하는 독특한 교육 방식이 다수의 노벨상 수상자를 배출하고 학술계에서 두각을 드러내는 요인이기도 하기 때문이다.

이들과 더불어 유대인 음식도 먹어보고 유럽에서 천대를 당했던 그들의 다큐멘터리도 보면서 유대인을 더 깊이 있게 이해할 수 있었다. 그들은 나를 이방인으로 받아들이지 않고 친절하게 대해 주면서 끊임없이 쏟아내는 나의 질문에 열심히 대답해 주었다.

교회에 대한 나의 관심은 여행에서도 이어졌다. 여행의 중요한 목적지로 선정했던 펜실베이니아 주 랭커스터의 아미시(Amish) 마을은 시간이 멈춘 지역이라고 해도 과언이 아니다. 16세기 유럽 종교 분

● 레이크우드 교회

쟁 당시 종교와 정치의 분리를 주장한 아미시는 1737년 랭커스터에 정착하면서 아직까지 당시의 생활상을 고집하며 자신의 종교를 지켜 나가고 있는 집단이다. 아미시 출신의 유명한 사람이 있느냐는 나의 무지한 질문에 그들은 당연히 없다고 자신 있게 말했다. 왜냐하면 아미시 마을을 벗어나 속세에 들어가는 순간 그들은 아미시가 아니기 때문이다. 그들은 자신만의 교육을 받으면 되었지 굳이 세상의 대학 교육을 받아 유명한 과학자나 예술가가 되는 삶을 꿈꾸지 않기 때문이다.

그들은 현대 과학문명을 거부하고 최소한의 문명만을 활용하며 농사일에 집중하면서 종교심을 갖고 평온한 삶을 살고 있는 사람들이다. 그 이상의 어떠한 가치도 그들에게는 별로 중요하지 않다. 그들은 결혼할 때 입는 보라색 블라우스 외에 민무늬의 청색, 검은색, 흰색 옷만 입고 산다. 누가 강제한 것이 아니라 자신들이 선택한 삶이기 때문에 기쁘게 받아들이고 있었다. 그들의 농가가 너무 평온하고 풍요로워 보여서 인생의 행복이 무엇인지 되돌아보게 만들었다.

맛있는 음식과 화려한 옷으로 치장하고 온갖 첨단기계를 가지고 있으면서도 행복이라는 단어와는 멀게 살고 있을지도 모르는 현대인의 모습과 비교하면 인생에서 무엇이 중요한가에 대해 고민해 볼 필요가 있는 것 같다. 역설적인 것은 그들의 삶은 무채색인 것 같은데, 그들이 만드는 상품은 상당히 화려하였다. 내가 미국에서 산 티셔츠 중 가장 화려한 것이 아미시 마을에서 산 것이라는 점을 돌이켜 보면 인간의 역설적인 면모를 극명하게 드러낸 것이 아닌가 싶다.

미국은 세계의 선교에 열심을 가질 뿐만 아니라 교회문화도 선도하고 있어서 미국 여행 중에 영향력 있는 교회를 특별히 찾아가 보았다. 뉴욕의 브루클린 태버네클 교회(Brooklyn Tabernacle Church)는 거대한 합창단이 악보 없이 훌륭하게 찬양을 소화하는 교회로 찬양이 살아 있었다. 일리노이 주 사우스 배링턴(South Barrington)에 있는 윌로우 크릭 공동체 교회(Willow Creek Community Church)나 텍사스 휴스턴의 레이크우드(Lakewood) 교회는 미국 내에서도 유명한 대형교회로 강단을 간소화하면서도 멋진 극장처럼 아늑하게 꾸며져 있었다. 불필요한 격식은 버리고 새로운 크리스천 문화를 주도하고 있는 미국 대형교회를 방문하면서 일전에 방문한 적이 있는 호주의 영향력 있는 힐송 교회(Hillsong Church) 생각이 났다.

이들 교회의 공통점은 권위주의를 배척할 뿐만 아니라 예배 중에 찬양이 살아 있다는 것이다. 종교 자유의 이미지를 갖고 있는 미국은 서로의 자유를 존중하는 탓인지 각 종교 간 긴장감 속에서도 평화를 누리고 있는 듯이 보였다.

8. 여행과 미국 생활의 정리

Ending the Journey

아미시 마을에서 삶의 소박함을 깨달은 우리는 '저질러서' 시작한 대장정의 미국 여행도 정리해야 했다. 미국에 와서 영어 때문에 고생하다가 중반 이후에 조금씩 말문이 트였던 초등학교 3학년에 다니던 둘째 아들은 여행을 시작하면서 반드시 영어 일기를 쓰기로 약속을 하였고 그 약속을 지켰다. 그의 일기에는 이렇게 적혀 있었다. "2012년 6월 19일, 미친 여행의 시작." 한 달간의 여행이 어떠할지 상상하기 힘들었을 텐데도 작은아들은 이것이 처음부터 '미친 여행'이라고 생각했나 보다.

페루의 일주일 여행을 제외하면 미국 내에서의 3주일여 동안 11,000여 마일을 달렸다. 직선거리로 따지면 미국에서 한국을 왕복한 거리보다 더 주행한 것이다. 무엇을 위해 달리고 또 달렸으며 달린 결과는 어떠한가? 그것은 살아가면서 평생토록 의미를 찾게 하고 또 부여하지 않을까?

● 비니어드에 정박된 개인 요트 앞에서

　어느새 한 달이 지나갔고 보스턴에서 1주일여 남은 시간 동안 귀국 준비를 서둘러야 했다. 그런데 오바마 대통령이 여름휴가를 보냈고 보스턴에서도 그리 멀지 않은 마서즈 비니어드(Martha's Vineyard)를 방문하는 일정이 아직 남아 있었다.

　귀국 준비로 분주한 상황이었지만 미국인 친구 교수의 여름 별장에 마지막 가족여행으로 1박 2일 다녀왔다. 친구 덕분에 보스턴에서의 생활이 즐거웠는데 그녀와 작별 인사도 해야 하지만 그 휴양지가 궁금하기도 했기 때문이다. 잔뜩 기대하고 갔으나 생각만큼 화려하거나 아주 잘 정비된 휴양지는 아니었다. 아니, 우리가 생각하는 일반적인 휴양지와는 개념이 다른 곳이었다. 그곳은 사회적으로 성공하고 경제적으로 여유가 있는 소수의 흑인과 유대인의 여름별장이 많은 곳이다. 내 친구의 경우도 불가피한 경우에만 보스턴에 나오고 나머지는 여름 내내 그곳에서 살았다.

그는 진짜 돈 많은 백인의 여름별장은 비니어드에서도 배를 타고 조금 더 들어가야 도착하는 섬에 있는데 그곳은 아무나 갈 수 있는 곳이 아니라고 귀띔해 주었다. 일반인의 눈에는 보이지 않는 미국 일부 상류계급의 삶을 엿보는 것 같았다.

'작고 누추한 별장'임을 강조했던 내 친구 별장만 하여도 숲으로 가려 있어서 밖에서는 아무것도 보이지 않는다. 그 집에 들어가기 위한 길이 따로 놓여 있었다. 구불구불 한참을 들어가면 별장이 나오는데 주변 어디를 둘러보아도 거치적거리는 것이 없다. 오직 초록빛 짙은 나무와 하얀 모래 넘어 보이는 푸른 바다밖에 보이지 않았다. 완전

● 비니어드 해변에서 노는 아이들

● 비니어드의 드넓은 바다에서 자유가 느껴진다

한 자유다. 그들은 그런 자유를 만끽하고 있었다.

별장 반대 쪽은 해변으로 내려가는 길이 있는데, 그 길도 그 해변도 개인 것이었다. 일반인이 그쪽까지 들어오기도 쉽지 않아서 자연을 통째로 내 맘대로 즐길 수 있었다. 친구 덕분에 나는 '미국 대통령이 여름휴가를 보냈다는' 최고의 휴양지에서 거치적거림이 없는 자유를 누리면서 하룻밤을 보낼 수 있었다.

아쉬움을 남긴 채 보스턴으로 돌아온 우리는 그야말로 귀국 준비에 박차를 가해야 했다. 얼마 남지 않은 시간에 한국으로 보내야 할 짐과 직접 가지고 들어가야 할 짐을 분류하였다. 1년간 정들었던 각종 세간도 정리하고 한 달 동안 동고동락하며 우리와 여행을 무사하게 마칠 수 있었던 자동차도 처분해야 했다. 쉴 새 없이 자동차로 주

● 친구 가족과 함께 즐거운 한때

행을 했음에도 어떠한 탈도 없이 안전하게 여행을 마칠 수 있었던 것
은 행운이었다.

특히 사춘기라는 이유로 여러 사람의 마음을 불편하게 만들었
던 큰아들이 여행기간 동안—부쩍 성장했다는 느낌이 들지는 않았지
만—그래도 많은 것을 느끼지 않았을까 생각한다. 아미시 마을 방문
을 끝으로 그는 미국에서의 마지막 열흘을 필라델피아에 거주하는 흑
인과 히스패닉계의 소외된 사람들을 돕는 선교여행을 위해 떠났고 우
리는 보스턴으로 돌아왔다. 그곳에서 많은 것을 느끼고 깨닫고 더욱
더 성숙하기를 바라며.

보스턴에서의 정리과정은 대체로 순조로웠다. 세간은 하버드에
방문학자로 오실 분이 이어 받기로 해서 이사 나가는 것만 잘 처리하

면 되었다. 2012년 7월 31일이 귀국일자여서 30일에 모든 짐이 나갈 수 있도록 준비하였기 때문에 우리가 활용할 수 있는 최대한의 시간 동안 잘 사용했던 것 같다. 물론 귀국 하루 전에 짐이 나가니까 이삿짐 나간 후에 청소도 해야 하는 부담감이 있지만 그런 것은 크게 문제되지 않았다.

7월 30일 아침 남편이 우리 자동차를 살 사람에게 등록 이전을 시켜주는 동안 나는 연구실 정리에 매달렸다. 오후에는 이삿짐 나가고 한국에 보낼 짐도 보내고, 말끔히 청소를 하고 나니 하루가 갔다. 저녁에는 주변에 거주하는 친우와 작별 회식까지 마치고 나니 정신이 몽롱하였다. 7월 31일 새벽이면 보스턴 공항으로 가야 하므로 저녁 늦게까지 정리되지 않은 짐을 정리하고 집안 곳곳을 둘러보느라 분주하였다. 평상시에 이 정도로 시간을 효율적으로 쓴다면 '훌륭한 사람'이 되었을 것 같다.

보스턴에서의 마지막 인상을 아름답게 간직하라는 뜻에서 우리를 공항까지 바래다 준 친구는 보스턴에서 가장 아름다운 길이라고 자부하는 찰스 강변을 따라 주행하였다. 찰스 강을 따라 아침 일찍부터 운동하는 사람들, 찰스 강에 여유롭게 떠 있는 요트와 카약, 강변에서 보이는 MIT와 하버드를 거쳐 가면서 정말 더 머물고 싶고, 시간을 붙잡고 싶었지만 1년간 나름대로 열심히 살면서 충분히 즐겼고 가족들도 나름 얻은 것이 많았다고 자부하기에 후일을 기약하며 한국행 비행기를 탈 수 있었다.

되돌아보면 제대로 된 준비도 없이 가방 몇 개만 들고 보스턴에 도착하여 시작한 미국생활은 나 개인에게나 우리 가족에게나 축복의 시간이었음이 틀림없다. 물론 남편은 미국에서 "무척 고생했다"고 입버릇처럼 말하지만 그 고생은 그전에는 생각지도 못했던 '전업주부'를 해야 하는 고통이지 않았을까? 그는 하버드 네이버에서 가르치는 무료 영어교실에 참여하였는데, 그곳에서도 유일했던 '하우스 허즈번드'로 자신의 정체성을 규정하면서도 싱글벙글하며 수업을 다녔다.

그의 전적인 헌신과 긍정적인 마음 덕분에 온 가족이 잊지 못할 추억을 갖게 되었다.

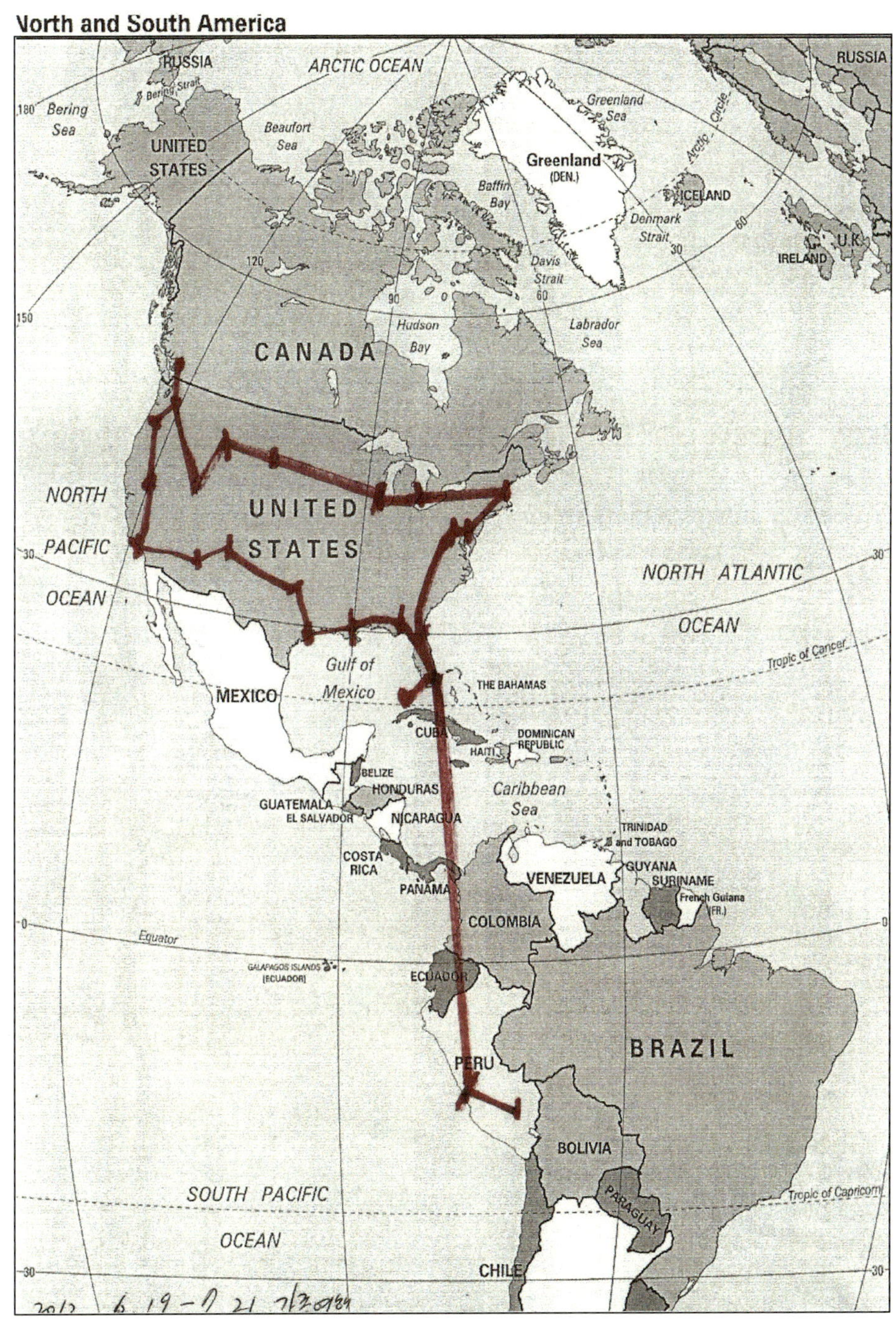

● 귀국하기 전에 여행을 했던 루트를 표시해 둔 것이다. 미국 전역과 페루의 리마 및 쿠스코가 표시되어 있다

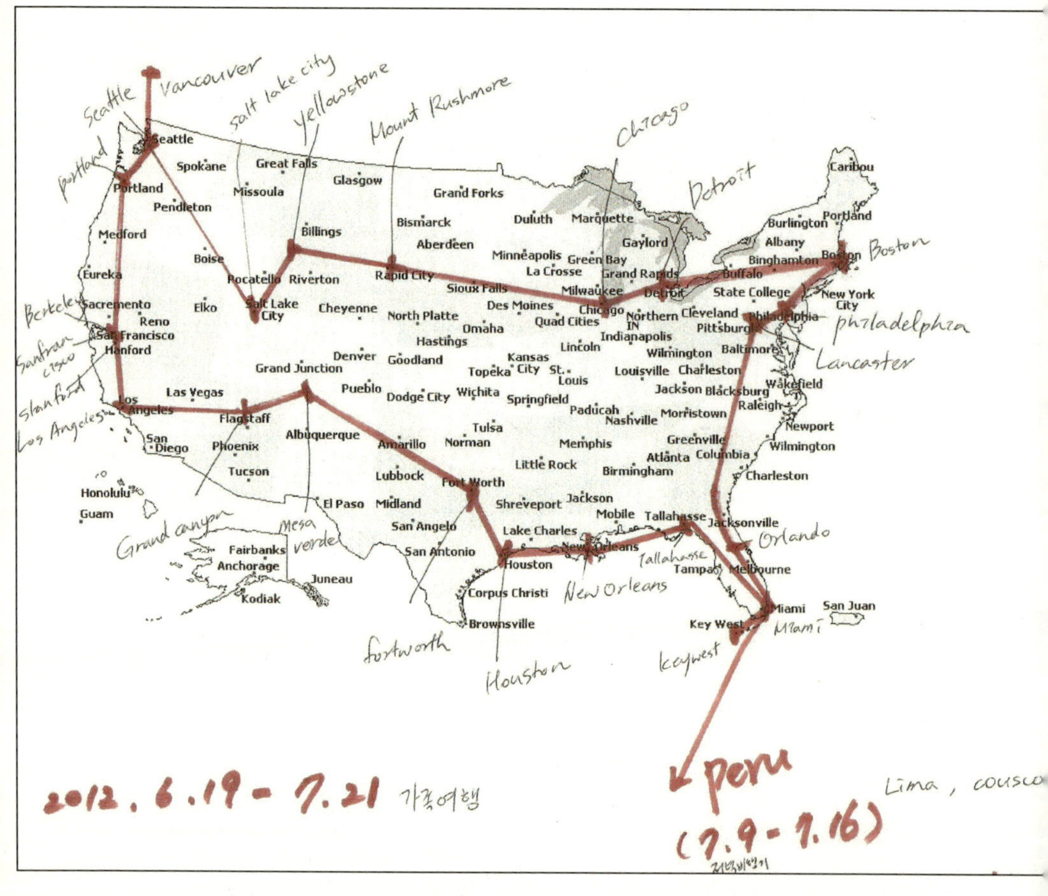

2012. 6.19 - 7.21 가족여행

● 동부 맨 위쪽의 보스턴에서 출발하여 디트로이트, 시카고, 마운트 러쉬모어, 옐로스톤, 솔트 레이크 시티, 캐나다 밴쿠버, 시애틀, 포틀랜드, 버쿨리, 샌프란시스코, 스탠퍼드, 로스앤젤레스, 그랜드캐니언, 메사 베르디, 포트워스 댈러스, 휴스턴, 뉴올리언스, 탤러해시, 마이애미, 키웨스트, 올랜도, 랭커스터, 필라델피아를 거쳐 다시 보스턴으로 돌아왔다

색 인

Index

박선영

박선영 교수는 포항공과대학교 인문사회학부에서 중국사와 일본사를 가르치고 있다. 덕성여자대학교 사학과 학사, 국립대만사범대학교 역사연구소 석사, 남경대학교 역사과에서 동아시아 근현대사로 박사학위를 받았다. 동경대학과 오차노미즈 대학, 하버드 옌칭 연구소에서 연구를 수행하였다. 미국, 러시아, 오스트레일리아, 덴마크, 오스트리아, 대만, 중국, 일본 등지에서 개최되는 국제학술대회에 초청되어 수차례 논문을 발표하였다.

대표논저로『東北抗日義勇軍』(1998, 北京),『중일문제의 진상』(2009, 역서: 우수학술도서),「국민국가 · 경계 · 민족: 근대 중국의 국경의식을 통해 본 국민국가 형성과 과제」(2003),「중화인민공화국의 판도 형성과 신강: 신강의 특수성과 신강생산건설병단의 국내외적 도전」(2006)이 있다.

Sunyoung Park

Sunyoung Park is Professor of East Asian History at Humanities and Social Science, POSTECH. She received her B.A from Korea and M.A from National Taiwan Normal University, and her Ph.D in History from Nanjing University. She was a Visiting Scholar at Tokyo University and Ochanomizu University in Japan and Research Scholar at Harvard Yenching Institute(HYI). During her stay at HYI, she researched on a project titled "Borderlines between Academy and Politics: IPR's and League of Nations Perspectives on Manchuria in the Twentieth Century."

미국을 이해하는 창
하버드 통신

초판인쇄   2013년 4월 5일
초판발행   2013년 4월 5일

지은이   박선영
펴낸이   채종준
펴낸곳   한국학술정보(주)
주 소   경기도 파주시 문발동 파주출판문화정보산업단지 513-5
전 화   031) 908-3181(대표)
팩 스   031) 908-3189
홈페이지   http://ebook.kstudy.com
E-mail   출판사업부 publish@kstudy.com
등 록   제일산-115호(2000.6.19)

ISBN   978-89-268-4184-6 03330 (Paper Book)
         978-89-268-4185-3 05330 (e-Book)

이담
Books 는 한국학술정보(주)의 지식실용서 브랜드입니다.